CONTEÚDO DIGITAL PARA ALUNOS
Cadastre-se e transforme seus estudos em uma experiência única de aprendizado:

1 Entre na página de cadastro:
www.editoradobrasil.com.br/sistemas/cadastro

2 Além dos seus dados pessoais e dos dados de sua escola, adicione ao cadastro o código do aluno, que garantirá a exclusividade do seu ingresso à plataforma.

1027416A1824009

3 Depois, acesse:
www.editoradobrasil.com.br/leb
e navegue pelos conteúdos digitais de sua coleção :D

Lembre-se de que esse código, pessoal e intransferível, é valido por um ano. Guarde-o com cuidado, pois é a única maneira de você acessar os conteúdos da plataforma.

Editora do Brasil

Ensino Médio

BIOLOGIA
Natureza e sociedade

3

Diarone Paschoarelli Dias

Licenciado em Ciências Biológicas pela Universidade de São Paulo, mestre em Melhoramento Genético Vegetal pela Faculdade de Ciências Agrárias e Veterinárias Unesp - SP. Professor de Biologia do Ensino Médio, de Ciências do Ensino Fundamental e de Genética no Ensino Superior. Diretor de Escola de Ensino Básico de escolas particulares. Autor de apostilas de Biologia para Ensino Médio e Pré-vestibular de três sistemas de ensino. Membro da Sociedade Brasileira de Genética.

2ª edição
São Paulo – 2016

© Editora do Brasil S.A., 2016
Todos os direitos reservados

Direção geral: Vicente Tortamano Avanso
Direção adjunta: Maria Lúcia Kerr Cavalcante Queiroz

Direção editorial: Cibele Mendes Curto Santos
Gerência editorial: Felipe Ramos Poletti
Supervisão editorial: Erika Caldin
Supervisão de arte, editoração e produção digital: Adelaide Carolina Cerutti
Supervisão de direitos autorais: Marilisa Bertolone Mendes
Supervisão de controle de processos editoriais: Marta Dias Portero
Supervisão de revisão: Dora Helena Feres
Consultoria de iconografia: Tempo Composto Col. de Dados Ltda.
Licenciamentos de textos: Cinthya Utiyama, Jennifer Xavier, Paula Harue Tozaki e Renata Garbellini
Coordenação de produção CPE: Leila P. Jungstedt

Concepção, desenvolvimento e produção: Triolet Editorial e Mídias Digitais
Diretora executiva: Angélica Pizzutto Pozzani
Diretor de operações: João Gameiro
Gerente editorial: Denise Pizzutto
Editora de texto: Verônica Bercht
Assistente editorial: Tatiana Gregório
Preparação e revisão: Amanda Andrade, Carol Gama, Érika Finati, Flávia Venezio, Flávio Frasqueti, Gabriela Damico, Juliana Simões, Leandra Trindade, Mayra Terin, Patrícia Rocco, Regina Elisabete Barbosa, Sirlei Pinochia
Projeto gráfico: Triolet Editorial/Arte
Editor de arte: Wilson Santos Junior
Assistentes de arte: Beatriz Landiosi (estag.), Lucas Boniceli (estag.)
Ilustradores: Bentinho, Mauro Nakata, Suryara Bernardi
Iconografia: Pamela Rosa (coord.), Erika Freitas, Joanna Heliszkowski
Tratamento de imagens: Fusion DG
Capa: Beatriz Marassi
Imagem de capa: Wladimir Bulgar/SPLGetty Images

Imagem de capa: Planta crescendo em uma placa de petri.

Dados Internacionais de Catalogação na Publicação (CIP)
(Câmara Brasileira do Livro, SP, Brasil)

Dias, Diarone Paschoarelli
  Biologia natureza e sociedade, 3 : ensino médio / Diarone Paschoarelli Dias. – 2. ed. – São Paulo : Editora do Brasil, 2016. – (Série Brasil : ensino médio)

  Componente curricular: Biologia.
  ISBN 978-85-10-06132-2 (aluno)
  ISBN 978-85-10-06133-9 (professor)

  1. Biologia (Ensino médio) I. Título.
  II. Série.

16-05814   CDD-574.07

Índice para catálogo sistemático:
1. Biologia : Ensino médio   574.07

Reprodução proibida. Art. 184 do Código Penal e Lei n. 9.610 de 19 de fevereiro de 1998.
Todos os direitos reservados

2016
Impresso no Brasil
2ª edição / 2ª impressão, 2023
Impresso na Forma Certa Gráfica Digital

Rua Conselheiro Nébias, 887 – São Paulo/SP – CEP 01203-001
Fone: (11) 3226-0211 – Fax: (11) 3222-5583
www.editoradobrasil.com.br

APRESENTAÇÃO

Caro aluno,

Os animais, principalmente os mamíferos, são extremamente curiosos, desde que nascem. Filhotes e crianças se aventuram voluntariamente e, em geral, sem qualquer cuidado, para elucidar o mundo que os cerca e satisfazer as curiosidades que naturalmente têm.

As ciências, entre elas a Biologia, também nasceram, cresceram e se desenvolveram a partir do desejo intenso das pessoas que procuravam explicações convincentes sobre o que observavam ao seu redor.

As plantas, os animais, o céu, a Terra e o Sol despertaram profundo interesse nos povos primitivos que, procurando os "por quês" e "comos", começaram a investigar a natureza e a si próprios. Assim, geração após geração, acumulamos conhecimentos sobre a nossa realidade e desenvolvemos tecnologias que trouxeram grandes benefícios para a humanidade. A produção de alimentos aumentou, a cura das doenças tornou-se possível, o bem-estar das pessoas melhorou, as informações chegam-nos rapidamente – ou seja, o conhecimento científico possibilitou a melhoria das condições de vida e o prolongamento dela.

Essa coleção foi elaborada com a intenção de colaborar na sua iniciação nos conhecimentos e métodos científicos das Ciências Biológicas de que atualmente dispomos e de prepará-lo para perguntar, duvidar e procurar por esclarecimentos. Esperamos incrementar a curiosidade que cada um tem dentro de si e que ela os oriente para a pesquisa e investigação.

Não tenha dúvidas, Mendel, Darwin, Pasteur, Einstein, Newton, Lavoisier e muitos outros pesquisadores que marcaram época eram extremamente curiosos e atentos em suas observações, como qualquer um é e pode ser.

O autor

Conheça o livro

Abertura de unidade
Uma imagem representativa e interessante, acompanhada de um breve texto, traz questões instigantes sobre o tema da unidade.

Biologia e...
Aproxima temas próprios da Biologia de saberes de outras disciplinas, conectando conhecimentos biológicos a temáticas das diferentes áreas do conhecimento.

Glossário
Verbetes são destacados no texto principal.

Para explorar
Atividades de investigação e experimentação estimulam a relação entre o que se aprende na escola e os diferentes aspectos da realidade.

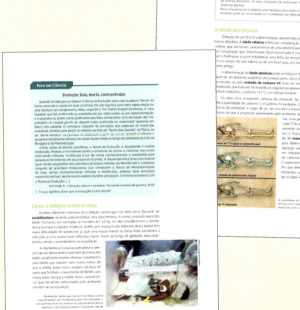

Em foco
Valoriza o caráter multidisciplinar de diversos tópicos, relacionando-os a temas de saúde, tecnologia, cotidiano e sociedade.

Para ler e refletir

Destaca o desenvolvimento de habilidades de leitura e escrita, e da capacidade de reflexão crítica. É um exercício não apenas de letramento científico, mas de incentivo à prática da cidadania crítica por meio do domínio da língua.

Mãos à obra!

Propõe o estudo do meio com a realização de seminários, debates e jogos. Voltada especialmente ao desenvolvimento de valores na convivência escolar.

Ação e cidadania

Propostas de atividade em grupo, de caráter interdisciplinar, voltadas para a solução coletiva de situações da comunidade escolar ou de seu entorno.

Veja também
Indicação de aprofundamento do tema.

Para rever e estudar
(Enem e Vestibulares)

Revisão de conteúdos da unidade, com base em questões selecionadas do Enem e dos principais vestibulares do país.

Explorando habilidades e competências

Atividades contextualizadas trabalham o desenvolvimento de habilidades e competências da matriz de referência do Enem.

Atividades

Revisão dos assuntos abordados no capítulo, para realização individual, preferencialmente.

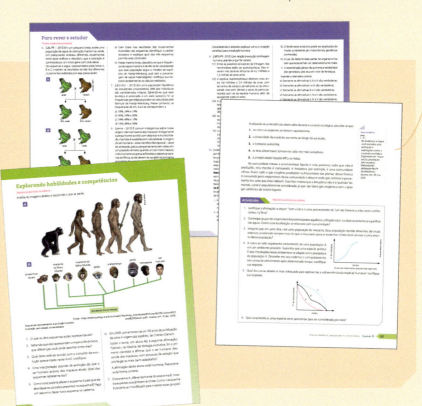

Sumário

UNIDADE 1 — Genética

Capítulo 1 Primeira Lei de Mendel 10

O trabalho de Mendel 10

A Primeira Lei de Mendel 13

Heredogramas 15

Teoria cromossômica da herança 16

A Primeira Lei de Mendel e a meiose 17

Atividades 21

Capítulo 2 Segunda Lei de Mendel 22

A Segunda Lei de Mendel e a meiose 24

Alelos múltiplos 24

Diferentes funções das genes 28

Noções de probabilidade 29

Atividades 31

Capítulo 3 Heranças genéticas e interação gênica 32

Determinação do sexo 32

Herança e sexo 35

Pleiotropia 37

Herança quantitativa 38

Genes no mesmo cromossomo 38

Atividades 44

Para ler e refletir – Genética, biologia molecular e ética: as relações trabalho e saúde 45

Ação e cidadania – Doação de sangue 46

Explorando habilidades e competências 47

Para rever e estudar 48

UNIDADE 2 — Biologia Molecular

Capítulo 4 O DNA como material hereditário 54

A identificação do material hereditário 55

Tipos de RNA formados na transcrição 56

O conceito atual de gene 58

Atividades 58

Capítulo 5 Mutações e genoma 59

Mutações no DNA 59

Genoma 64

Atividades 66

Capítulo 6 Biotecnologia e suas aplicações 67

Biotecnologia 67

Atividades 75

Para ler e refletir – Ruim para o produtor e para o consumidor; Os transgênicos e a saúde 76

Ação e cidadania – Pesquisa sobre os transgênicos 78

Explorando habilidades e competências 79

Para rever e estudar 80

UNIDADE 3 — Evolução

Capítulo 7 Evolução e teorias evolutivas 86

Lamarckismo 87

Darwinismo 88

O conceito de evolução 92

Atividades 93

Capítulo 8 Teoria sintética da evolução e especiação 94

Teoria sintética da evolução 94

Especiação 96

Genética de populações 99

Atividades 101

Capítulo 9 Evidências evolutivas 102

Tempo e evolução 102

Os fósseis 105

Anatomia comparada 108

Embriologia comparada 110

Bioquímica comparada 111

Atividades 111

Capítulo 10 Aspectos da história evolutiva da Terra 112

Evolução dos primatas 112

Origem e evolução da humanidade 115

Atividades 121

Para ler e refletir – Megafauna foi crucial para fertilizar a Amazônia 122

Mãos à obra! – Observando a seleção natural 123

Explorando habilidades e competências 124

Para rever e estudar 125

UNIDADE 4 Ecologia

Capítulo 11 Fundamentos da Ecologia 132
   Níveis de organização da Ecologia 132
   Relações tróficas no ecossistema 138
   Pirâmides ecológicas 142
   Fluxo unidirecional de energia na cadeia alimentar 144
   Ciclos da matéria 145
   Atividades 149

Capítulo 12 Relações ecológicas 150
   Relações intraespecíficas 150
   Relações interespecíficas 153
   Princípio da exclusão competitiva 160
   Atividades 161

Capítulo 13 Fatores abióticos, populações e comunidades 162
   Fatores abióticos e vida 162
   Ecossistemas aquáticos 167
   Dinâmica das populações 173
   Características das comunidades 179
   Sucessão ecológica 180
   Atividades 183

Capítulo 14 Biomas 184
   Principais biomas da Terra 184
   Biomas brasileiros 190
   Atividades 198
   Para ler e refletir – Redução do desmatamento no Brasil "melhorou ar e salvou vidas" na América do Sul 199
   Mãos à obra! – O bioma em que vivo 200
   Explorando habilidades e competências 201
   Para rever e estudar 202

UNIDADE 5 O ser humano e o ambiente

Capítulo 15 Impactos ambientais e desenvolvimento sustentável 210
   Legislação ambiental 212
   Desenvolvimento sustentável 214
   Atividades 216

Capítulo 16 Poluição e mudanças climáticas 217
   Poluição do ar 218
   Poluição das águas 223
   Derramamento petróleo 226
   Poluição do solo 228
   Atividades 230

Capítulo 17 – Agricultura 231
   Organização da agricultura 231
   Agricultura orgânica 234
   Hidroponia 234
   Atividades 235

Capítulo 18 Ambiente e energia 236
   Formas de obtenção de energia elétrica ... 236
   Combustíveis 241
   Atividades 242
   Para ler e refletir – Uma cidade inteligente e sustentável em plena ilha 243
   Mãos à obra! – O impacto ambiental da escola 244
   Explorando habilidades e competências 245
   Para rever e estudar 246

Siglas 251
Bibliografia 253
Sites 254

UNIDADE 1

GENÉTICA

A reprodução é fundamental para os seres vivos, já que as novas gerações garantem a sobrevivência da espécie. Mas como as características de um ser vivo ou de sua espécie são transmitidas para as novas gerações? Como elas são conservadas ou alteradas ao longo do tempo? A Genética é uma área da Biologia que surgiu para ajudar a responder a essas e outras questões, e se desenvolveu de tal forma que hoje influencia vários aspectos de nossas vidas, como a produção de medicamentos, o diagnóstico de doenças e o auxílio à reprodução.

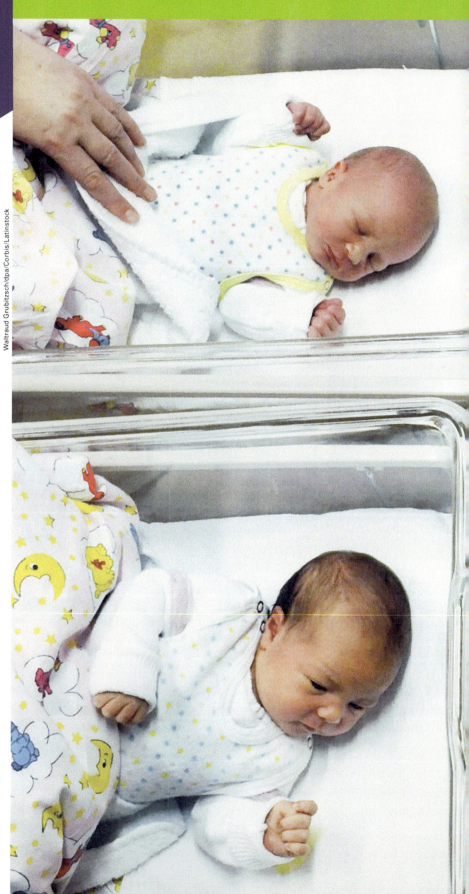

Os filhos possuem características dos genitores. A maneira como essas características são transmitidas e se expressam é objeto de estudo da Genética.

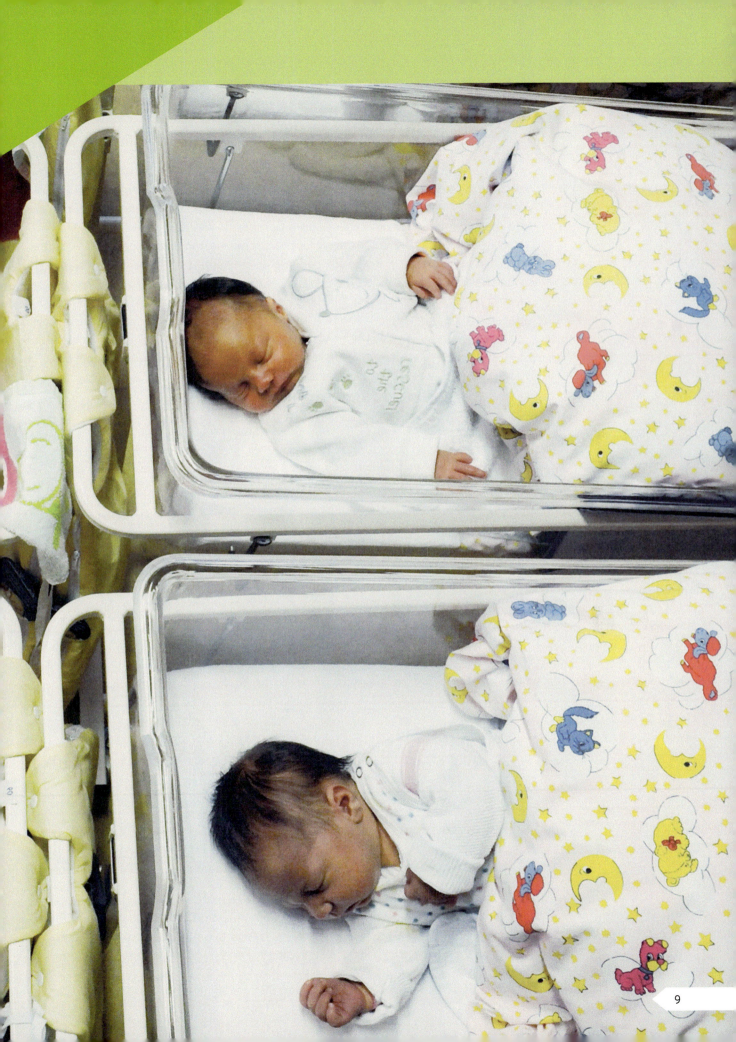

CAPÍTULO 1

PRIMEIRA LEI DE MENDEL

A Genética é a parte da Biologia que estuda a **hereditariedade**, ou seja, como características são transmitidas de uma geração para outra. Ela também estuda a manifestação dessas características. Essa área é relativamente nova na Biologia e, a partir de seu surgimento as explicações sobre transmissão de características hereditárias que até então existiam foram totalmente reformuladas ou abandonadas. O ano de 1900 é considerado o marco inicial da Genética moderna. Dois cientistas, o holandês Hugo de Vries (1848-1935) e o alemão Carl Correns (1864-1933) estudavam um mecanismo de transmissão de características hereditárias e, ao realizarem suas pesquisas, depararam-se com um trabalho publicado anteriormente, em 1866, por um monge chamado Gregor Mendel (1822-1884), nascido no vilarejo de Heinzendorf, hoje pertencente à República Tcheca. Esse trabalho revolucionou a maneira de estudar hereditariedade e lhe deu a fama de pai da Genética.

▶ O trabalho de Mendel

Mendel estudava o cruzamento (hibridização) de plantas. Ele escolheu a ervilha-de-cheiro (*Pisum sativum*) para realizar uma série de experimentos, nos quais promovia o cruzamento entre plantas e analisava o aspecto da sua descendência.

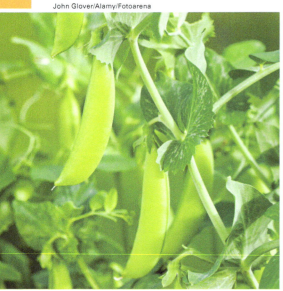

A flor da planta de ervilha (*Pisum sativum*), que pode chegar a 1,5 m de altura, quando fecundada, produz vagens (à esquerda) que contêm ervilhas.

A escolha de Mendel foi motivada pelas vantagens dessa planta para a realização de seu trabalho: são fáceis de cultivar; existem muitas variedades cujas características são facilmente identificáveis; e o ciclo de vida da planta é curto, de aproximadamente um semestre, o que possibilita a observação de várias gerações em pouco tempo.

Além disso, é uma planta que em geral se reproduz de maneira natural por autofecundação e de maneira induzida intencionalmente pelo ser humano por fecundação cruzada, transferindo-se pólen entre as plantas que se deseja cruzar e removendo-se as anteras para evitar a autofecundação. A planta da ervilha é autogâmica, isto é, o grão de pólen poliniza o estigma da mesma flor. Essa autopolinização acontece porque os amadurecimentos do estame e do pistilo ocorrem quando a flor ainda está em botão, ou seja, está fechada. De modo geral, a autopolinização na ervilha é natural em cerca de 99% dos casos de polinização. Assim, a fecundação cruzada precisava ser feita artificialmente. Isso permitia a Mendel controlar os cruzamentos.

Para estudar como ocorria a transmissão das características entre as gerações, Mendel escolheu características facilmente identificáveis, focando seus trabalhos em sete características da planta e das sementes.

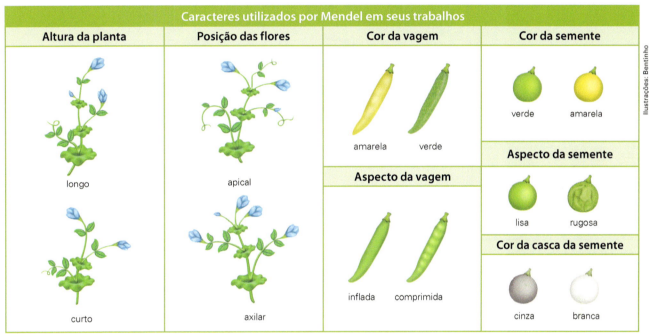

Ilustrações sem escala; cores-fantasia.

Os cruzamentos

Inicialmente, Mendel selecionou sementes com as características que ele planejou estudar e as cultivou, deixando que as plantas se reproduzissem naturalmente até conseguir **linhagens puras**, um tipo de linhagem que, quando fecundado por indivíduos da mesma linhagem, ou quando autofecundado, gera descendentes com as mesmas características. Uma planta de linhagem pura para sementes amarelas, por exemplo, quando é autofecundada ou cruzada com outro membro dessa linhagem, produzirá apenas descendentes com sementes amarelas. Mendel passou dois anos realizando cruzamentos para obter essas linhagens, que foram denominadas **geração parental** (identificada pela letra P).

Mendel, então, realizou fecundações cruzadas entre os indivíduos da geração parental que apresentavam características contrastantes. Cruzou, por exemplo, linhagens puras de plantas com sementes verdes com linhagens puras de plantas com sementes amarelas. Fez esse tipo de cruzamento para todas as características nitidamente diferentes mostradas na tabela acima. Os descendentes da geração parental receberam a denominação de **geração F_1**, do inglês *first filial generation*, ou primeira geração filial. Essa geração apresentava apenas uma das duas características contrastantes. Os resultados dos cruzamentos podem observados na tabela a seguir.

Características da geração parental e da F₁ após o cruzamento		
Características da geração parental		**Características da F₁**
semente lisa	semente rugosa	semente lisa
semente amarela	semente verde	semente amarela
semente de casca cinza	semente de casca branca	semente de casca cinza
vagem comprimida	vagem inflada	vagem inflada
vagem verde	vagem amarela	vagem verde
flores axilares	flores terminais	flores axilares
caule curto	caule longo	caule longo

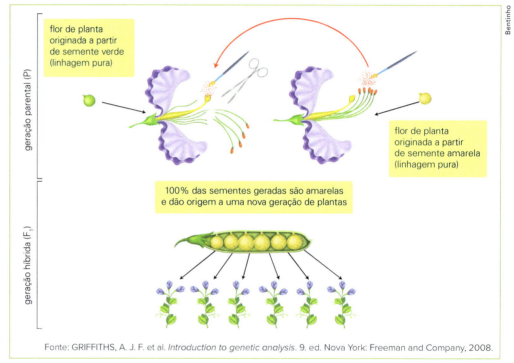

Ilustração sem escala; cores-fantasia.

Mendel realizou a fecundação cruzada entre flores das plantas de ervilha da geração P, transferindo pólen com um pincel. Na geração seguinte, F_W apenas uma das características dos genitores apareceu.

Fonte: GRIFFITHS, A. J. F. et al. *Introduction to genetic analysis*. 9. ed. Nova York: Freeman and Company, 2008.

Observando a geração F₁, Mendel percebeu que uma das características da geração parental desaparecia após o cruzamento, já que todas as plantas dessa nova geração apresentavam apenas uma característica dos genitores. Ele então fez as plantas de F₁ se autofecundarem, criando a **geração F₂**. Diversos cruzamentos foram feitos, gerando milhares de novos indivíduos. Nessa nova geração, as duas características contrastantes estudadas voltaram a aparecer, porém, em proporções diferentes.

Características e proporções de indivíduos que as apresentam nas gerações F₁ e F₂		
Características e proporção da F₁	**Características e proporção da F₂**	
100% semente lisa	75% semente lisa	25% semente rugosa
100% semente amarela	75% semente amarela	25% semente verde
100% semente de casca cinza	75% semente de casca cinza	25% semente de casca branca
100% vagem inflada	75% vagem inflada	25% vagem comprimida
100% vagem verde	75% vagem verde	25% vagem amarela
100% flores axilares	75% flores axilares	25% flores terminais
100% caule longo	75% caule longo	25% caule curto

Além de observar o reaparecimento de uma característica da geração parental, Mendel percebeu que essas características apareciam em proporções desiguais. Ele chamou de **característica dominante** a que aparecia na geração F_1 e na maioria dos indivíduos da geração F_2, e de **característica recessiva** a que desaparecia em F_1. No caso das cores das sementes, por exemplo, a característica semente amarela é a dominante, enquanto semente verde é a característica recessiva.

▶ A Primeira Lei de Mendel

Para explicar seus resultados, Mendel chamou as unidades que condicionam as características hereditárias de **fatores hereditários** e considerou que cada indivíduo possui dois fatores hereditários para cada característica: um herdado do genitor masculino, e o outro, do feminino. Cada genitor da geração parental apresenta dois fatores hereditários iguais para a característica considerada, enquanto cada genitor da geração F_1 é portador de dois fatores hereditários diferentes, cada um condicionando uma das características variantes.

Para representar esses fatores, comumente utilizamos letras. O fator dominante é representado por uma letra maiúscula, e o recessivo, por uma minúscula. Para exemplificar os achados de Mendel, vamos considerar as plantas com sementes de textura lisa e rugosa. A característica textura da semente será representada pela letra *r*. Essa característica possui duas variações: a variante lisa, determinada por *R*; e a variante rugosa, determinada por *r*. Na geração parental (linhagens puras), cada planta apresenta dois fatores iguais.

RR (pura)   *rr* (pura)

Os fatores hereditários das linhagens puras da geração parental eram iguais.

Ilustração sem escala; cores-fantasia.

No cruzamento entre essas duas plantas, cada uma contribui com um fator hereditário para a formação do descendente, que é transmitido por intermédio de um gameta. Assim, a planta de ervilha lisa transmite apenas um fator *R* para o descendente, e a planta de ervilha rugosa transmite apenas um fator *r*. Na formação dos descendentes, esses fatores se combinariam de todas as formas possíveis na mesma proporção. Eles são transmitidos através dos gametas.

Ilustração sem escala; cores-fantasia.

Proporção de gametas formados		
Gametas	Genitor *RR*	Genitor *rr*
R	100%	0%
r	0%	100%

Linhagens parentais (puras) produzem apenas um tipo de gameta. O cruzamento de linhagens parentais gera indivíduos (geração F_1) com dois tipos de fatores hereditários (híbridos). A tabela mostra a proporção dos tipos de gametas formados pelos genitores.

As plantas de F_1 possuem as duas variantes para a característica textura da semente. Quando são cruzadas, podem transmitir a seus descendentes *R* ou *r*, e a chance de transmitir o fator *R* é a mesma que a de transmitir o fator *r*, já que eles são produzidos em proporções iguais.

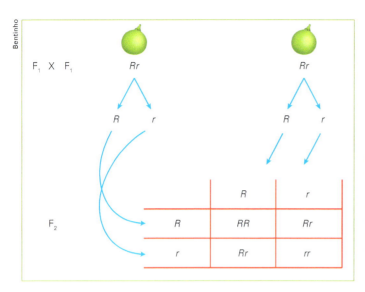

Proporção de gametas formados		
Gametas	Genitor *Rr*	Genitor *Rr*
R	50%	50%
r	50%	50%

Ilustração sem escala; cores-fantasia.

O cruzamento entre plantas da geração F₁ (híbridas) gerou F₂. No quadro, todos os tipos de fatores hereditários transmitidos são combinados entre si em igual proporção. A tabela mostra a proporção dos gametas formados pelos genitores.

No cruzamento que gerou as possibilidades de fatores em F₂, temos 1 *RR*, 2 *Rr* e 1 *rr*. Portanto, 3 dessas plantas (75%) possuem sementes lisas e apenas 1 (25%) possui semente rugosa. Esse resultado pode ser explicado porque o fator dominante determina a característica do indivíduo quando presente, enquanto o recessivo precisa estar em dupla dose para determinar a característica.

Características geradas pelos pares de fatores em F₂	
Descendência	Característica
RR	Semente lisa
Rr	Semente lisa
Rr	Semente lisa
rr	Semente rugosa

Nesse tipo de cruzamento, Mendel observou, em F₂, a proporção de 3 indivíduos com a característica dominante e 1 com a recessiva, ou seja, uma proporção 3:1, ou de 75% de dominantes e 25% de recessivos. Essa proporção se repetia para as características contrastantes estudadas. Após realizar vários desses experimentos e confirmar esse padrão, Mendel postulou o que ficou conhecido como a **Primeira lei de Mendel**, ou **lei da segregação dos fatores**. Essa lei diz que os fatores que condicionam uma característica hereditária existem aos pares e são separados durante o processo de formação de gametas.

Gregor Mendel é considerado o pai da Genética por demonstrar um mecanismo que explicou e permitiu prever o aparecimento das características dos descendentes a partir de fatores hereditários. Porém, ainda era necessário explicar o que eram os fatores hereditários citados por ele.

Mendel trabalhou com plantas de ervilhas e características dominantes e recessivas. Em uma correspondência com importantes pesquisadores da época, foi pedido a Mendel que reproduzisse suas observações em chicória (*Hieracium* sp). Ao fazer isso, Mendel falhou em encontrar regras consistentes para a herança, já que essa planta apresenta **partenogênese**, um tipo de reprodução no qual há a formação de um novo indivíduo a partir de um gameta não fecundado. Esse problema dificultou o reconhecimento dos trabalhos de Mendel na época.

Assim como existem diferentes mecanismos de reprodução, existem diferentes tipos de herança, que foram descobertos após os trabalhos de Mendel. Apesar de toda a diversidade dos processos genéticos, existem ferramentas comuns para trabalhar com eles.

▶ Heredogramas

Uma maneira de representar cruzamentos e a transmissão de características hereditárias é por **heredogramas**, também conhecidos como genealogia ou *pedigree*. Consiste numa esquematização gráfica de cruzamentos, utilizando-se uma simbologia internacionalmente aceita para representar pessoas e suas características.

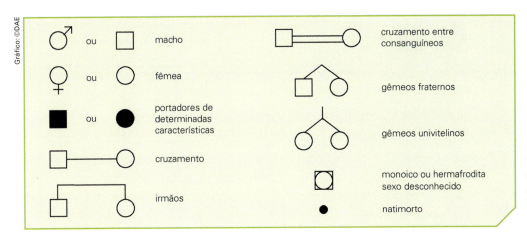

Um heredograma possui vários símbolos que ajudam a representar a transmissão de características hereditárias.

No heredograma, os símbolos são alinhados conforme a geração e ligados conforme suas relações. Eles também podem ser numerados; nesse caso, começa-se na linha superior, da esquerda para a direita.

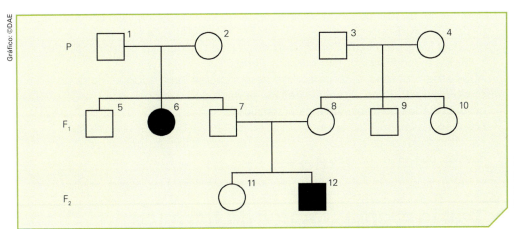

Em um heredograma, os indivíduos de uma mesma geração estão representados na mesma linha.

Assim, pode-se interpretar os relacionamentos. Na figura acima, o casal formado pelos indivíduos 1 e 2 tiveram 3 filhos (5, 6 e 7). Um desses filhos (7) se casou com uma mulher (8) e o casal teve dois filhos (11 e 12). O grau de parentesco também pode ser estabelecido pelo heredograma. O indivíduo 12, por exemplo, é filho dos indivíduos 7 e 8 e neto paterno de 1 e 2. Além dessas, outras observações são possíveis, permitindo analisar como os fatores hereditários se distribuem nos indivíduos retratados e calcular a probabilidade de eventos futuros.

O albinismo, por exemplo, é uma característica recessiva, causada pelo fator *a*. Pessoas albinas não possuem melanina na pele. Os fatores dessa característica distribuem-se da seguinte maneira em um grupo de pessoas:

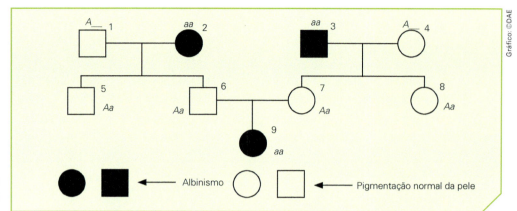

Heredograma de um grupo de pessoas com albinismo.

Com base nesse heredograma, pode-se concluir que:

- São homozigotos recessivos (*aa*) os indivíduos 2, 3 e 9.
- São heterozigotos (*Aa*) os indivíduos 5, 6, 7 e 8.
- Os indivíduos 1 e 4 não são albinos, mas não é possível determinar com certeza os seus fatores hereditários, que podem ser *AA* ou *Aa*. Por serem incertos, eles são indicados do seguinte modo: *A_*. O traço indica a dúvida na determinação do fator hereditário.

Para explorar

Construa um heredograma da sua família ou de outra para alguma característica que lhe interessar, como cor dos olhos, pressão alta etc. Represente ao menos três gerações, respeitando os símbolos mostrados neste capítulo. Em seguida, pesquise sobre a característica que você estudou. Ela é genética? Como o ambiente pode influenciar na manifestação dela? Ela é condicionada por quantos genes?
Após esse processo, responda: esse heredograma lhe ajudou a entender como a característica é transmitida? Ele permite que você preveja probabilidades de transmitir a característica?
Atenção: essa análise é apenas um exercício e não deve ser considerada para tomar decisões a respeito de saúde ou outros temas. Em caso de dúvidas, converse com seu professor.

▶ Teoria cromossômica da herança

Em trabalhos publicados em 1902 e 1903, o pesquisador norte-americano Walter Stanborough Sutton (1877-1916) demonstrou que havia semelhanças entre o comportamento dos fatores hereditários propostos por Mendel e o dos cromossomos na meiose e na fertilização. Assim, levantou-se a hipótese de que os fatores hereditários fazem parte dos cromossomos com base em duas premissas: os cromossomos persistem durante o ciclo nuclear, ou seja, são estruturas permanentes; e eles são estruturas individuais, que podem migrar inteiras para os gametas formados na meiose.

Com o tempo também se descobriu que algumas espécies, como os seres humanos e as plantas de ervilha, são **diploides**, ou seja, possuem dois cromossomos de cada tipo. Cromossomos do mesmo tipo são muito semelhantes em tamanho e estrutura, e são chamados **cromossomos homólogos**. A distribuição dos cromossomos homólogos na meiose é aleatória, assim como a dos fatores hereditários propostos por Mendel.

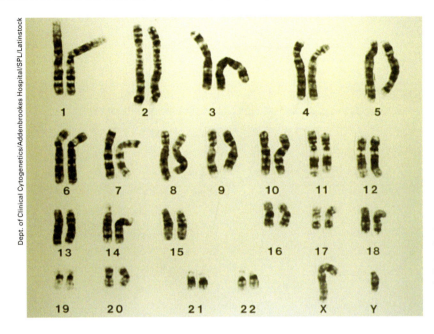

Os seres humanos possuem 46 cromossomos (23 pares). Somente após algum tempo de sua descoberta percebeu-se que eles formavam pares de cromossomos homólogos e possuíam diversas semelhanças.

Diversas outras descobertas ajudaram a comprovar que o princípio físico da hereditariedade está nos cromossomos. Essa teoria ficou conhecida como **teoria cromossômica da herança**. Anos depois, descobriu-se que o DNA dos cromossomos era o material hereditário.

Devido às diversas descobertas feitas após os trabalhos de Mendel, atualmente existem explicações para os fatores hereditários: o que são, como funcionam e como se distribuem. O que Mendel chamou de fatores hereditários atualmente é conhecido como o alelo de um gene. Um **gene** é uma sequência de nucleotídeos do DNA geralmente responsável pela síntese de uma proteína, e **alelos** são as formas alternativas desse gene, que geralmente codificam proteínas diferentes. Nas plantas de ervilhas, por exemplo, um alelo de um gene determina a síntese de uma proteína responsável pela característica semente amarela e outro alelo desse mesmo gene, a síntese de outra proteína que determina a característica semente verde.

Em um organismo diploide existem dois alelos de cada gene. Cada alelo está em um dos cromossomos do par de homólogos. Se esses alelos forem iguais, o organismo é considerado **homozigoto**, se forem diferentes, ele é **heterozigoto**.

▶ A Primeira lei de Mendel e a meiose

A produção de gametas por intermédio da meiose reduz pela metade o número de cromossomos em cada célula-filha quando comparada à célula-mãe. Na fecundação, será necessário um gameta de cada genitor; assim, esse gameta vai conter apenas um dos cromossomos homólogos desse genitor. Após a fecundação, o novo ser vivo apresenta cromossomos homólogos pareados, um de origem materna e outro de origem paterna.

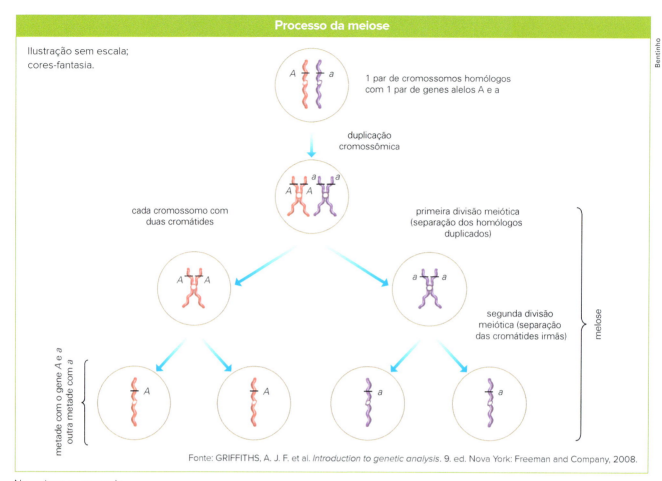

Na meiose, os pares de cromossomos homólogos são separados. Cada gameta recebe apenas um cromossomo; assim, eles contêm alelos diferentes.

As células-filhas da meiose formam gametas que possuem alelos de um gene. No caso de híbridos, elas possuem os dois alelos em iguais proporções, ou seja, metade das células apresenta um alelo e metade apresenta o outro alelo. Quando o gameta de um genitor é fecundado pelo outro, os cromossomos dos dois genitores restauram o número original de cromossomos de uma célula diploide. A partir desse momento, o indivíduo tem todos os seus genes, ou seja, tem seu **genótipo** determinado. Por exemplo, *AaBbCC* é o genótipo de determinado indivíduo.

A presença de alelos dos genes não implica necessariamente a expressão de uma característica. As plantas de ervilha obtidas por Mendel em F_1, por exemplo, apresentavam dois alelos, mas expressavam (efetivam) apenas uma característica. Além disso, como será tratado mais adiante, várias características são determinadas por mais de um gene, e os genes se expressam sob determinadas condições. Assim, o que é observado em um indivíduo nem sempre corresponde ao seu genótipo. A característica que um indivíduo manifesta corresponde ao seu **fenótipo**, resultante da interação entre os genes que porta e o ambiente que habita e frequenta. Diversas características, como excesso de luz solar, disponibilidade de nutrientes e alterações estéticas influenciam o fenótipo.

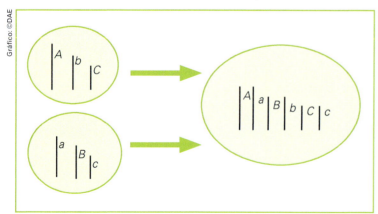

Na fecundação, os cromossomos homólogos dos gametas voltam a formar pares e determinam o genótipo do novo indivíduo.

Ao analisar o genótipo de um indivíduo diploide, podemos perceber algumas características. Um simples par de alelos, como *Aa*, transmite-nos várias informações:

- É um indivíduo **heterozigoto** para essa característica. Um heterozigoto também pode ser chamado de **híbrido**.
- Recebeu alelos diferentes de cada genitor.
- Possui fenótipo **dominante**, pois a letra *A* representa um gene dominante, que se expressa sozinho ou em dupla no genótipo.

Já um indivíduo com genótipo *aa*, para essa mesma característica:

- É um indivíduo **homozigoto** para essa característica, pois possui alelos iguais para esse gene.
- Recebeu alelos iguais de cada genitor.
- Possui fenótipo **recessivo**, já que a letra *a* representa um gene recessivo, que se expressa quando está presente nos dois cromossomos.

As plantas possuem genes para produção de clorofila e maioria delas tem folhas verdes devido à presença desse pigmento. Porém, a falta de magnésio na planta causa o amarelamento, já que, sem esse metal, a planta não sintetiza clorofila, apesar dos genes. Seu fenótipo é de uma planta amarelada.

Dominância e recessividade

Genes possuem alguns tipos de alelos. Os alelos dominantes são aqueles que se manifestam em homozigose (por exemplo, *AA*) e em heterozigose (por exemplo, *Aa*). Assim, o produto resultante da expressão desse tipo de alelo determina o fenótipo dominante no indivíduo. Já alelos recessivos são aqueles que se manifestam fenotipicamente apenas em homozigose (por exemplo, *aa*). Nos heterozigotos, a expressão do alelo recessivo é ocultada do fenótipo pelo produto do alelo dominante.

Isso não quer dizer, necessariamente, que os genes recessivos não se manifestam quando estão em heterozigose. Eles podem se expressar, porém sua expressão não costuma ser suficiente para influenciar o fenótipo.

Veja também

Existem simuladores para os cruzamentos feitos por Mendel. Disponível em: <http://cbme.usp.br/index.php/interatividade/86-simulador-mendeliano.html>. Acesso em: 17 out. 2015.

Codominância e dominância incompleta

Codominância

Em heranças com dominância e recessividade, o fenótipo observado é de um dos alelos, ou seja, não existem características intermediárias. No entanto, existem padrões de herança que se expressam de maneira diferente.

Quando o fenótipo do heterozigoto é a soma da expressão dos dois alelos transmitidos pelos genitores com fenótipos diferentes, diz-se que esses genes são **codominantes**. Um exemplo de codominância ocorre no gado *shorthorn*, em que existem genes para pelagem vermelha e para pelagem branca. O cruzamento entre animal de pelagem vermelha (*r1r1*) e animal de pelagem branca (*r2r2*) produz descendentes (*r1r2*). Examinando os descendentes, nesse caso, notamos que a cor final da pelagem deve-se a uma mistura de pelos vermelhos e brancos, e não de pelos com tonalidades intermediárias entre vermelha e branca.

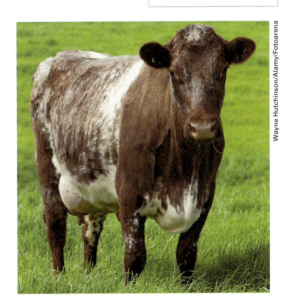

No gado *shorthorn* (*Bos taurus*), os dois alelos que determinam a cor da pelagem se expressam caracterizando um caso de codominância. Ele costuma ter 2 m de comprimento.

Primeira lei de Mendel **Capítulo 1** 19

Dominância incompleta

Já a **dominância incompleta** ocorre quando o heterozigoto expressa uma condição intermediária entre os dois fenótipos homozigóticos. Na herança das cores das flores de bocas-de-leão (*Antirrhinum majus*), genitores de cor vermelha e branca geram descendentes cor-de-rosa, uma condição intermediária entre a coloração vermelha de um genitor e a branca de outro genitor.

Na flor boca-de-leão (*Antirrhinum majus*), a coloração pode ser um caráter intermediário entre os genitores, caracterizando a dominância incompleta. A planta pode chegar a 2 m de altura.

Ilustração sem escala; cores-fantasia.

No cruzamento de características que apresentam dominância incompleta, a proporção fenotípica observada é diferente da prevista nas leis de Mendel.

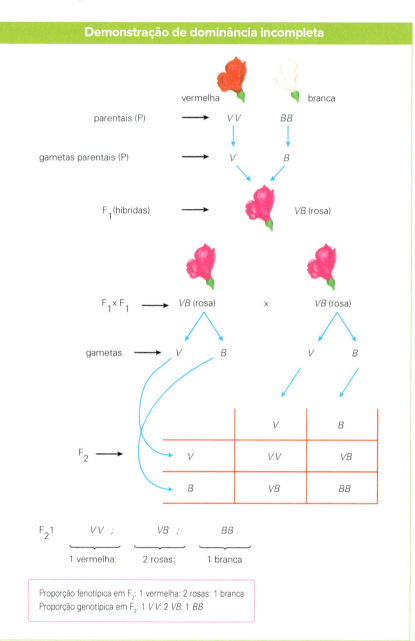

Alelos letais

Determinados genes provocam um desenvolvimento anormal do organismo, de tal modo que o indivíduo não consegue sobreviver. Eles podem ser dominantes ou recessivos, e alteram a proporção fenotípica esperada de cruzamentos conforme as leis de Mendel. Esses genes são denominados genes letais ou **alelos letais**.

Demonstração de ação de alelos letais

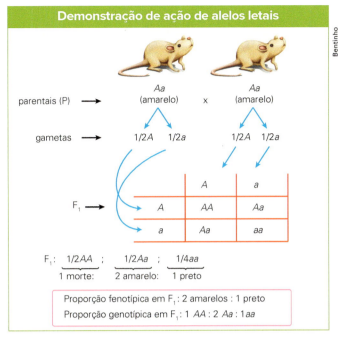

Ilustração sem escala; cores-fantasia.

A pelagem de camundongos, por exemplo, pode ocorrer nas cores amarela e preta, determinada pelo gene A. O alelo A determina cor amarela, e o alelo a, cor preta. Porém, quando em homozigose ou dupla dose, A causa morte do camundongo, que não chega a nascer.

Atividades

1. Neste capítulo, utilizamos o exemplo de plantas com sementes lisas ou rugosas para demonstrar a Primeira lei de Mendel. Faça a mesma demonstração escolhendo outra característica analisada por Mendel e indique o fator dominante e o recessivo.

2. Imagine que Mendel, em vez de analisar características de ervilhas, tivesse feito suas análises apenas observando pessoas recém-nascidas da cidade onde ele vivia. Quais seriam as diferenças em seu trabalho?

3. Que evidências permitem concluir que os fatores hereditários estão nos cromossomos?

4. Quando você olha para a foto de uma pessoa, você pode perceber seu fenótipo ou seu genótipo? Justifique.

5. Observe o heredograma a seguir e responda ao que se pede.

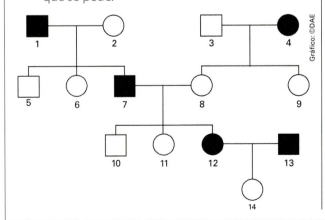

a) Quantos casais com filhos existem?
b) Quantas pessoas são afetadas pela característica estudada?
c) Qual é o maior número de filhos que um casal teve?

6. Observe o heredograma ao lado.

Como é possível explicar o aparecimento da característica estudada no indivíduo II-4?

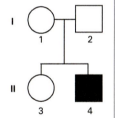

7. Em uma espécie de pássaro, um par de genes condiciona a coloração, sendo o alelo V responsável por penas amarelas, e v, por penas verdes. No cruzamento de dois indivíduos heterozigotos, esperava-se que aparecessem três indivíduos amarelos para cada verde, porém, apareceram 2 amarelos para cada verde. Como isso pode ser explicado?

8. O sistema MN é um sistema sanguíneo humano condicionado por dois alelos de um gene. Apesar disso, três fenótipos são possíveis: M, em que apenas essa proteína aparece nas hemácias, N, em que apenas essa proteína aparece nas hemácias, e MN, que apresenta as duas proteínas. Que tipo de herança apresenta esse sistema? Justifique.

Primeira lei de Mendel   Capítulo 1   21

CAPÍTULO 2

SEGUNDA LEI DE MENDEL

Mendel também estudou a transmissão de duas características conjuntamente. Plantas de linhagens puras com sementes amarelas e lisas, com os fatores *VVRR*, foram cruzadas com plantas de linhagens puras com sementes verdes e rugosas, com os fatores *vvrr*, originando plantas com os fatores *VvRr* na geração F_1. Como as linhagens parentais eram puras, cada indivíduo poderia transmitir apenas um fator hereditário para cada característica.

Os diferentes fatores hereditários transmitidos pelos genitores se combinam entre si, porém, apenas um de cada característica. A tabela a seguir mostra a proporção de gametas formados pelos genitores.

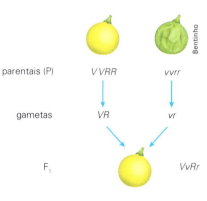

Veja também

É possível conhecer mais sobre a obra de Mendel e alguns aspectos com os quais ela se relaciona no link disponível em: <www.ib.usp.br/evosite/history/discretegenes.shtml> Acesso em: 25 out. 2015.

Proporção de gametas formados		
Gametas	**Genitor *VVRR***	**Genitor *vvrr***
VR	100%	0%
vr	0%	100%

A geração F_1, de plantas *VvRr*, passou por autofecundação, gerando F_2. Nessa geração, foram identificadas 556 sementes com combinações das quatro características estudadas (amarelas e lisas, amarelas e rugosas, verdes e lisas, verdes e rugosas), sendo que 315 sementes eram amarelas e lisas; 101, amarelas e rugosas; 108, verdes e lisas; e 32 verdes e rugosas. Para explicar esses resultados, Mendel postulou que os fatores hereditários se segregam independentemente em proporções iguais na formação de gametas.

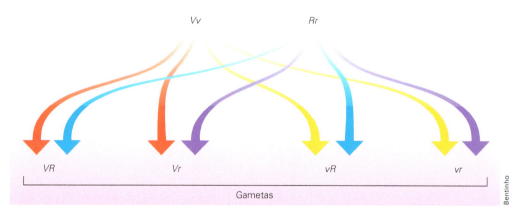

Cada par de fatores se segrega independentemente, ou seja, cada fator de um par se combina com todos os fatores gerados por outros pares de fatores.

Unidade 1 Genética

Como a formação de gametas é proporcional, ou seja, os diferentes tipos de gameta tendem a se formar em número igual, os resultados da autofecundação de F_1 podem ser explicados conforme mostrado na figura a seguir.

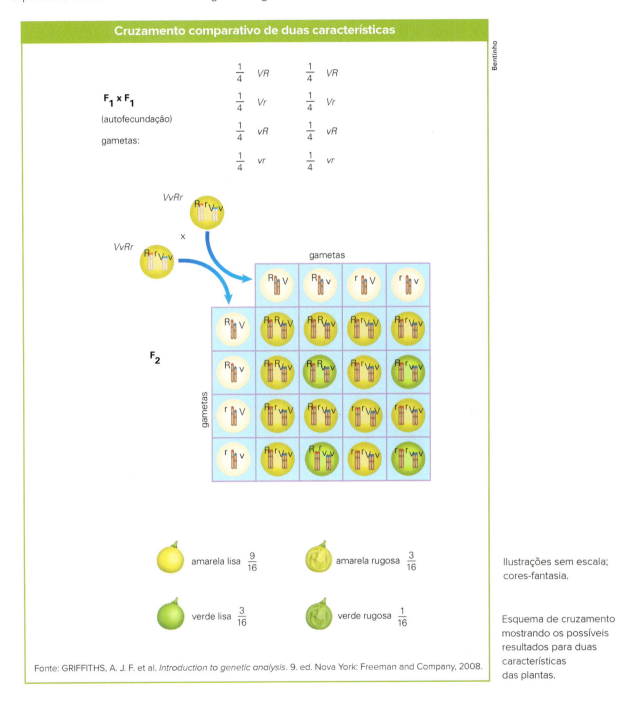

Esquema de cruzamento mostrando os possíveis resultados para duas características das plantas.

Ilustrações sem escala; cores-fantasia.

Em um total de 16 descendentes possíveis, 9 geraram plantas com sementes amarelas e lisas, 3 com sementes amarelas e rugosas, 3 com sementes verdes e lisas e 1 com semente verde e rugosa. Essa proporção explica os resultados observados experimentalmente por Mendel.

Esses experimentos e sua interpretação geraram a lei da Segregação Independente dos Fatores, ou **Segunda lei de Mendel**, em que os fatores que condicionam determinada característica se separam na formação dos gametas e são transmitidos para as gerações seguintes, independentemente de fatores que condicionam outras características.

▶ A Segunda Lei de Mendel e a meiose

A distribuição de diversos alelos de um gene que estão em cromossomos distintos ocorre de maneira similar à distribuição de apenas um par de alelos, segregando-se independentemente uns dos outros. Como existe mais de um par de alelos nas células, é necessário contemplar todas as possibilidades de combinação deles nos gametas formados. Já genes que estão em um mesmo cromossomo tendem a permanecer unidos durante as divisões celulares.

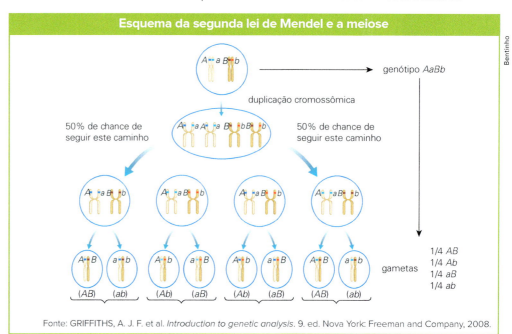

Ilustrações desta página sem escala; cores-fantasia.

As diversas possibilidades de combinação dos diferentes cromossomos ocorrem em igual proporção durante a meiose. Assim, diversos tipos de gameta são formados em proporções iguais.

Fonte: GRIFFITHS, A. J. F. et al. Introduction to genetic analysis. 9. ed. Nova York: Freeman and Company, 2008.

Sistema sanguíneo ABO		
Tipo sanguíneo (genótipo)	Proteínas (aglutinogênios) na superfície das hemácias (fenótipo)	Anticorpos no plasma aglutininas (fenótipo)
tipo A	A	anti-B
tipo B	B	anti-A
tipo AB	A e B	
tipo O		anti-A e anti-B

Fonte: GRIFFITHS, A. J. F. et al. Introduction to genetic analysis. 9. ed. Nova York: Freeman and Company, 2008.

Os aglutinogênios funcionam como marcadores celulares, para indicar se uma célula pertence àquele organismo. Já as aglutininas atacam células que contêm proteínas diferentes. Essa é uma forma de se reconhecerem células que não são do organismo em que estão.

▶ Alelos múltiplos

Polialelia ou **alelos múltiplos** compreende um conjunto de três ou mais tipos diferentes de alelos de genes para a mesma característica. Apesar de existirem mais de dois tipos de alelos, cada indivíduo terá, no máximo, dois desses genes alelos. Um exemplo de polialelia em seres humanos é a herança dos tipos sanguíneos em relação ao sistema ABO.

Os diferentes grupos sanguíneos humanos devem-se à existência de dois tipos de proteína, os aglutinogênios (antígenos) e as aglutininas (anticorpos). Os aglutinogênios são encontrados na superfície das hemácias e podem ser de dois tipos, representados pelas letras A e B. As aglutininas se encontram dissolvidas no plasma e são representadas por anti-A e anti-B.

Tanto a presença como a ausência dos aglutinogênios é determinada geneticamente por um conjunto de três genes alelos, I^A, I^B e i, que são codominantes e produzem os seguintes efeitos:

- Gene I^A ou A: produz aglutinogênio A.
- Gene I^B ou B: produz aglutinogênio B.
- Gene i ou O: não produz aglutinogênios.

O sistema ABO funciona como um sistema de reconhecimento de células corpóreas. Assim, por exemplo, uma pessoa com sangue A possui essa proteína nas membranas das hemácias e anticorpos que atacam células com a proteína B. O inverso ocorre com uma pessoa com sangue tipo B. Indivíduos do tipo AB possuem as duas proteínas, logo, não têm anticorpos para atacar nenhuma delas. Indivíduos do tipo O não têm nenhuma dessas proteínas na membrana de suas hemácias, mas possuem anticorpos para atacar tanto a proteína A quanto a B. Os genótipos para cada tipo sanguíneo estão na tabela abaixo.

Genótipos e fenótipos do grupo sanguíneo ABO			
Fenótipos (grupos sanguíneos)	**Aglutinogênio (hemácias)**	**Aglutinina (plasma sanguíneo)**	**Genótipos**
A	A	Anti-B	$I^A I^A$ ou $I^A i$
B	B	Anti-A	$I^B I^B$ ou $I^B i$
AB	A e B	–	$I^A I^B$
O	–	Anti-A e Anti-B	ii

Para os grupos A e B, dois genótipos produzem o mesmo fenótipo. Assim, o cruzamento de uma pessoa de sangue A com uma de sangue B pode produzir 4 tipos de genótipos e fenótipos.

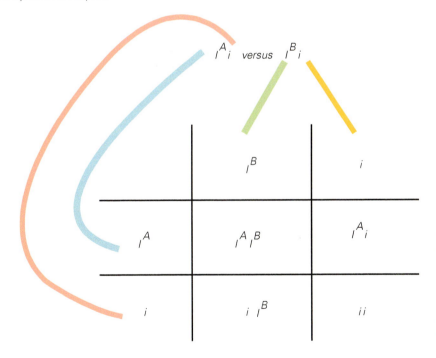

Em um cruzamento entre um indivíduo de sangue A com outro de sangue B (ambos heterozigotos) surgem 4 possibilidades de fenótipos e genótipos na proporção 1:1:1:1.

A genética dos grupos sanguíneos é bastante utilizada. Um teste com esse grupo sanguíneo pode determinar se um homem não é o pai de uma criança. Se uma criança tem sangue tipo O, com mãe tipo O, homens com tipo AB são imediatamente excluídos da paternidade. Nessa mesma situação, homens de sangue tipo O são incluídos no rol dos possíveis pais. O teste de paternidade, em relação ao sistema ABO, é de exclusão de paternidade, e não de inclusão definitiva. Apenas por esse exame um homem não pode ser determinado como pai, mas pode ser excluído como pai ou indicado como um possível pai. O mesmo vale para a mãe.

Foco em saúde

Em uma transfusão de sangue, o doador transfere suas hemácias, mas não os anticorpos. Dependendo do tipo sanguíneo que a pessoa receber, os anticorpos presentes nela podem atacar as hemácias do doador, o que pode causar a morte do receptor. Assim, é necessário analisar o tipo sanguíneo de doadores e receptores antes da transfusão.

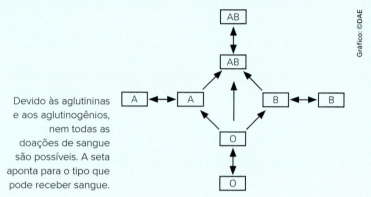

Devido às aglutininas e aos aglutinogênios, nem todas as doações de sangue são possíveis. A seta aponta para o tipo que pode receber sangue.

1. Você doa sangue? Quais são os tipos de sangue que você pode receber?

Outros antígenos, além do A e B, podem ser encontrados nas hemácias, como o antígeno Rh, que está representado no **sistema Rh**. O nome desse fator vem do modelo animal que foi usado nos estudos iniciais desse grupo sanguíneo, a macaca Rhesus.

O fator Rh é uma proteína encontrada nas hemácias. As pessoas portadoras do fator Rh em suas hemácias apresentam sangue Rh⁺ (Rh positivo), e as desprovidas desse fator possuem sangue Rh⁻ (Rh negativo). O fator Rh é condicionado por um alelo dominante. O sangue Rh⁻ não possui originalmente em seu plasma o anticorpo anti-Rh. Alguém com esse tipo sanguíneo só apresentará esse anticorpo se entrar em contato com o antígeno Rh ou receber sangue Rh⁺ numa transfusão.

Genótipos, fenótipos e anticorpos de acordo com o sistema Rh			
Sistema Rh			
fenótipos (grupos sanguíneos)	genótipos	fator Rh	anticorpo
Rh⁺	RR, Rr	possui	não produz
Rh⁻	rr	não possui	produz anti-Rh

A partir de um primeiro contato de uma pessoa Rh⁻ com o fator Rh, ela não poderá mais receber sangue Rh⁺, pois haverá incompatibilidade entre doador e receptor em consequência da existência do anticorpo anti-Rh em seu plasma.

O sistema Rh está relacionado com uma doença conhecida como **eritroblastose fetal**, ou doença hemolítica do recém-nascido. Ela ocorre devido ao fator Rh, especificamente quando uma mulher Rh⁻ fica grávida de um filho Rh⁺. Caso ela não tenha sido sensibilizada pelo fator Rh, a gravidez ocorrerá normalmente. No parto, ocorrerá mistura de sangue da mãe e do feto, e ela será sensibilizada para o fator Rh. Assim, em uma segunda gravidez de um filho Rh⁺ (ou primeira, caso ela tenha sido sensibilizada anteriormente), a mãe produzirá anticorpos que destruirão, em grande escala, as hemácias do filho. Essa destruição implica uma anemia aguda e profunda, com comprometimento do tecido nervoso. Tentando compensar a queda de hemácias em circulação, a medula óssea do filho libera hemácias jovens, os **eritroblastos**, que são a origem do nome da doença. Atualmente, existem maneiras de controlar esse tipo de reação desde que se consulte um médico durante a gravidez.

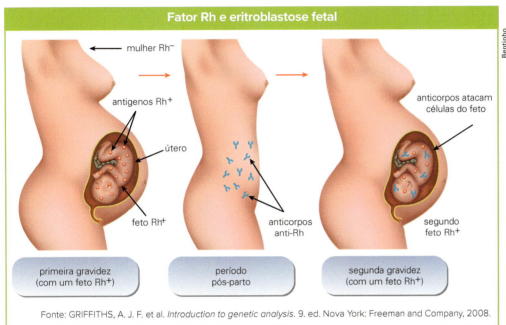

Ilustrações sem escala; cores-fantasia.

A eritroblastose fetal ocorre apenas quando a mãe Rh⁻ é sensibilizada pelo fator Rh. Nesse caso, ela produz anticorpos que podem atacar as hemácias de um feto Rh⁺.

Pode-se determinar os possíveis tipos sanguíneos de um cruzamento, tanto para o sistema ABO quanto para o Rh, utilizando a Segunda lei de Mendel. Por exemplo, para determinar a descendência possível de um casal formado por um homem AB⁺ ($I^A I^B Rr$) com uma mulher O⁻ ($iirr$), fazemos o cruzamento da seguinte maneira:

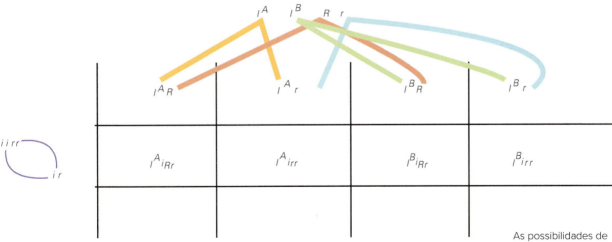

As possibilidades de descendentes de um cruzamento com dois pares de alelos podem ser observadas de acordo com os princípios da Segunda lei de Mendel.

Devido a esse tipo de cruzamento é possível saber que a mãe corre risco de apresentar eritroblastose fetal, já que ela é Rh⁻ e apresenta 2 possibilidades em 4 de ter um descendente Rh⁺, que pode ser do tipo A ou tipo B.

▶ Diferentes funções dos genes

Os genes possuem diversas funções que ainda estão sendo elucidadas pela ciência. Além de coordenarem a síntese de proteínas, eles têm funções regulatórias nas células. A **epistasia**, por exemplo, é um tipo de interação gênica que consiste na inibição de alelos de um gene por outro, não alelo. O gene que inibe é chamado de **epistático**, e o inibido, de **hipostático**. Os genes epistático e hipostático apresentam segregação independente entre si, localizando-se, portanto, em cromossomos diferentes.

Um exemplo de epistasia ocorre na determinação da cor da plumagem em galinhas. O gene *C* determina plumagem colorida, e o seu alelo *c*, a plumagem branca. *C* e *c* formam um par de alelos hipostáticos. O gene *I* é epistático, inibindo a manifestação de cor, isto é, inibindo *C* e *c*. O gene alelo recessivo *i* permite que *C* e *c* se manifestem.

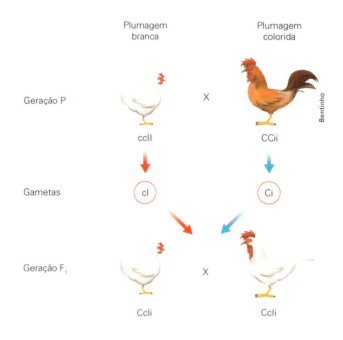

Ilustrações sem escala; cores-fantasia.

No cruzamento de galinhas em que o alelo *I* é epistático só se manifestará a cor nos homozigotos *ii*.

Proporção genotípica de F₂:
9 C_I_
3 C_ii
3 ccI_
1 ccii

Proporção fenotípica: 3: colorida 13: branca

Cor da pelagem em galinhas	
genótipo	fenótipo
C_I_	branca
ccI_	branca
C_ii	colorida
ccii	branca

28 Unidade 1 Genética

▶ Noções de probabilidade

As proporções obtidas por Mendel em seus cruzamentos indicam o número de indivíduos formados com determinada característica dentro de um grupo. Essa proporção também indica a probabilidade com que esse tipo de cruzamento ocorre.

Probabilidade é uma escala numérica das possibilidades da ocorrência de um evento, ou seja, a chance de acontecer uma possibilidade em um número determinado de diversas possibilidades. Essa escala varia entre o valor mínimo de 0 e o máximo de 1. O evento é impossível de acontecer se a sua probabilidade for igual a 0. Se a probabilidade for igual a 1, certamente ocorrerá.

Chamamos de espaço amostral o conjunto de todos os eventos possíveis (ou resultados possíveis) de determinada ação. Jogar um dado, por exemplo, permite seis resultados distintos: 1 ou 2 ou 3 ou 4 ou 5 ou 6. Nesse caso, o espaço amostral contém um total de seis eventos. A chance de se obter o resultado 1 no lançamento de um dado é de $\frac{1}{6}$, já que é a chance de ocorrer um resultado entre seis possíveis. Já a chance de sair um número par é de $\frac{3}{6}$, pois, de seis resultados possíveis, três atendem à condição desejada: 2, 4 e 6. Quando possível, o resultado deve ser simplificado: $\frac{3}{6}$ equivalem a $\frac{1}{2}$.

> **Conexões**
> A aprendizagem sobre cálculos de probabilidade resulta, tradicionalmente, de estudos na disciplina Matemática, mas tem aplicações em áreas como Biologia, Química, Geografia, Ciências Sociais e várias outras.

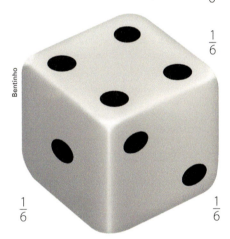

A probabilidade de sair apenas um número no lançamento de um dado de 6 lados é a mesma para todos os números, pois existe apenas 1 resultado que será obtido entre 6 possíveis.

Como vimos, a probabilidade pode ser representada em fração. Ela pode ser representada em número fracionário, decimal ou em porcentagem: $\frac{1}{2}$ (fração) equivale a 0,5 (decimal), que, multiplicado por 100, é igual a 50% (porcentagem). Em outro exemplo, uma probabilidade de $\frac{1}{3}$ equivale a 0,333... que é 33,3% de probabilidade, aproximadamente.

A probabilidade de ocorrerem dois eventos mutuamente exclusivos, ou seja, a probabilidade de ocorrer um ou outro é calculada pela soma das probabilidades isoladas desses eventos. Ao se jogar um dado uma vez, por exemplo, a probabilidade de sair o número 2 ou o número 3 é igual à soma das probabilidades desses eventos isolados, já que eles não podem ocorrer ao mesmo tempo. Como a chance de cada evento ocorrer é de $\frac{1}{6}$, a chance de ocorrer um ou outro é:

Probabilidade do número 2 isolado: $P(2) = \frac{1}{6}$

Probabilidade do número 3 isolado: $P(3) = \frac{1}{6}$

Probabilidade de 2 ou 3 = $P(2) + P(3) = \frac{1}{6} + \frac{1}{6} = \frac{2}{6} = \frac{1}{3}$ ou 33,3%

A probabilidade de que ocorram simultaneamente dois eventos independentes, ou seja, a probabilidade de ocorrer um e o outro, é dada pelo produto das probabilidades isoladas. Ao se lançar um dado e uma moeda, por exemplo, a probabilidade de sair a face 6 do dado e cara na moeda é dada pela multiplicação das probabilidades isoladas, já que um evento não afeta a ocorrência do outro.

Probabilidade do número 6 isolado: $P(6) = \frac{1}{6}$

Probabilidade da face cara isolada: $P(cara) = \frac{1}{2}$

Probabilidade de 6 e cara = $P(6) \times P(cara) = \frac{1}{6} \times \frac{1}{2} = \frac{1}{12}$

Para explorar

Na agricultura, é comum o cruzamento artificial de plantas para gerar linhagens que produzam melhores frutos, sementes ou outros resultados de interesse para o agricultor. Imagine que você é responsável por realizar esse tipo de cruzamento para melhorar uma planta frutífera e tem exemplares com as seguintes características: plantas com fruto grande, plantas com caule baixo, plantas com fruto pequeno, plantas em que o fruto se desenvolve em 15 dias, plantas em que o fruto se desenvolve em 45 dias e plantas com caule alto. Que características você selecionaria para produzir uma planta que produzisse mais frutos em menos tempo? Como você poderia aumentar as chances de sucesso dos cruzamentos?

As leis de Mendel e a probabilidade

As noções de probabilidade podem ser utilizadas em conjunto com as leis de Mendel. Por exemplo, para calcular a chance de surgir uma planta com sementes verdes e rugosas a partir de genitores conhecidos pode-se montar um quadro como o mostrado na Segunda lei de Mendel. Ou pode-se calcular a probabilidade de cada evento de maneira independente e multiplicá-lo: o resultado será o mesmo. A figura a seguir mostra os possíveis resultados dos cruzamentos de uma planta *VvRr*.

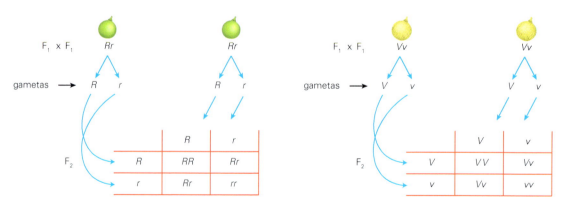

Pode-se determinar a probabilidade de gerar um indivíduo com diversas características realizando diversos cruzamentos simples e então somar ou multiplicar seus resultados de acordo com o resultado desejado.

No exemplo apresentado, vemos que a chance de nascer uma planta com sementes verdes é de $\frac{1}{4}$ e a probabilidade de aparecer uma com sementes rugosas é de $\frac{1}{4}$. Para calcular a chance de aparecer uma planta com sementes verdes e rugosas, multiplicamos as probabilidades dos eventos isolados.

$$\frac{1}{4} \times \frac{1}{4} = \frac{1}{16}$$

Dessa forma, é possível obter as mesmas proporções observadas na Segunda lei de Mendel.

Foco na sociedade

Testes genéticos

Atualmente, diversos laboratórios realizam exames para procurar genes relacionados a determinadas doenças. Esses exames podem ser feitos sem recomendação médica. É comum ouvir falar no "gene do câncer", no "gene da obesidade" entre outros, e que tal gene aumenta a chance de doença.

É necessário tomar muito cuidado com esse tipo de informação, pois ela pode ser interpretada erroneamente e gerar conclusões precipitadas. A genética de diversas condições, como a obesidade e o câncer, ainda não é totalmente conhecida, e existem muitos outros fatores que influenciam o aparecimento delas. Esses exames devem ser realizados e interpretados sob orientação médica para que sejam eficientes.

1. Qual a importância de uma análise especializada em exames sobre a saúde?

Atividades

1. Quais gametas podem ser formados a partir de uma planta com os fatores *AaBBCcDdee*?

2. Uma planta de ervilha apresenta os fatores *VVRr*, sendo que *V* determina semente amarela, *v* determina semente verde, *R* determina semente lisa e *r* determina semente rugosa. Qual é a probabilidade dessa planta:

a) gerar descendentes com sementes amarelas e lisas?

b) gerar descendentes com sementes verdes e rugosas?

3. Em um jogo de cara ou coroa existe uma probabilidade de 50% para cara e de 50% para coroa. Isso significa que, se um primeiro lançamento der cara, ocorrerá coroa no seguinte? Justifique.

4. Uma pessoa com leucemia que possuía sangue tipo A ($I^A I^A$) foi submetida a um transplante de medula óssea. A medula produz células sanguíneas, e a medula transplantada era do mesmo tipo ($I^A i$). Após algum tempo, a pessoa ficou curada e resolveu ter um filho. Qual a chance de ela produzir gameta com o alelo *i* e transmitir ao filho?

5. Embora existam exceções, as leis de Mendel podem ser aplicadas até hoje. Imagine que um médico faz exames e descobre que você tem uma chance de $\frac{1}{4}$ de ter um filho com um tipo de distrofia muscular que impede a criança de sobreviver além dos dois anos. O que você faria com essa informação? Essa probabilidade é alta ou baixa para você? Troque ideias a respeito desse assunto com os colegas e o professor.

Segunda lei de Mendel **Capítulo 2** 31

CAPÍTULO 3

HERANÇAS GENÉTICAS E INTERAÇÃO GÊNICA

▶ Determinação do sexo

O sexo de um indivíduo geralmente está relacionado com seus genes e cromossomos, pois na maioria das espécies animais e vegetais ele é determinado cromossomicamente por cromossomos denominados **cromossomos sexuais**.

Animais e plantas podem apresentar sexos separados, sendo denominados **dioicos**. Já organismos **monoicos**, ou hermafroditas, possuem dois sexos no mesmo corpo, podendo realizar a autofecundação em alguns casos.

Os animais possuem sexos diferentes e alguns podem ser visualmente diferenciados. O mutum-de-penacho (*Crax fasciolata*) macho apresenta penas pretas, e a fêmea, pretas e brancas. Eles crescem até 90 cm de comprimento.

Nos organismos dioicos geralmente existe um par de cromossomos sexuais. Esses cromossomos podem ser iguais, determinando o **sexo homogamético**, ou diferentes, determinando o **sexo heterogamético**. Existem alguns tipos de sistema para classificar a determinação do sexo nos seres vivos.

Sistema XY

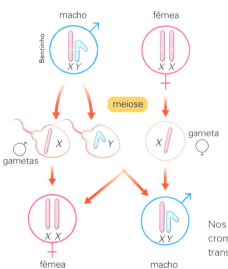

Nos mamíferos existe um par de cromossomos que determina o sexo, representado pelas letras X e Y. Organismos XX são fêmeas, e XY, machos. Devido a essa configuração, na formação de gametas a fêmea sempre produz óvulos com o cromossomo X, enquanto o macho produz dois tipos de gameta: alguns com cromossomo X e outros com cromossomo Y.

A fecundação sempre envolverá um óvulo com o cromossomo X e um espermatozoide. Caso o gameta masculino tenha o cromossomo X, será gerada uma fêmea; caso tenha um cromossomo Y, será gerado um macho.

Nos mamíferos, a fêmea transmite apenas o cromossomo sexual X, enquanto o macho pode transmitir X e Y. Ilustração sem escala; cores-fantasia.

32   Unidade 1   Genética

Foco na sociedade

[...] a sexualidade é formada por cinco elementos: o sexo biológico, a identidade de gênero, o papel sexual, a identidade sexual e, por fim, a orientação sexual. A combinação entre estes elementos marca as diferenças no jeito de cada pessoa ser e viver sua sexualidade. [...]

Sexo biológico

Quando um espermatozoide penetra o óvulo ocorre a fecundação. Todo óvulo contém um cromossomo X, já os espermatozoides podem conter os cromossomos X ou Y. Se o espermatozoide que o fecundou for do tipo X, o bebê será do sexo feminino. Mas, se o vencedor for do tipo Y, o bebê será do sexo masculino. [...]

Identidade de gênero e papel sexual

Por volta dos 2 ou 3 anos, as crianças descobrem os seus genitais. Essa descoberta anatômica tem uma grande importância na tomada de consciência de gênero e no desenvolvimento dos papéis sexuais. Os pequenos associam seu tipo de genital ao dos pais e, de acordo com a similaridade, imitam os comportamentos do pai ou da mãe.

Além disso, meninos e meninas são tratados de forma diferente desde a hora em que os adultos descobrem seu sexo, muitas vezes, ainda na barriga da mãe. Por meios de gestos, palavras, brincadeiras, prêmios e castigos, a família, a escola e a mídia passam para a criança informações e modelos que ensinam como eles esperam que um menino ou uma menina se comporte. Isto é o Papel sexual – a forma como cada um expressa sua sexualidade.

Identidade sexual

A identidade sexual é o que o indivíduo acredita ser. E isto é um processo de construção psicológica que envolve o sexo biológico e o comportamento social. Para um garoto, por exemplo, acreditar que ele é homem, é preciso que ele saiba que é do sexo masculino, se reconhecer como homem e saber como um homem deve agir.

Parece óbvio, mas a aquisição da identidade nem sempre é assim. Os travestis, por exemplo, são pessoas com uma identidade sexual variável: num momento sentem-se homens, no outro, mulheres. Já os transexuais têm uma identidade sexual fixa, ou seja, acreditam ser homens ou mulheres, só que o seu corpo não corresponde a esse sentir. [...]

Orientação sexual

A forma como cada pessoa se sente – a identidade sexual – é individual e pessoal, bem como o desejo por alguém para amar e fazer sexo. A Orientação sexual é exatamente a direção para qual se inclina este desejo, de acordo com o gênero pelo qual a pessoa se sente atraída. Desta forma, existem três tipos de orientação sexual: heterossexual, quando se deseja pessoas do sexo oposto; homossexual, que é o desejo por alguém do mesmo sexo; e bissexual, quando se deseja pessoas de ambos os sexos.

Assim, um homem heterossexual, por exemplo, nasce com os genitais masculinos, sabe que pertence a este gênero, aprende a se comportar como a sua cultura espera, se sente homem e deseja sexualmente pessoas do sexo oposto. No homem homossexual, todos os elementos da sua sexualidade ocorrem como no homem hétero, só que o seu desejo sexual está direcionado a alguém do seu mesmo sexo. Já na pessoa bissexual a atração pode ocorrer tanto por um gênero como pelo outro.

Como vocês podem perceber, a orientação sexual é um desejo que não depende da vontade consciente da pessoa. Ninguém decide ser hétero, homo ou bissexual de uma hora para outra, e muito menos porque é moda ou alguém falou para ser assim. Quando se tem um desejo que não corresponde às expectativas sociais, o indivíduo sofre bastante com a discriminação, o preconceito e a ignorância das pessoas. [...]

VILELA, Maria Helena. Sexo, identidade de gênero e orientação sexual: quais as diferenças? *Nova Escola*, São Paulo, FVC/Abril Comunicações S.A. Disponível em: <http://revistaescola.abril.com.br/blogs/educacao-sexual/2013/05/30/os-jeitos-sexuais-de-ser/>. Acesso em: 15 jul. 2016.

1. Existe discriminação quanto a sexo, identidade de gênero, identidade sexual ou orientação sexual nos ambientes que você frequenta? Como você se sente em relação aos preconceitos que algumas pessoas sofrem por suas características sexuais?

Sistema ZW

Em aves, borboletas e alguns peixes o sexo é determinado pelo sistema ZW, no qual o macho tem os cromossomos ZZ, e a fêmea, ZW. Ao contrário do que acontece no sistema XY, a fêmea é o sexo heterogamético e o macho o sexo homogamético. Isso reflete nos possíveis gametas gerados por cada indivíduo, sendo que a fêmea gera gametas com cromossomos diferentes, enquanto o macho gera gametas sempre com o cromossomo Z.

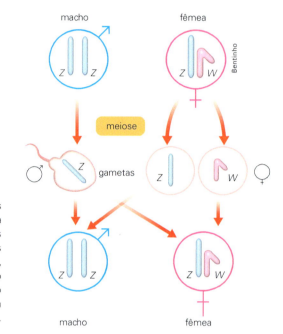

Em aves e alguns outros organismos, a fêmea forma gametas com cromossomos sexuais diferentes, enquanto o macho transmite sempre o mesmo. Ilustração sem escala; cores-fantasia.

Partenogênese

Em alguns organismos, os óvulos não fecundados originam indivíduos. Nas abelhas, um óvulo não fecundado gera um zangão, que é um macho fértil e haploide. Caso a abelha rainha seja fecundada pelo zangão, ela produzirá organismos diploides fêmeas, que podem ser operárias inférteis na colmeia ou futuras rainhas. A diferença entre a esterilidade da operária e a fertilidade da rainha é consequência do tipo de alimentação que suas larvas receberam durante o desenvolvimento.

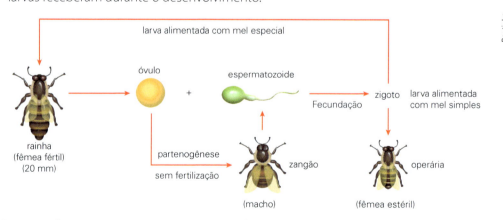

Ilustração sem escala; cores-fantasia.

Determinação do sexo em abelhas. Em algumas espécies, o macho pode ser haploide, e a fêmea, diploide. Isso acontece na partenogênese, processo que já foi observado em diversos grupos animais, como lagartos e tubarões.

▶ Herança e sexo

Tanto os cromossomos sexuais quanto os autossomos (que não determinam o sexo) possuem alelos que influenciam o fenótipo de um organismo. Com o desenvolvimento da genética, descobriram-se outros mecanismos que explicam fatores hereditários, além da dominância e da recessividade. Até hoje, diversos estudos são feitos para ajudar a entender como os alelos influenciam e determinam características nos seres vivos.

Nos mamíferos, os cromossomos X e Y são diferentes em relação a tamanho e forma, e isso impede seu emparelhamento total nas células. Em uma região desses cromossomos ocorre emparelhamento, a **região homóloga**, que tem alelos pareados de genes. A região em que não acontece emparelhamento, conhecida como **região diferencial**, é não homóloga, e os alelos nela presentes não estão pareados.

Heranças nos cromossomos sexuais apresentam probabilidades diferentes de se manifestar nos sexos heterogamético e homogamético, já que, no sexo homogamético, os cromossomos são homólogos, enquanto no heterogamético existem regiões não homólogas, nas quais a presença do alelo determina a expressão da característica.

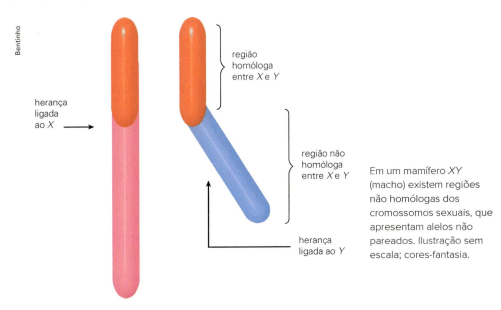

Em um mamífero XY (macho) existem regiões não homólogas dos cromossomos sexuais, que apresentam alelos não pareados. Ilustração sem escala; cores-fantasia.

Nos sistemas XY e ZW, o sexo heterogamético (XY e ZW) pode ter apenas um alelo nos cromossomos sexuais. Nesse caso, não há possibilidade de haver um indivíduo homozigoto ou heterozigoto, mas o que denominamos **hemizigoto**, isto é, um organismo que portará apenas um alelo de determinado gene.

Herança ligada ao X

Os genes presentes na região não homóloga do cromossomo X apresentam padrão de herança chamado herança ligada ao X ou herança ligada ao sexo. A hemofilia A, por exemplo, é uma condição causada por um gene que dificulta o processo de coagulação do sangue. A coagulação sanguínea envolve uma série de proteínas (fatores de coagulação), e pessoas com hemofilia A possuem baixa atividade de um desses fatores, o que é determinado por um alelo recessivo presente na região não homóloga do cromossomo X. Assim, em um casal que apresente o gene para essa característica (X^h), a probabilidade de nascer um filho afetado é maior do que de nascer uma filha afetada por esta característica, já que basta a presença do gene recessivo no filho para que ela se manifeste, enquanto na filha o gene precisa estar em homozigose.

Genótipos e fenótipos da hemofilia A	
genótipos	fenótipos
$X^H X^H$	Mulher normal
$X^H X^h$	Mulher normal portadora de hemofilia
$X^h X^h$	Mulher hemofílica
$X^H Y$	Homem normal
$X^h Y$	Homem hemofílico

Portador: pessoa que possui o alelo para determinada característica, mas não a manifesta.

Em um casal formado por um homem ($X^H Y$) e uma mulher **portadora** de hemofilia A ($X^H X^h$), a chance de nascer uma filha hemofílica é inexistente, já que o homem passará seu gene X^H para ela. Um filho, por sua vez, tem 50% de chance de ser hemofílico, pois o pai passará o cromossomo Y para ele, e a mãe tem 50% de chance de passar o gene X^H e 50% de transmitir o X^h.

O daltonismo e a distrofia muscular de Duchenne seguem um padrão similar de herança. O daltonismo é uma anomalia genética que consiste na incapacidade de distinguir cores. Tal como a hemofilia, alguns tipos de daltonismo estão ligados a genes autossômicos e, no caso da dificuldade em distinguir o verde do vermelho, trata-se de herança ligada ao X. Já a distrofia muscular de Duchenne impede o desenvolvimento adequado dos músculos e costuma causar a morte antes da adolescência.

Herança restrita ao sexo

Os genes localizados no cromossomo Y apresentam o padrão de herança ligada ao Y, também chamada de herança restrita ao sexo ou herança holândrica. Os genes localizados no segmento não homólogo do cromossomo Y humano são transmitidos exclusivamente de pais a filhos. A hipertricose auricular (presença de pelos longos no pavilhão auditivo) é um exemplo de herança holândrica. Como o pai obrigatoriamente passa seu cromossomo Y para o filho, ambos terão o mesmo genótipo.

Veja também

A calvície é uma condição causada por um gene ligado ao cromossomo X e outros localizados em cromossomos homólogos. Mais informações sobre essa característica estão disponíveis em: <http://cienciahoje.uol.com.br/revista-ch/2012/293/a-heranca-dos-carecas>. Acesso em: 17 fev. 2016.

Compensação de dose

As fêmeas de mamíferos possuem dois cromossomos X, enquanto os machos possuem apenas um. No entanto, esse fato não causa diferença nos padrões de expressões genéticas, pois as células das fêmeas têm um mecanismo de compensação de dose: apenas um de seus cromossomos X é ativo; o outro tem a maioria dos genes inativados. A estrutura formada por esse cromossomo inativo é denominada **corpúsculo de Barr** ou cromatina sexual. Essa inativação ocorre aleatoriamente nas células no início da vida embrionária. Assim, em um mesmo organismo, algumas células expressam o cromossomo X de origem materna, e outras, o de origem paterna. Fêmeas heterozigotas para genes no cromossomo X geralmente expressam o alelo dominante em metade das células do corpo e o alelo recessivo na outra metade.

Em gatos domésticos existe o padrão de pelagem preto e amarelo, e os alelos dessa característica se encontram no cromossomo X.
Os machos são malhados de amarelo ou preto. Uma fêmea heterozigota para as duas cores apresenta manchas amarelas e manchas pretas em sua pelagem. Por isso dizemos que gatos tricolores (branco, amarelo e preto) são fêmeas.

▶ Pleiotropia

Pleiotropia é a condição na qual um gene influencia mais de uma característica. Acredita-se que todos os genes possam ser pleiotrópicos, mas seus efeitos ainda não foram todos identificados, sendo apenas conhecida a menor parte deles. O gene que causa o albinismo nos seres humanos, por exemplo, provoca ausência de melanina e formação anormal no olho. A fenilcetonúria é outro exemplo, pois o alelo do gene que causa essa doença, que altera a atividade da enzima que metaboliza a fenilalanina, também pode causar incapacitação mental, redução de pilosidade e alterações na pigmentação da pele.

O albinismo, que é um caso de pleiotropia, é bastante comum em muitas famílias da África. Em certas regiões, um em cada 2 mil nascidos é albino. Na imagem, mãe com filho albino, Moçambique, 2015.

▶ Herança quantitativa

A maioria das heranças estudadas até aqui envolvia a presença ou a ausência de determinadas características. Ou a semente de ervilha é verde ou é rugosa. Ou um indivíduo é albino ou não é. Porém, na herança quantitativa, os fenótipos observados são gradativos, e os efeitos dos genes vão se somando. Os genes desse tipo de herança são denominados **poligenes**.

Diversas características apresentam variações quantitativas, como cor da pele humana, estatura, produção de leite em gado, peso de frutos e sementes. Nota-se que essas características variam entre um extremo com valor máximo e outro, com valor mínimo, de maneira contínua. Um exemplo disso é a altura das plantas de ervilha, em que o máximo é de 1,60 m e o mínimo é de 1 m. Dentro desse intervalo encontramos plantas com todas as alturas possíveis, em uma variação contínua.

Cor de pele, dos olhos e altura são características determinadas por poligenes.

▶ Genes no mesmo cromossomo

Um cromossomo possui alelos de vários genes. Assim, quando ocorre a meiose, os alelos localizados no mesmo cromossomo tendem a se segregar juntos, em um caso conhecido como **genes ligados**, *linkage* ou ligação fatorial. Para diferenciar a posição dos alelos, denomina-se configuração *cis* quando os dois dominantes se encontram no mesmo cromossomo, e configuração *trans* quando, no cromossomo, há um gene dominante e o outro é recessivo.

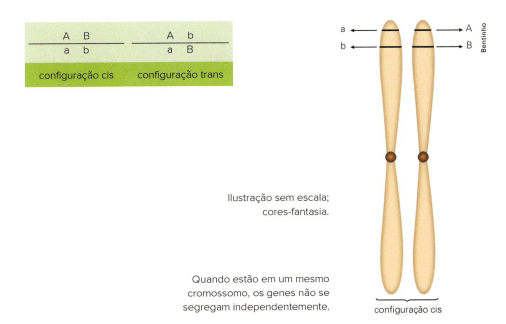

Ilustração sem escala; cores-fantasia.

Quando estão em um mesmo cromossomo, os genes não se segregam independentemente.

Quando estão no mesmo cromossomo, os genes tendem a se segregar conjuntamente. Assim, a célula que contém os genes da figura acima deve formar apenas gametas *ab* e *AB*. No entanto, diversos estudos mostram que, embora a proporção maior seja de gametas *ab* e *AB*, existem gametas *Ab* e *aB* em menor proporção, ou seja, há uma troca de genes entre os cromossomos homólogos.

Recombinação gênica e meiose

A recombinação entre os cromossomos homólogos ocorre durante a primeira divisão da meiose, na prófase I. Essa etapa foi dividida em vários estágios para facilitar a explicação desse processo.

No **leptóteno** (do grego, *leptos* = delgado; *nema* = filamentos), os cromossomos duplicados começam a se condensar. No **zigóteno** (do grego, *zugon* = adjacente), os cromossomos homólogos alinham-se lado a lado e ficam unidos por uma estrutura proteica. No **paquíteno** (do grego, *pachus* = espesso), o processo de pareamento se completa. O pareamento é tão intenso que o par de cromossomos homólogos dá a impressão de ser apenas um cromossomo mais espesso, sendo denominado bivalente ou tétrade. No **diplóteno** (*diplo* = duplo), os cromossomos emparelhados começam a se separar, evidenciando pontos em que as cromátides dos cromossomos homólogos estão cruzadas e unidas em determinados pontos formando estruturas em forma de *X*, denominadas **quiasmas** (do grego, *chiasma* = travessa), que unem as cromátides. Os quiasmas são formados após a quebra e soldagem de partes trocadas das cromátides como consequência dessa troca. Na **diacinese** (do grego, *dia* = através de), os quiasmas, devido à separação dos cromossomos homólogos, deslocam-se para as extremidades, no processo denominado terminalização. No fim da diacinese, as cromátides dos cromossomos homólogos se tocam somente nos quiasmas existentes. A carioteca se desintegra e os cromossomos se espalham pelo citoplasma. A célula, então, entra em metáfase I.

Ilustração sem escala; cores-fantasia.

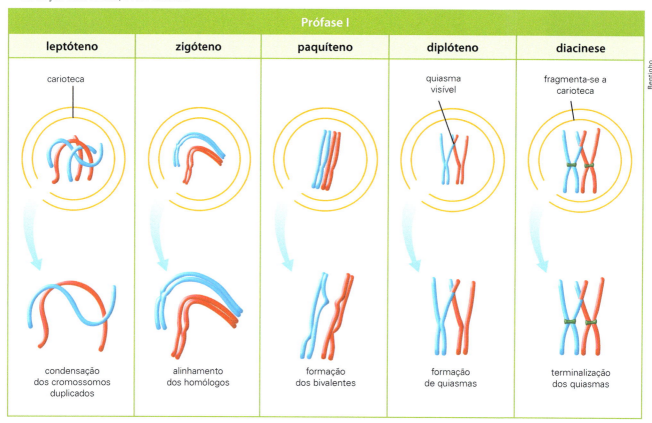

Fonte: REECE, J. B. et al. *Biologia de Campbell*. 10. ed. Porto Alegre: Artmed, 2015.

Durante a prófase I da meiose pode ocorrer a quebra e a soldagem das cromátides de cromossomos homólogos, que geram gametas com cromossomos diferentes dos da célula-mãe.

A formação e o desaparecimento pela terminalização dos quiasmas, que ocorrem durante a separação dos cromossomos, são demonstrações (ou evidências) citológicas da recombinação entre genes localizados no mesmo cromossomo. Esse intercâmbio de pedaços de cromátides homólogas é denominado *crossing over* ou **permutação**.

Ao efetuar trocas de pedaços cromossômicos, o *crossing over* permuta todos os genes contidos no pedaço cromossômico trocado. Essa permuta de genes é denominada **recombinação gênica** e apresenta grande contribuição para a variabilidade genética dos organismos.

Thomas Hunt Morgan (1866-1945) foi um destacado pesquisador estadunidense na área de genética. Tendo sido um dos primeiros a pesquisar os mecanismos de hereditariedade estudando moscas drosófilas, consta que seu desejo inicial era realizar seus experimentos com coelhos. No entanto, não conseguiu fundos para isso e decidiu-se pela *Drosophila melanogaster* por ser um animal pequeno, de alta fecundidade e curto ciclo de vida. A drosófila, por fim, o levou a descobrir a herança ligada ao sexo e logo após a descoberta de um segundo mutante com herança ligada ao sexo, o que o possibilitou a desvendar o mecanismo de *crossing-over*.

Unidade 1 Genética

Gametas parentais e recombinantes

A pequena mosca conhecida por drosófila *(Drosophila melanogaster)* é muito utilizada em experimentos de genética por apresentar diversas facilidades, como fácil manipulação e curto tempo de gestação. Ela pode apresentar duas colorações corpóreas: cinza e preto, sendo o alelo que condiciona a cor cinza (*P*) dominante em relação ao alelo que condiciona a cor preta (*p*). Essa mosca apresenta também dois fenótipos em relação às asas: asas normais e vestigiais, sendo o alelo que condiciona asa normal (*V*) dominante em relação ao alelo que condiciona asa vestigial (*v*).

A mosca *Drosophila melanogaster* é um modelo de estudo muito utilizado em genética. Ela costuma ter entre 1 mm e 2 mm de comprimento.

Sem permutação, formam-se apenas dois fenótipos na geração obtida a partir do cruzamento de dois indivíduos *PpVv*: cinza com asa normal (*PVPV* e *PVpv*) e preto com asa vestigial (*pvpv*). Esses genótipos derivam do encontro de apenas dois tipos de gametas: *PV* e *pv*, já que esses alelos de *P* e *V* se encontram no mesmo cromossomo. Esses gametas, que apresentam os genes ligados do mesmo modo que na célula-mãe, são chamados de **gametas parentais**.

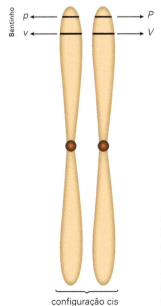

Os alelos dos genes para comprimento da asa e coloração corpórea em *D. melanogaster* encontram-se no mesmo cromossomo. Ilustração sem escala; cores-fantasia.

Na formação de gametas das fêmeas dessa mosca, pode ocorrer permutação entre as cromátides homólogas no local ente os alelos *P* e *V*. Assim, podem surgir **gametas recombinantes**: *Pv* e *pV*. Na outra geração, podem aparecer moscas de corpo cinza com asas vestigiais e moscas pretas de asas normais, que são fenótipos recombinantes.

Resultados obtidos do cruzamento de duas drosófilas *PpVv*			
Fenótipos	**Genótipos**	**Descendência**	**Gametas**
Corpo cinza/asa normal	*PPVV* ou *PpVv*	47,5%	Parentais
Corpo preto/asa vestigial	*ppvv*	47,5%	Parentais
Corpo cinza/asa vestigial	*Ppvv*	2,5%	Recombinantes
Corpo preto/asa normal	*ppVv*	2,5%	Recombinantes

Os indivíduos que aparecem em menor proporção nesse tipo de cruzamento, que não obedece às leis de Mendel, são gerados por gametas recombinantes. Como a taxa de recombinação é 5%, pode-se também dizer que a distância entre os alelos *P* e *V* é de 5 morganídeos.

Mapeamento cromossômico

Admitindo que os genes estão dispostos linearmente e que a probabilidade de *crossing over* é a mesma em toda a extensão do cromossomo, a frequência com a qual esse processo ocorre entre dois genes é diretamente proporcional à distância entre eles, nesse cromossomo. Portanto, quanto mais distantes estiverem dois genes, maior será a taxa de *crossing over* entre eles. Em consequência, quanto mais próximos, menor será essa porcentagem. Essas conclusões foram obtidas pela equipe de pesquisa de Thomas Morgan (1866-1945), pesquisador da área que realizou diversos estudos com *D. melanogaster*.

Devido a essas descobertas, pode-se adotar o valor da taxa percentual de *crossing over* entre dois genes ligados quaisquer como medida da distância relativa entre eles. Por exemplo, se a porcentagem de *crossing over* entre dois genes, *s* e *b*, é de 18%, a distância entre eles é de 18 unidades de recombinação (UR) ou morganídeos.

Um problema bastante comum nos estudos envolvendo vinculação gênica é descobrir a ordem dos genes quando três ou mais genes estão em análise. Por exemplo, em um cruzamento de dois indivíduos *AaBbCc*, em que os genes dominantes se encontram no mesmo cromossomo, e os recessivos, no homólogo, surgiu o seguinte resultado:

Número de gametas gerados por um indivíduo *AaBbCc*	
Gametas	**Número**
ABC	414
abc	386
aBC	80
Abc	70
aBc	28
AbC	20
abC	1
ABc	1

Nesse cruzamento, o número obtido para cada tipo de genótipo dos descendentes representa, de forma diretamente proporcional, a produção dos gametas do indivíduo. Desta forma, podemos indicar para os gametas o mesmo número de descendentes produzidos.

Para identificar a ordem dos genes no cromossomo podemos proceder da seguinte maneira:

1. Identificar os gametas parentais, que são aqueles produzidos em maior número; nesse caso são *ABC* e *abc*.

2. Identificar os que surgiram de duplo *crossing over*, que são aqueles que aparecem em menor número, nesse caso *abC* e *ABc*.

3. Comparar um dos gametas que apresentou duplo *crossing over* com um dos parentais que apresenta apenas um gene diferente. Nesse caso, pode-se comparar o gameta de duplo *crossing over abC* com o parental *abc*. Observemos que, entre eles, o único gene diferente é o *c*, que no parental é recessivo e no duplo *crossing over* é dominante.

4. Como no duplo *crossing over* o único gene que se diferencia do parental é o do meio, pode-se concluir que o gene central é o *c*.

5. Como o gene *c* é o central, a ordem dos genes no cromossomo pode ser *acb* ou *bca*.

6. Assim, o genótipo do tri-híbrido é:

$$\frac{A\ C\ B}{a\ c\ b} \text{ ou } \frac{B\ C\ A}{b\ c\ a}$$

7. Havendo *crossing over* entre *a* e *c*, os gametas formados serão *Acb* e *aCB*. No exemplo, 150 gametas (70 + 80) que sofreram *crossing over* entre *a* e *c*.

8. Havendo *crossing over* entre *b* e *c*, os gametas formados serão *ACb* e *acB*. No exemplo, 48 gametas se encontram nessa condição.

A taxa de permutação entre genes ligados é influenciada pela distância que separa esses genes no cromossomo. Quanto mais distantes dois genes estiverem em um cromossomo, maior a probabilidade de haver permutação entre eles.

Atividades

1. Faça um esquema representando os genes *AaBBCc* em cromossomos, considerando que:

   a) eles se segregam independentemente.

   b) estão todos no mesmo cromossomo.

2. Desenvolva um procedimento para identificar se os genes de um organismo têm segregação independente ou se estão no mesmo cromossomo.

3. Um indivíduo homozigoto para os genes *c* e *d* é cruzado com um homozigoto gerando F_1; geração que é cruzada com o tipo parental duplo recessivo, gerando F_2 com as seguintes proporções de genótipos de indivíduos:

   $$\frac{C\ D}{c\ d}\ (903)\quad \frac{C\ d}{c\ d}\ (98)\quad \frac{c\ d}{c\ d}\ (897)\quad \frac{c\ D}{c\ d}\ (102)$$

   a) Qual é a porcentagem de *crossing over* entre *c* e *d*?

   b) Qual o genótipo de F_1?

4. Em drosófilas, o gene que condiciona asa vestigial é recessivo (*v*), e o que condiciona olho lobado é dominante (*L*), havendo entre ambos 5% de permutação. Uma fêmea *VvLl*, com configuração *trans*, é cruzada com um macho homozigoto recessivo, produzindo 1000 descendentes.

   a) Como são os gametas parentais de fêmea? E recombinantes?

   b) Qual é o número esperado de moscas de cada genótipo?

PARA LER E REFLETIR

Genética, biologia molecular e ética: as relações trabalho e saúde

De acordo com a legislação trabalhista, empregadores podem selecionar seus empregados com base no grau de instrução e na experiência profissional anterior, mas não podem usar como critério de seleção condições específicas como idade, sexo, cor de pele e origem étnica. Atualmente, informações sobre o perfil genético de candidatos a emprego têm sido incluídas em processos seletivos. [...] O número de informações genéticas tende a aumentar constantemente e, entre as numerosas razões apontadas para o uso destas informações como critério para a seleção de trabalhadores, destaca-se a possibilidade de identificar indivíduos suscetíveis de virem a apresentar determinadas doenças como decorrência da interação entre a especificidade de um genótipo particular e a exposição a substâncias tóxicas presentes no ambiente de trabalho.

A discriminação genética no trabalho, apesar das novas tecnologias da biologia molecular, não é um fato novo. Na década de 1970, bem antes do início do Projeto Genoma Humano, os negros americanos que possuíam traços genéticos para anemia falciforme eram impedidos de contratação em determinadas ocupações, embora apresentassem condições adequadas de saúde e ausência de riscos de virem a desenvolver a doença. A primeira legislação proibindo esse tipo de intervenção segregacionista ocorreu na Carolina do Norte, em 1975, estendendo-se posteriormente para os demais estados americanos.

A biologia molecular tem fornecido as ferramentas básicas para geneticistas e epidemiologistas aprofundarem-se nos mecanismos moleculares que influem na variação da distribuição de doenças nas famílias e nas populações. [...]

A velocidade com que esse conhecimento vem sendo disseminado traz, ao lado da esperança de cura para certas doenças, o receio das consequências adversas que possam vir a sofrer indivíduos saudáveis, porém portadores de determinadas alterações genéticas.

As informações e as tecnologias disponibilizadas com o desenvolvimento do Projeto Genoma Humano têm potencial para modificar gradativamente a compreensão e os conceitos atuais sobre os mecanismos de prevenção, diagnóstico e tratamento de inúmeras doenças crônicas bastante comuns como câncer, demência, doença de Alzheimer, mal de Huntington, *diabetes mellitus*, hipertensão arterial e doença coronariana, asma e outras alergias, bem como outras doenças com expressão epidemiológica em saúde pública. Por meio de técnicas [...] é possível não apenas identificar precocemente determinadas doenças, mas também detectar indivíduos suscetíveis e, ainda, avaliar no meio interno do organismo o grau de exposição a agentes exógenos. [...].

Considerando-se que grande parte da exposição a agentes tóxicos ocorre em ambientes ocupacionais, muitos estudos têm sido realizados nas últimas décadas [...] com o objetivo de identificar indivíduos portadores de genes responsáveis pela maior ou menor suscetibilidade a esses agentes. [...].

Não apenas em pesquisas, mas também no acompanhamento clínico, visando ao diagnóstico precoce de indivíduos com potencial suscetibilidade genética em populações específicas expostas a situações de risco, o uso de técnicas de biologia molecular envolve a coleta e o armazenamento de amostras biológicas, a análise e a interpretação dos resultados obtidos. Então, a discussão dos potenciais riscos destes procedimentos, tanto para o indivíduo como para a comunidade, é sempre fonte de preocupações e conflitos éticos. [...]

GATTÁS, G. F. et al. *Ciência e saúde coletiva*, 7(1): 159-167, 2002. Disponível em: <www.scielo.br/pdf/csc/v7n1/a14v07n1.pdf>. Acesso em: 17 fev. 2016.

QUESTÕES

1. Pesquise se no Brasil existe alguma lei que regulamenta o uso de dados genéticos na seleção de trabalhadores.

2. Imagine que você vai contratar um funcionário para um projeto e descobre que ele tem os genes para Huntington, uma doença neurodegenerativa fatal que pode impedir essa pessoa de trabalhar em determinado momento. Como isso influenciaria sua decisão de contratar ou não a pessoa?

3. Suponha que você está sendo entrevistado para um emprego e é exigido que você faça uma série de exames genéticos para continuar no processo. Como você se sentiria?

Ação e cidadania

Doação de sangue

Uma forma de ajudar outras pessoas é doando sangue. Esse é um processo seguro e rápido, porém geralmente há falta de sangue nos bancos de sangue e hospitais. Neste trabalho em grupo vamos tentar entender o motivo dessa situação.

O professor dividirá a classe em 4 grupos. Cada grupo terá as seguintes responsabilidades:

Grupo 1: Cada integrante do grupo deve entrevistar pelo menos 10 pessoas, perguntando idade, se já doou sangue ou não e o motivo de fazer ou não a doação. Em seguida, todas as respostas devem ser juntadas e analisadas, destacando a porcentagem de doadores e não doadores e os motivos mais citados para doar ou não doar sangue. Vocês podem categorizar as respostas como: motivos de saúde, falta de acesso, desconhecimento de onde doar etc.

Grupo 2: Os integrantes desse grupo devem levantar a situação local dos estoques de sangue. Para isso, os alunos devem procurar hospitais e hemocentros próximos à escola e perguntar sobre a quantidade de sangue disponível, se ela é suficiente, se varia muito ao longo do ano e quais as quantidades dos tipos de sangue disponíveis. Se desejarem, levantem outras informações com o pessoal desses locais. Caso visitem algum deles, peçam a um responsável para acompanhá-los.

Grupo 3: Os integrantes desse grupo devem pesquisar locais próximos à escola onde pode ser feita a doação de sangue, quais os pré-requisitos para a coleta e como funciona o processo. Essas informações podem ser obtidas em pesquisas na internet ou hospitais e hemocentros.

Grupo 4: Esse grupo deve pesquisar aspectos relacionados à saúde e à doação de sangue. Que doenças o doador pode transmitir ou adquirir no processo? Que doenças o receptor do sangue pode ter? Que cuidados são tomados por hemocentros e hospitais para evitar esses problemas? Essas informações podem ser obtidas em pesquisas na internet ou hospitais e hemocentros.

Os quatro grupos deverão analisar seus resultados e apresentá-los na sala de aula. Isso pode ser feito com *slides*, cartazes, gráficos, projeções e de diversas outras maneiras.

Anualmente, governos e outras instituições fazem campanhas para estimular a doação de sangue.

Todos os alunos devem observar os resultados e, se acharem necessário, fazer perguntas aos outros grupos sobre o trabalho deles. Após as apresentações, cada grupo deve se reunir novamente e, baseando-se nas pesquisas, elaborar uma resposta para as seguintes questões:

- Qual a situação dos bancos de sangue da região da escola?
- Como ela pode melhorar?
- O que poderia aumentar o número de doadores de sangue?

Após obterem essas respostas, os grupos as apresentarão para a classe, e, então, cada aluno escreverá um parágrafo, considerando a opinião do seu e dos outros grupos, que responda a essas três questões.

Explorando habilidades e competências

Leia o texto e responda às questões a seguir.

Cientistas desvendam mistério sobre como funciona gene da obesidade

Cientistas finalmente descobriram como o gene ligado à obesidade faz as pessoas ficarem gordas, uma grande descoberta que pode abrir as portas para uma nova abordagem do problema, que vai além de dietas e exercícios.

O estudo desvenda um grande mistério: desde 2007, pesquisadores já sabiam que um gene chamado FTO estava relacionado à obesidade, mas não sabiam como, e não conseguiam ligá-lo ao apetite ou a outros fatores conhecidos.

Agora, experimentos revelam que uma versão defeituosa do gene faz com que a energia dos alimentos ingeridos seja armazenada como gordura, em vez de ser queimada. Um procedimento de manipulação genética em camundongos ou em células humanas no laboratório sugerem que isso pode ser revertido, oferecendo esperança de que uma droga ou outro tratamento possa ser desenvolvido para fazer o mesmo em pacientes.

O trabalho, conduzido por cientistas do Instituto de Tecnologia de Massachusetts (MIT) e da Universidade Harvard, foi publicado nesta quarta-feira (19) pelo *site* da revista *New England Journal of Medicine*.

A descoberta contesta a noção de que "quando as pessoas ficam obesas, foi basicamente sua própria escolha porque elas escolheram comer muito ou não se exercitar", disse a líder do estudo Melina Claussnitzer, especialista em genética do Centro Médico Israel Deaconess, afiliado a Harvard. "Pela primeira vez, a genética revelou um mecanismo na obesidade de que nunca havíamos suspeitado antes" e dá uma terceira explicação ou fator envolvido.

Pesquisadores que não estão relacionados com a pesquisa também reconheceram sua importância. "Muitas pessoas pensam que a epidemia de obesidade só está relacionada a comer muito, mas nossas células de gordura têm um papel em como nossa comida é utilizada", diz o médico Clifford Rosen, cientista do Instituto de Pesquisa do Centro Médico de Maine. Segundo ele, a pesquisa abre a possibilidade do desenvolvimento de drogas que possam fazer nossas células de gordura trabalharem de forma diferente.

Disponível em: <http://g1.globo.com/bemestar/noticia/2015/08/cientistas-desvendam-misterio-sobre-como-funciona-gene-da-obesidade.html>. Acesso em: 17 fev. 2016.

QUESTÕES

1. Qual a parte do texto que se refere ao genótipo de uma pessoa? E qual se refere ao fenótipo?

2. A obesidade é uma condição relacionada a diversos problemas de saúde. Que nova tecnologia citada no texto seria uma novidade em seu tratamento?

3. O artigo permite afirmar que foi descoberto o gene da obesidade?

4. É possível dizer, após a leitura do texto, que a obesidade é uma questão relacionada apenas à alimentação?

5. Imagine que foi desenvolvido um tratamento que permite inserir em todas as células de uma pessoa o alelo do gene FTO que estimula o metabolismo de gorduras, e isso impede a obesidade. Se uma pessoa se submeter a esse tratamento, ela pode se alimentar da maneira que quiser, sem se preocupar com os nutrientes ingeridos?

6. Uma pessoa com obesidade apresenta maior risco de desenvolver problemas como hipertensão, doenças cardiovasculares, diabetes tipo 2, além de problemas físicos como artrose, pedra na vesícula, artrite, refluxo esofágico, tumores de intestino e de vesícula. É possível entender que, caso um dia seja possível realizar o tratamento gênico em pessoas que apresentam a versão do gene FTO responsável pelo acúmulo de gordura, todas essas doenças serão eliminadas? Justifique.

7. Segundo o texto, o alelo do gene FTO responsável pelo acúmulo de gordura é uma versão defeituosa do gene. Você concorda com essa definição? Justifique.

Para rever e estudar

Questões do Enem

1. (Enem – 2014) Em um hospital havia cinco lotes de bolsas de sangue, rotulados com os códigos I, II, III, IV e V. Cada lote continha apenas um tipo sanguíneo não identificado. Uma funcionária do hospital resolveu fazer a identificação utilizando dois tipos de soro, anti-A e anti-B. Os resultados obtidos estão descritos no quadro.

Código dos lotes	Volume de sangue (L)	Soro anti-A	Soro anti-B
I	22	Não aglutinou	Aglutinou
II	25	Aglutinou	Não aglutinou
III	30	Aglutinou	Aglutinou
IV	15	Não aglutinou	Não aglutinou
V	33	Não aglutinou	Aglutinou

Quantos litros de sangue eram do grupo sanguíneo do tipo A?

a) 15
b) 25
c) 30
d) 33
e) 55

2. (Enem – 2014)

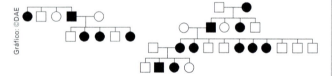

No heredograma, os símbolos preenchidos representam pessoas portadoras de um tipo raro de doença genética. Os homens são representados pelos quadrados e as mulheres, pelos círculos.

Qual é o padrão de herança observado para essa doença?

a) Dominante autossômico, pois a doença aparece em ambos os sexos.
b) Recessivo ligado ao sexo, pois não ocorre a transmissão do pai para os filhos.
c) Recessivo ligado ao Y, pois a doença é transmitida dos pais heterozigotos para os filhos.
d) Dominante ligado ao sexo, pois todas as filhas de homens afetados também apresentam a doença.
e) Codominante autossômico, pois a doença é herdada pelos filhos de ambos os sexos, tanto do pai quanto da mãe.

Questões de vestibulares

1. (Fuvest-SP – 2016) No heredograma abaixo, a menina II-1 tem uma doença determinada pela homozigose quanto a um alelo mutante de gene localizado num autossomo. A probabilidade de que seu irmão II-2, clinicamente normal, possua esse alelo mutante é

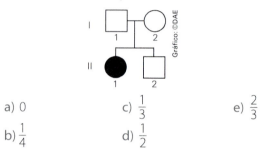

a) 0
b) $\frac{1}{4}$
c) $\frac{1}{3}$
d) $\frac{1}{2}$
e) $\frac{2}{3}$

2. (Uerj – 2016) Em algumas raças de gado bovino, o cruzamento de indivíduos de pelagem totalmente vermelha com outros de pelagem totalmente branca produz sempre indivíduos malhados, com pelagem de manchas vermelhas e brancas.

Admita um grupo de indivíduos malhados, cruzados apenas entre si, que gerou uma prole de 20 indivíduos de coloração totalmente vermelha, 40 indivíduos com pelagem malhada e 20 indivíduos com coloração inteiramente branca.

O resultado desse cruzamento é exemplo do seguinte fenômeno genético:

a) epistasia
b) pleiotropia
c) dominância
d) codominância

3. (Fuvest-SP – 2015) O casal Fernando e Isabel planeja ter um filho e ambos têm sangue do tipo A. A mãe de Isabel tem sangue do tipo O. O pai e a mãe de Fernando têm sangue do tipo A, mas um outro filho deles tem sangue do tipo O.

a) Com relação ao tipo sanguíneo, quais são os genótipos do pai e da mãe de Fernando?
b) Qual é a probabilidade de que uma criança gerada por Fernando e Isabel tenha sangue do tipo O?

4. (Uerj – 2015) No heredograma a seguir, pode-se verificar a ocorrência de uma determinada síndrome genética.

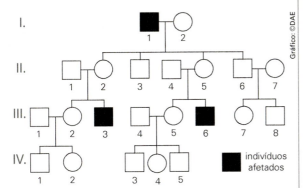

Identifique os tipos de herança genética associados a essa síndrome em relação a dois fatores: padrão de dominância e sexo. Em seguida, cite duas características representadas no heredograma que explicam esses tipos de herança genética.

5. (Uece – 2015) O cruzamento entre uma planta de ervilha rugosa (rr) com uma planta de ervilha lisa (RR) tem como descendente em F1

a) apenas plantas lisas.

b) mais plantas rugosas do que plantas lisas.

c) 50% de plantas lisas e 50% de plantas rugosas.

d) apenas plantas rugosas.

6. (Unisc-RS – 2015) No albinismo tirosinase-negativo não há produção da enzima tirosinase, participante de etapas do metabolismo que transforma o aminoácido tirosina em melanina. O lócus do gene que codifica esta enzima localiza-se no cromossomo 11 e pode conter o alelo normal A ou o recessivo a. Um casal normal que possui quatro filhos todos normais deseja ter um novo filho. Sabendo-se que a herança desta característica é autossômica recessiva e que o avô paterno e a avó materna das crianças eram albinos, qual será a probabilidade do bebê vir a ser albino?

a) 0%

b) 25%

c) 50%

d) 75%

e) 100%

7. (UEM-PR – 2015) Ricardo tem o tipo sanguíneo A e seus pais o tipo AB. Ricardo teve com sua esposa, Lívia, um filho com o tipo sanguíneo A. Os pais de Lívia têm o tipo sanguíneo B, seu avô paterno tem o tipo AB, sua avó paterna o tipo A e os avós maternos o tipo AB. Com base nas informações acima e nos conhecimentos de Genética, assinale o que for correto.

01) Ricardo é homozigoto (I^AI^A) e transmitiu um gene A para o seu filho.

02) A avó paterna de Lívia é heterozigota.

04) O tipo sanguíneo dos pais de Ricardo apresenta aglutininas anti-A e anti-B.

08) Lívia é heterozigota, recebeu o gene i de seu pai, e o transmitiu a seu filho.

16) Lívia não pode receber sangue do marido, pois ele possui aglutinogênio A que reagiria com as aglutininas do sangue dela.

8. (PUC-PR – 2015) A amiotrofia muscular espinhal (AME) é uma doença incurável que compromete uma região da medula denominada corno anterior. Nessa região, há neurônios que ligam músculos ao sistema nervoso central. Os portadores dessa doença perdem os movimentos do pescoço para baixo, afetando também músculos respiratórios. O infográfico abaixo foi publicado no jornal *Folha de S. Paulo* e fala sobre os componentes genéticos de um dos tipos de AME:

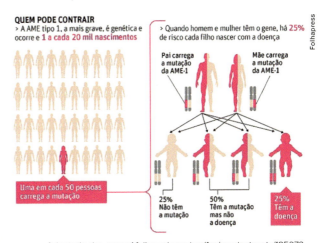

Adaptado de: <www1.folha.uol.com.ber/fsp/saudeciencia/185373-tratamento-permite-que-bebe-com-sindrome-genetica-comece-a-falar.stml>. Acesso em: 14 set. 2014.

Para rever e estudar

Com base no infográfico e em seus conhecimentos, assinale a alternativa incorreta.

a) Pais afetados pela AME tipo 1 só podem ter filhos afetados.

b) Indivíduos heterozigotos não possuem a doença.

c) A AME tipo 1 é uma doença autossômica recessiva.

d) A AME tipo 1 não é uma doença ligada ao sexo.

e) Um casal de heterozigotos tem 25% de chance de ter uma menina afetada pela doença.

9. (PUC-MG – 2015) A cor das flores da ervilha-de-cheiro não é determinada por um único par de alelos como descrito por Mendel. Trata-se de um caso de interação gênica epistática como pode ser deduzida pelo esquema a seguir.

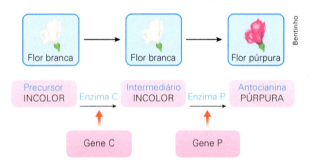

Com base no esquema, assinale a afirmativa incorreta.

a) O cruzamento de duas plantas com flores púrpuras pode gerar descendentes com flores brancas.

b) O cruzamento de duas plantas com flores brancas não pode gerar plantas de flores púrpuras.

c) A chance do cruzamento de duas plantas CcPp × CcPp gerar descendentes púrpuras é de $\frac{9}{16}$.

d) A chance do cruzamento de duas plantas ccPp × Ccpp gerar descendentes púrpuras é de $\frac{1}{4}$.

10. (UFSC – 2015) O heredograma a seguir é uma representação gráfica da herança dos sistemas e em uma família hipotética. As informações contidas nos símbolos são referentes aos fenótipos dos indivíduos.

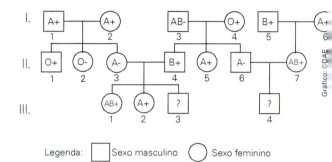

Com base nas informações presentes no heredograma, responda às seguintes perguntas.

a) Qual o padrão de herança do sistema Rh negativo?

b) Indique em percentual (aproximação de duas casas decimais) a probabilidade de o indivíduo III-3 ser do grupo sanguíneo O.

c) Indique qual(is) indivíduo(s) do heredograma é(são) com certeza duplo-homozigoto.

d) Em um banco de sangue, estão armazenados 93 litros de sangue distribuídos entre os diversos tipos sanguíneos, conforme abaixo:

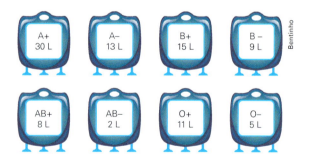

Sabendo-se que o indivíduo III-4 não deve receber sangue do tipo sanguíneo dos seus pais, avós, tios e primas representados no heredograma, qual o volume total em litros de sangue que esse banco tem disponível para pessoas com o mesmo tipo sanguíneo desse indivíduo?

Considere que as transfusões sanguíneas não podem provocar aglutinação das hemácias recebidas devido à incompatibilidade quanto ao sistema ABO nem provocar sensibilização devido à incompatibilidade quanto ao sistema Rh.

11. (UPM-SP – 2015) Um homem daltônico e destro, filho de pai canhoto, casa-se com uma mulher de visão normal e canhota. O casal tem uma criança do sexo masculino, daltônica e destra. Considerando que o daltonismo é condicionado por um gene recessivo ligado ao X e o uso da mão esquerda é determinado por um gene autossômico recessivo, é correto afirmar que

   a) a criança herdou o gene para o daltonismo do pai.
   b) a mulher é heterozigota para ambas as características.
   c) todos os filhos do sexo masculino desse casal serão daltônicos.
   d) esse casal pode ter filhas daltônicas.
   e) todas as crianças desse casal serão destras.

12. (Uepa – 2015) As perícias médico-legais na investigação de paternidade podem ser divididas em não genéticas e genéticas. Os principais e mais tradicionais métodos utilizados na investigação genética da paternidade pelo sangue são por intermédio do sistema ABO, sistema MN, sistema Rh e sistema HLA. Considerando o sistema ABO em que a mãe tem sangue grupo O, o pai do grupo AB e os filhos com sangue dos grupos A, B e O analise as afirmativas abaixo.

   I. A criança do grupo O é filha do casal.
   II. A criança do grupo O não é filha do casal.
   III. As crianças dos grupos A e B são filhas do casal.
   IV. Nesta situação a mãe é heterozigota.
   V. Nesta família pode ter ocorrido adoção, ou troca de bebês na maternidade, ou adultério por parte da mãe.

   A alternativa que contém todas as afirmativas corretas é:
   a) I, II e III
   b) I, III e IV

   c) II, III e V
   d) III, IV e V
   e) I, II, III, IV e V

13. (Unicamp-SP – 2014) Em uma espécie de planta, o caráter cor da flor tem codominância e herança mendeliana. O fenótipo vermelho é homozigoto dominante, enquanto a cor branca é característica do homozigoto recessivo. Considerando o esquema abaixo, é correto afirmar que

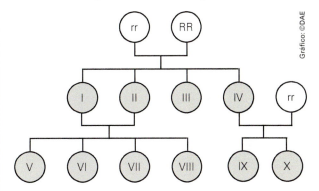

   a) os fenótipos de II e III são iguais.
   b) o fenótipo de X é vermelho.
   c) os fenótipos de IX e X são os mesmos dos pais.
   d) o fenótipo de IV é vermelho.

14. (UEM-PR – 2014) Sobre genótipo, fenótipo e meio ambiente, é correto afirmar que:

   01) Muitas vezes, a influência ambiental pode acarretar a manifestação de um fenótipo diferente daquele programado pelo genótipo.
   02) O fenótipo é condicionado, também, pelo genótipo. Assim, plantas de genótipos diferentes (AA, Aa) podem ter o mesmo fenótipo.
   04) Quando dizemos que uma planta de ervilha é heterozigota para a cor da semente, estamos nos referindo ao fenótipo dessa planta.
   08) Quando um indivíduo tem o fenótipo condicionado pelo alelo recessivo de um gene que sofre pouca ou nenhuma influência ambiental, conclui-se que esse indivíduo é homozigoto quanto ao alelo em questão.
   16) A codominância é o tipo de ausência de dominância em que o indivíduo heterozigoto expressa, simultaneamente, os dois fenótipos paternos.

UNIDADE 2

BIOLOGIA MOLECULAR

Embora ainda tenhamos muito a aprender sobre os genes, atualmente há grande conhecimento sobre sua transmissão e atuação nos seres vivos. Existem técnicas que permitem manipulá-los e transferi-los de uma espécie para outra. Existem diversas outras possibilidades de manipulação do material genético que abrem perspectivas para a cura de doenças, melhoria de plantações, recuperações de áreas degradadas etc. No entanto, há dúvidas quanto ao uso dessas manipulações em alimentos e outros organismos, inclusive nos seres humanos, e também quanto aos aspectos éticos e ambientais dessas possíveis aplicações, exigindo que elas sejam estudadas e discutidas.

Devido a experimentos envolvendo DNA, foram criados ratos fluorescentes, que apresentam genes responsáveis por produzir proteínas que causam esse efeito.

CAPÍTULO 4

O DNA COMO MATERIAL HEREDITÁRIO

O **DNA** (ácido desoxirribonucleico) foi descoberto em 1869 por Johann Miescher (1844-1895) ao ser extraído do núcleo de glóbulos brancos. Inicialmente, ele foi chamado de nucleína e teve suas características reconhecidas ao longo dos anos. Já o **RNA** (ácido ribonucleico) foi descoberto em 1900, ao ser isolado de leveduras.

Apesar de estudarem os ácidos nucleicos, os pesquisadores faziam pouca ideia da importância desses compostos para os seres vivos. Entre a descoberta do DNA e a sua aceitação como material hereditário, muito tempo se passou. Diversos pesquisadores acreditavam que as proteínas eram as substâncias que continham a informação hereditária. Após algum tempo, estabeleceu-se que o DNA é o material hereditário, e que ele está relacionado com a síntese de proteínas.

Escultura em forma de DNA (Londres, 2015). Após sua descoberta e reconhecimento, o DNA se tornou uma molécula extremamente famosa. Atualmente, essa molécula ultrapassou as fronteiras da Ciência, sendo referenciada em campanhas publicitárias, adereços, obras de arte e outros objetos.

▶ A identificação do material hereditário

Diversos experimentos foram feitos para descobrir qual o material hereditário das células. Existiam evidências de que ele estava nos cromossomos, mas não havia certeza sobre sua composição química. Um dos principais experimentos que ajudou a determinar qual seria o material genético foi realizado com vírus bacteriófagos, ou seja, vírus que infectam bactérias.

O vírus estudado era constituído de uma molécula de DNA envolvida por uma cápsula proteica. Um único vírus pode infectar uma bactéria e causar sua morte em 30 minutos, liberando centenas de novos vírus que são cópias do original. Um experimento, desenvolvido em 1952 por Alfred Day Hershey e Martha Chase, pretendia descobrir se era o DNA ou as proteínas da cápsula que coordenaria(m) a produção de novos vírus, ou seja, qual deles era o material hereditário. Proteínas não contêm fósforo e DNA não contêm enxofre. Bactérias foram cultivadas em um meio com enxofre ou fósforo radioativos. Foram cultivadas duas linhagens de vírus: uma em bactérias com enxofre radioativo (cápsula) e outra em bactérias com fósforo radioativo (DNA). Dessa forma, uma linhagem de vírus possuía DNA radioativo, e outra, proteínas radioativas, já que o vírus utiliza matéria-prima do meio em que é cultivado para produzir suas cópias. Após isso, cada linhagem de vírus foi utilizada para infectar bactérias não radioativas.

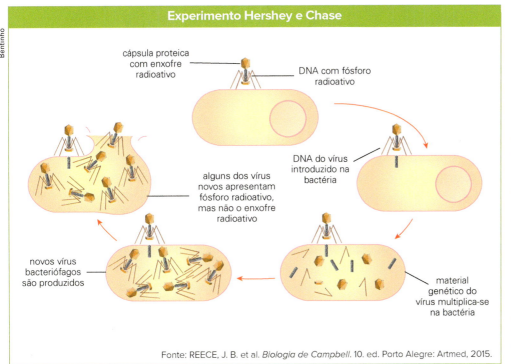

Ilustração sem escala; cores-fantasia.

Esquema de experimento com vírus bacteriófago. Ao infectar uma bactéria, o vírus utiliza matérias-primas disponíveis nesse organismo para sintetizar novos vírus. Assim, se ele contiver enxofre radioativo, a cápsula proteica dos novos vírus será radioativa. Se ela contiver fósforo radioativo, o DNA dos novos vírus serão radioativos.

Fonte: REECE, J. B. et al. *Biologia de Campbell*. 10. ed. Porto Alegre: Artmed, 2015.

Verificou-se que grande parte do fósforo radioativo incorporado pelas bactérias estava presente nos vírus recém-criados, enquanto o enxofre não penetrava na bactéria nem aparecia nos novos vírus. Assim, pode-se determinar o DNA como fonte das informações hereditárias.

Esse foi apenas um de vários experimentos feitos para caracterizar o material hereditário. Todos eles apontaram para a mesma conclusão: o DNA é o material hereditário.

O DNA é o material hereditário da grande maioria dos organismos, enquanto o RNA tem essa função apenas em alguns vírus. O DNA coordena diversos processos celulares e o RNA, de modo geral, participa diretamente deles.

As funções do DNA e do RNA estão relacionadas. Eles participam de vários eventos em conjunto, e o RNA é sintetizado a partir do DNA no processo de **transcrição**.

▶ Tipos de RNA formados na transcrição

A transcrição do DNA forma alguns tipos de RNA. Embora sua composição seja a mesma, eles possuem sequências diferentes de nucleotídeos, que indicam sua função. O **RNA mensageiro** (RNAm) serve de molde para a produção de uma proteína. Já o **RNA transportador** (RNAt) é formado por uma cadeia com mais de 50 nucleotídeos. Numa extremidade dessa cadeia, ele apresenta três nucleotídeos que se ligam a um aminoácido. Outro tipo é o **RNA ribossômico** (RNAr), o qual compõe cerca de metade da massa dos ribossomos, estruturas ribonucleoproteicas presentes no citoplasma de células procariontes e eucariontes. Esses três tipos de RNA estão relacionados à síntese de proteínas.

Ilustração sem escala; cores-fantasia.

Os ribossomos são compostos em grande parte por RNAr. Eles possuem duas subunidades, uma maior e outra menor, que se encaixam para formar a estrutura do ribossomo.

Fonte: RAVEN, P. et al. *Biology*. 10. ed. Nova York: McGraw-Hill, 2014.

Atualmente são conhecidas diversas funções regulatórias do RNA. Alguns tipos de RNA, como o **RNA de interferência** (RNAi), não participam diretamente da síntese de proteínas, mas da regulação de processos celulares. Assim, percebe-se que o DNA é transcrito em diversos tipos de RNA, cada um com funções específicas, e nem todos os RNA são traduzidos em proteínas.

Regiões não codificadoras

Para que ocorra a **expressão** de um gene, ou seja, para que o efeito do produto formado a partir dele ocorra, é necessário sintetizar uma molécula, que pode ser RNA ou uma cadeia polipeptídica. A síntese dessa nova molécula é uma atividade celular que se inicia com o DNA e pode terminar no citoplasma das células eucariontes.

Algumas regiões do DNA têm funções regulatórias, inclusive dentro de um alelo. O início e o fim de um gene são determinados por sequências relativamente iguais nos diferentes seres vivos. No início dos genes existem os **promotores**, sequências de nucleotídeos reconhecidas pelas polimerases do RNA que indicam o início da transcrição. Já no fim do gene encontram-se as **regiões de parada**, que marcam o fim do trecho a ser transcrito.

56 **Unidade 2** Biologia molecular

Enzimas no núcleo de células eucariontes modificam o RNAm recém-transcrito, que é conhecido como pré-RNAm. As terminações dessa molécula são alteradas e, na maioria dos casos, algumas seções internas da molécula de pré-RNAm são cortadas. Após essas alterações, o RNAm estará pronto para ser traduzido.

O processo de remoção de partes do RNAm recém-sintetizado é denominado *splicing* do RNA. O comprimento médio das partes do DNA transcritas, em seres humanos, é de 27 mil pares de nucleotídeos, então, o pré-RNAm tem aproximadamente esse comprimento. Mas uma proteína composta de 400 aminoácidos, por exemplo, necessita de apenas 1 200 pares de nucleotídeos. Assim, pode-se ver que diversas sequências de nucleotídeos do pré-RNAm não serão traduzidas e, conforme observado experimentalmente, elas estão intercaladas por regiões que serão traduzidas. Assim, a sequência que codifica um polipeptídeo não é contínua.

As regiões de ácidos nucleicos que não serão traduzidas são denominadas **íntrons**, e as que serão traduzidas são os **éxons**. Assim, no *splicing* do RNA, os íntrons são eliminados, formando uma sequência apenas de éxons.

Uma consequência importante da existência de íntrons e éxons é que um mesmo gene pode dar origem a RNAm diferentes. Sabe-se que muitos genes dão origem a dois ou mais polipeptídeos diferentes, dependendo de quais segmentos são tratados como éxons no *splicing* do RNA. Assim, pode ocorrer o *splicing* alternativo do RNA. Esse processo ajuda a explicar, por exemplo, por que seres humanos e lombrigas possuem aproximadamente o mesmo número de genes, embora sejam muito diferentes: por causa dele, o número de polipeptídeos que um organismo produz pode ser muito maior que seu número de genes.

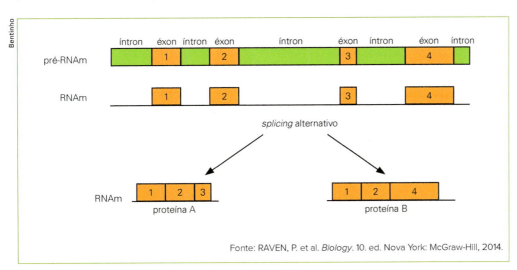

Representação esquemática da estrutura gênica de eucariontes. Os íntrons podem regular a transcrição do RNAm de diferentes maneiras, gerando proteínas distintas, em um evento conhecido como *splicing* alternativo. Assim, um gene pode codificar mais de um tipo de proteína.

Fonte: RAVEN, P. et al. *Biology*. 10. ed. Nova York: McGraw-Hill, 2014.

Algumas moléculas de RNA, denominadas **ribozimas**, podem funcionar como enzimas. No *splicing* do RNA, por exemplo, alguns íntrons podem catalisar seu próprio corte. A descoberta dessas moléculas tornou obsoleta a ideia de que todos os catalisadores biológicos eram proteínas. A estrutura e as propriedades dos componentes do RNA ajudam a explicar essa ação. O fato de essa molécula ter apenas uma fita de nucleotídeos, por exemplo, permite que uma região dessas moléculas possa parear com uma região de RNA em outro local, o que lhe confere uma estrutura tridimensional específica, que, assim como a conformação das enzimas, é importante para a função catalítica.

▶ O conceito atual de gene

Após os trabalhos de Mendel, gene foi definido como uma unidade de caráter, de acordo com a característica que determinava. Assim, havia genes para cor de flor, cor de semente etc.

Com o tempo, descobriram-se características determinadas por mais de um par de genes, como o efeito cumulativo de genes na altura de plantas de ervilhas. Assim, a ideia de um gene por característica provou-se falha, e começou-se a relacionar o gene com a produção de proteínas.

A primeira ideia nesse tema determinava que um gene é responsável pela produção de uma proteína. Porém, algumas proteínas são compostas de mais de uma subunidade, como a hemoglobina humana, e cada subunidade é codificada por um gene distinto. Com isso, chegou-se à ideia de que um gene era responsável pela síntese de um polipeptídeo.

Flor de ervilha (*Pisum sativum*), planta que pode chegar a 20 cm de altura. A ideia original de gene se referia a uma característica observável, como a cor da flor. Com o desenvolvimento da Genética e da Biologia Molecular, verificou-se que o efeito de um gene é muito mais complexo do que se acreditava.

Essa ideia se sustentou por certo tempo, porém, descobriram-se genes que codificam a síntese de RNA (transcrição). No entanto, esse RNA não participa da síntese de um polipeptídeo (tradução). Assim, atualmente, sabe-se que um gene participa da síntese de alguns tipos de substâncias, e seu conceito atualmente está em debate. De maneira geral, os genes podem ser descritos como as sequências de DNA que codificam especificamente produtos com função no organismo, geralmente proteínas. Esse produto corresponde à **expressão molecular** do gene. Novos estudos ajudarão a definir de maneira mais clara o que é um gene.

Atividades

1. Pode-se dizer que o DNA é responsável pela síntese de proteínas? Justifique.
2. É comum encontrar matérias em jornais com títulos como "Cientistas descobrem gene responsável pelo câncer" ou "Descoberto gene que pode curar a diabetes". Essas manchetes estão corretas? Por quê?
3. O conceito de gene mudou muito ao longo do tempo. O que isso indica sobre o processo de construção do conhecimento científico?
4. Alguns organismos apresentam um numero de proteínas grande quando comparado a seu número de genes. Elabore uma hipótese para explicar esse fato.
5. Um gene está envolvido, necessariamente, com uma característica fenotípica?

CAPÍTULO 5

MUTAÇÕES E GENOMA

O DNA pode ser visto como um conjunto de instruções codificadas em sequências de nucleotídeos que atuam sobre o funcionamento de um organismo, junto com a influência do ambiente. Algumas dessas sequências são comuns ou similares em diversos organismos, outras são restritas a algumas espécies ou a grupos dentro dessas espécies. A manutenção delas é importante para os seres vivos, mas existem fatores que podem alterar essas sequências de nucleotídeos.

▶ Mutações no DNA

Uma **mutação** no DNA é uma alteração na sequência de seus nucleotídeos que ocorre com consequente modificação na ordem das bases nitrogenadas. Ela pode ocorrer em consequência da incorporação de um nucleotídeo incorreto durante a replicação do DNA, modificações químicas nos nucleotídeos, perda de bases nitrogenadas, alterações cromossômicas e agentes mutagênicos. As mutações podem gerar proteínas **mutantes**, com funcionamento diferente da proteína normal, que alteram processos celulares. Diversas doenças estão relacionadas a mutações, como tumores e anemia falciforme.

Mutação: ato ou efeito de mudar, alteração, modificação, transformação.

Mutante: uma característica é considerada mutante quando ocorre em menor proporção na natureza.

Esse é o símbolo do Outubro Rosa, uma campanha que divulga a importância do diagnóstico precoce do câncer de mama. Esse tipo de câncer também ocorre em homens. Tumores estão relacionados a mutações no DNA, que fazem uma célula se dividir sem controle.

As mutações ocorrem ao **acaso**, ou seja, não acontecem em pontos específicos do DNA nem mesmo para adequar um organismo a alguma atividade. A perda de uma base nitrogenada, por exemplo, pode ocorrer em qualquer local do DNA e afetar qualquer códon do RNAm transcrito por ele. Pode, inclusive, ocorrer em uma região que não é transcrita.

Pesquisas revelam que o hábito do fumo e a ação dos raios UV emitidos pelo Sol levam a mutações com potencial cancerígeno.

Mutações e genoma   Capítulo 5   59

As mutações que ocorrem no DNA podem ser maléficas se causarem prejuízos. Uma alteração no gene que codifica protease (enzima que degrada proteínas) em mamíferos carnívoros, por exemplo, pode causar diversos problemas alimentares. Algumas mutações são neutras, ou seja, não interferem no organismo. Uma mutação no DNA que gera a substituição de um códon do RNAm transcrito por outro que codifica o mesmo aminoácido, por exemplo, não altera o funcionamento do organismo. Algumas mutações são benéficas, permitindo que organismos tenham vantagens no ambiente devido à nova mutação. Saber se uma mutação é benéfica, maléfica ou neutra depende de sua manifestação no fenótipo de um organismo e do tipo de ambiente em que ele vive.

As mutações podem ser gênicas ou cromossômicas. As **mutações gênicas** compreendem alterações de uma ou mais bases nitrogenadas no DNA. As **mutações cromossômicas** compreendem alterações na estrutura do cromossomo ou na quantidade deles na célula.

Mutações gênicas

Falhas durante a transcrição ou duplicação do DNA, como a incorporação de um nucleotídeo incorreto, resultam, normalmente, em mutações. Nesse caso, por exemplo, uma adenina pode parear com uma citosina, quando o adequado seria uma guanina. Essa mudança no DNA pode gerar uma alteração em um códon do RNAm que será transcrito e, consequentemente, no pareamento com um RNAt diferente do usual. Assim, a proteína formada terá uma modificação na sequência dos aminoácidos, e isso pode afetar seu funcionamento. Outros fatores, como modificações químicas em uma base nitrogenada, também geram esse tipo de mutação.

> **Veja também**
>
>
>
> Informações sobre os tipos de mutação no DNA podem ser encontradas no *link* disponível em: <www.ib.usp.br/evosite/evo101/IIIC1Mutations.shtml>. Acesso em: 22 out. 2015.

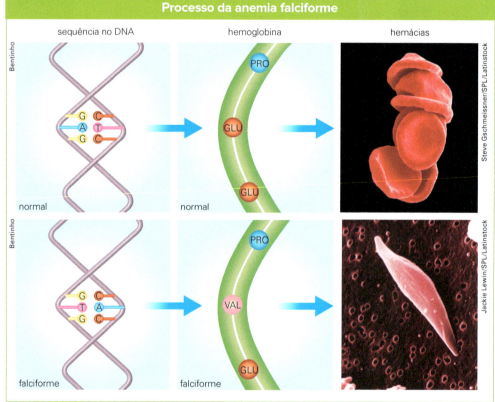

Ilustrações sem escala; cores-fantasia.

Em pessoas com anemia falciforme ocorre uma alteração no DNA que faz com que uma glutamina seja substituída por uma valina na hemoglobina. Isso altera a sequência de aminoácidos da hemácia e afeta seu funcionamento. Observe o formato de foice da hemácia defeituosa, o que origina o nome "falciforme" da doença. As imagens de hemácias (coluna à direita) são micrografias eletrônicas de varredura; cores artificiais; ampliadas cerca de 2 200 vezes.

Mutações cromossômicas

As **alterações cromossômicas estruturais** compreendem: deleção, duplicação, translocação e inversão.

Deleção ou deficiência é a mutação que provoca a perda de um pedaço de cromossomo.

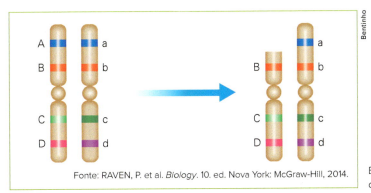

Esquema representativo da deleção.

Se um indivíduo é heterozigoto *Aa*, espera-se que manifeste o fenótipo do *A*. Se ocorrer deleção e o pedaço perdido do cromossomo contiver o gene *A*, ele passará a manifestar o fenótipo de *a*, dando a impressão que esse é o alelo dominante. Esse fenômeno é denominado **pseudodominância**.

Duplicação é a mutação que provoca a repetição de um segmento de cromossomo.

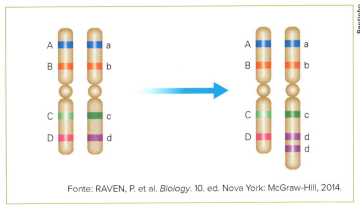

Esquema representativo da duplicação.

Translocação é uma mutação intercromossômica em que ocorre troca de pedaços entre cromossomos não homólogos.

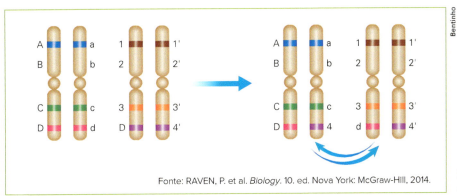

Esquema representativo da translocação

Mutações e genoma Capítulo 5 61

Inversão é a mutação intracromossômica que consiste na inversão da ordem dos genes em determinado cromossomo.

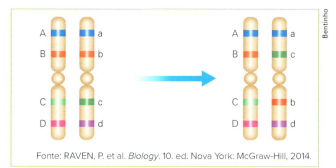

Esquema representativo da inversão.

Fonte: RAVEN, P. et al. *Biology*. 10. ed. Nova York: McGraw-Hill, 2014.

Existem também as **mutações cromossômicas numéricas**, que são classificadas em aneuploidia e euploidia. A **aneuploidia** consiste na variação numérica de cromossomos em quantidade inferior ao padrão haploide para determinado organismo. De modo geral, a aneuploidia é consequência de anomalias ocorridas na meiose. Já a **euploidia** consiste na variação numérica de cromossomos quando eles estão em quantidade maior do que o padrão para determinada espécie.

A síndrome de Down é uma euploidia caracterizada pela presença de três cromossomos 21 na espécie humana, quando o padrão são dois. Apesar dessa mutação, seus portadores conseguem ter uma vida com qualidade e desenvolver diversas habilidades.

Agentes mutagênicos

O símbolo ao lado indica a emissão de radiação e está presente em materiais radioativos. Esse tipo de material exige cuidados especiais no manuseio e no descarte.

Agentes mutagênicos são fatores físicos ou químicos capazes de aumentar a taxa de mutação dos organismos. Algumas substâncias, como cloreto de vinila, nitrosaminas, nitrosamidas, entre outras, fazem parte desses agentes. Alguns agentes mutagênicos podem ser encontrados na composição de alimentos, em defensivos agrícolas e até em medicamentos. Certos vírus também podem induzir mutações nas células que infectam.

Diversos fatores físicos são capazes de causar mutações. Entre eles, pode-se destacar os raios ultravioleta (luz UV), radiações ionizantes, raios X e feixes de nêutrons. Essas radiações penetram na célula e podem interagir com o DNA, causando mutações. Para esse tipo de agente, a taxa de mutação é diretamente proporcional à quantidade de radiação: quanto maior a quantidade, maior a taxa de mutação.

Conexões

Radiações e seus efeitos são temas de estudo de Química, Física e Biologia. Estudos dessas três áreas são importantes para compreender como elas afetam os seres vivos.

Para explorar

Luz solar e mutações

A luz solar emite radiação UV, que pode ser prejudicial aos seres vivos, porém, é indispensável para a vida como a conhecemos. Existem muitas informações sobre bronzeadores, protetores e horários para se expor à luz solar, mas como elas se relacionam com radiações? Forme um grupo com mais três colegas, pesquisem sobre esses temas e preparem um material para ser exposto na sala de aula, abordando o motivo de a luz solar poder ser prejudicial aos seres vivos e como aproveitar os benefícios dela.

Reparo do DNA

As mutações no DNA são um fenômeno comum, mesmo sem a influência de fatores mutagênicos ambientais. Quando ocorre uma mutação, seu efeito pode ser ampliado, pois uma molécula de DNA alterada pode ser utilizada para sintetizar novas moléculas de DNA, criando diversas moléculas mutantes.

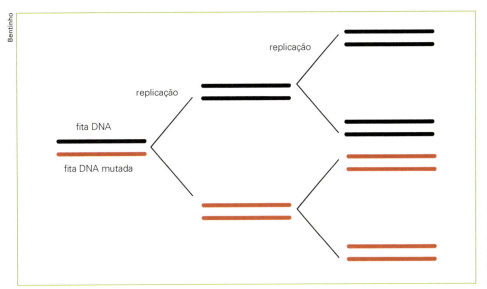

Devido ao processo de replicação do DNA, uma mutação que não for reparada pode ser fixada e gerar diversas moléculas de DNA com essa mutação.

A célula dispõe de mecanismos de reparo das mutações que ocorrem no DNA. Por causa deles, menos de uma em cada mil alterações de bases no DNA tem chance de se perpetuar, causando mutação. A polimerase do DNA, que participa da replicação dessa molécula, está envolvida em alguns desses mecanismos.

Os mecanismos de reparo dependem da estrutura dupla da molécula de DNA, já que uma cadeia define os nucleotídeos que devem ser substituídos na cadeia com mutação. Isso ocorre com a remoção de nucleotídeos incorretos e a síntese de uma nova parte da cadeia.

▶ Genoma

Conhecer os genes de um organismo é o ponto de partida fundamental para compreender melhor seu comportamento no indivíduo e nos descendentes e os resultados da interação deles com o ambiente. Essas informações estão contidas no **genoma** de um organismo, que é toda a informação hereditária contida no DNA dos organismos ou no RNA de alguns vírus. Cada espécie tem seu genoma, embora os indivíduos de uma espécie não possuam todo o genoma dela.

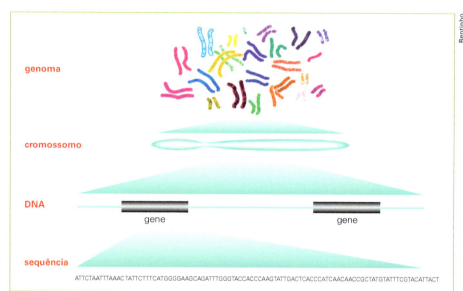

Ilustrações sem escala; cores-fantasia.

O genoma de um ser vivo é a informação hereditária que ele contém. Na maioria dos organismos é a sequência de nucleotídeos do DNA.

Na década de 1980 iniciaram-se discussões entre governos e pesquisadores sobre **sequenciar** o genoma de alguns seres vivos. Isso significa saber a sequência de nucleotídeos do seu material genético. Inicialmente, esse objetivo parecia inalcançável, mas organismos simples, como vírus, começaram a ser sequenciados. Com o passar do tempo, outros organismos, como leveduras e vermes, também foram sequenciados, até que se conseguiu sequenciar o genoma humano. O Brasil mostrou competência nessa área ao sequenciar o genoma da *Xylella fastidiosa*, bactéria causadora da praga do amarelinho, uma doença que chegou a atingir 34% das laranjeiras dos pomares brasileiros.

\multicolumn{5}{c}{Genoma comparado de alguns organismos}
Organismo	Nome científico	Número de cromossomos	Tamanho de genoma (nucleotídeos)	Número aproximado de genes
Ser humano	H. sapiens	46	3,2 bilhões	25 mil
Rato	M. musculus	40	1,6 bilhão	25 mil
Soja	G. max	40	1 bilhão	66 mil
Mosca-da-fruta	D. melanogaster	8	137 milhões	13 mil
Lombriga	C. elegans	12	97 milhões	19 mil
Levedura	S. cerevisae	32	12,1 milhões	6 mil
Bactéria	E. coli	1	4,6 milhões	3 200
Bactéria	H. influenzae	1	1,8 milhão	1 700

Fonte: Disponível em: <http://hudsonalpha.org/wp-content/uploads/2014/04/comparative-geomics.pdf>. Acesso em: 22 fev. 2016.

Identificar o genoma de um organismo é um passo importante para conhecer seu metabolismo e suas características, e, em casos como o da *Xylella fastidiosa*, ajuda a criar estratégias para controlar a praga.

Projeto Genoma Humano

O Projeto Genoma Humano foi iniciado oficialmente em 1989 como um esforço internacional para sequenciar o genoma humano. Ao longo do projeto, duas frentes realizaram as pesquisas: um consórcio público com a participação de diversos países e uma empresa privada. Em 26 de junho de 2000, foi anunciado conjuntamente pelas duas frentes de pesquisa o primeiro rascunho do genoma humano, e o projeto terminou oficialmente em 2003. Entretanto, foi apenas em 2007 que foi descrita a primeira sequência genômica completa diploide de um único indivíduo.

Devido ao Projeto Genoma Humano, atualmente exames com DNA são mais baratos e corriqueiros.

O Brasil participou desse projeto com duas intenções: decifrar o genoma humano e aprender e dominar técnicas para identificação de genomas. Desta maneira, foi possível avançar essa ciência no Brasil, o que auxiliou na realização de vários projetos nacionais.

O projeto revelou muitas informações. Revelou que o genoma humano é composto de 3,2 bilhões de bases nitrogenadas e que existem cerca de 25 mil genes nos seres humanos. Ele mudou a forma de fazer ciência, transformando procedimentos que levavam meses para serem feitos em consultas a bases de dados que levam minutos. Os resultados desse projeto têm sido trabalhados desde então.

Um desses resultados mostrou, inicialmente, que apenas cerca de 2% do DNA humano codifica proteínas. Os outros 98% foram denominados "DNA lixo", pois não teriam função. Esse termo é inadequado, já que grande parte dessa região não codificante está se mostrando essencial para a regulação do funcionamento dos genes. Algumas sequências dessas estimulam ou inibem a transcrição gênica, e outras, regulam a intensidade dessa transcrição.

Os resultados práticos do projeto ainda são pouco visíveis para meios não científicos. Algumas expectativas, como a cura de diversas doenças, ainda não se concretizaram, e o genoma humano revelou-se mais complexo do que era suposto. Porém, as mudanças na forma de fazer ciência que esse projeto causou gerarão frutos importantes para a sociedade em um futuro próximo, apesar de ser difícil estimar quando isso ocorrerá.

Foco na sociedade

Médicas tentarão incluir sequenciamento do genoma no SUS

Uma gota de sangue pode revelar doenças genéticas de um paciente com precisão. Para isso, é preciso fazer um sequenciamento do DNA.

Cientistas da Unicamp, apoiados pela Fapesp, planejam levar esse método tão eficaz quanto caro para a saúde pública.

O exame é caro porque exige tecnologias que o Brasil ainda não fabrica. Sabendo disso, Dr. Joana Prota, médica geneticista, propôs fazer o sequenciamento do exoma.

Esta parte do DNA (cerca de 2%) carrega o maior número de mutações genéticas responsáveis por doenças, como deficiência mental, epilepsia e Parkinson.

Por uma coleta de sangue simples é possível fazer o sequenciamento do exoma. Depois, a informação extraída dessa técnica pode ser armazenada. Isso significa que é possível analisar essa informação novamente quantas vezes for preciso.

"Se hoje eu não tenho dados suficientes para fazer o diagnóstico, posso daqui um ano reanalisar o exame sem precisar refazer o teste". [...]

"[...], o exame custa cerca de R$ 1.800, sem incluir mão de obra, água, luz e outros custos inclusos nos hospitais e centros de diagnóstico. O sequenciamento completo do genoma custaria R$ 30 mil", diz.

O sequenciamento não é barato, mas é mais eficiente do que os métodos usados atualmente, que muitas vezes levam muitos anos e nem sempre conseguem chegar a um diagnóstico preciso.

"Queremos descobrir a doença com rapidez, o que beneficia os pacientes que não terão que esperar tanto tempo por um diagnóstico", diz Iscia. [...]

DARAYA, Vanessa. Médicas tentarão incluir sequenciamento no genoma no SUS. *Exame.com*. Abril Comunicações S/A. Disponível em: <http://exame.abril.com.br/tecnologia/noticias/medicas-tentarao-incluir-sequenciamento-do-genoma-no-sus>. Acesso em: 15 jul. 2016

1. Qual a vantagem de sequenciar parte do genoma?

Atividades

1. Conceitue mutação e reparo de DNA.

2. As mutações de DNA ocorrem naturalmente e ao acaso. Você concorda ou discorda dessa frase? Justifique.

3. Explique como pode ser neutra uma mutação que atinge uma parte do DNA que dá origem a um códon.

4. Observe novamente a tabela da página 64 e explique se o tamanho do genoma e o número de genes são úteis para indicar a complexidade de um organismo.

5. O Projeto Genoma Humano foi feito por um grupo de cientistas ligado a governos e uma empresa privada. Existia um temor de que, caso apenas a empresa privada fosse bem-sucedida, ela pudesse patentear as informações sobre o DNA humano, ou seja, só quem fosse autorizado pela empresa poderia acessar essas informações. Você é a favor de patentear sequências de DNA? Por quê?

BIOTECNOLOGIA E SUAS APLICAÇÕES

CAPÍTULO 6

Os avanços científicos e o conhecimento atual permitiram criar diversas técnicas para manipular seres vivos, desde os mais simples, como bactérias, até os mais complexos, como mamíferos. Teoricamente, é até possível manipular características intrínsecas a seres humanos.

Muitas dessas técnicas são novas e não se sabe seus efeitos a longo prazo. Além de questões que envolvem sua aplicação e confiabilidade, existem questões éticas e filosóficas, já que geram situações inéditas na história da humanidade.

▶ Biotecnologia

Segundo a Convenção sobre Diversidade Biológica da Organização das Nações Unidas – ONU (2000): "**Biotecnologia** significa qualquer aplicação tecnológica que utilize sistemas biológicos, organismos vivos ou seus derivados para fabricar ou modificar produtos ou processos para utilização específica".

Ela envolve a aplicação de conhecimentos de diversos campos da Ciência, como a Biologia Molecular, a Genética e a Bioquímica, visando à produção de novos produtos, processos e serviços. É um conjunto de conhecimentos e técnicas que permite a utilização de organismos para a obtenção de efeitos úteis ao ser humano.

Animal vencedor de feira agropecuária. A pecuária é uma área com intenso uso de processos biotecnológicos. O cruzamento de espécimes para produzir linhagens com maior produção de carne e leite, por exemplo, é uma atividade da biotecnologia que ocorre há milhares de anos. Bois com características vantajosas podem ter seu sêmen vendido por preços muito altos.

A biotecnologia abrange desde atividades desenvolvidas há milhares de anos até atividades mais recentes. Técnicas de produção de alimentos fermentados como pão, queijo, vinho e cerveja são milenares e eram utilizadas sem conhecimento sobre o processo de fermentação e os organismos que a realizavam. Atualmente, existem organismos com características alteradas por processos biotecnológicos para realizar esse tipo de processo com mais eficiência.

> **Para explorar**
>
> ### Ciência nas mídias
>
> A comunicação científica, ou seja, a comunicação sobre novas descobertas científicas, é feita através da mídia: canais de TV, portais na internet, jornais etc. Essa mídia pode ser especializada, dedicando-se exclusivamente a essa área. Como esse tipo de comunicação refere-se a novidades e descobertas científicas e, portanto, envolve o domínio de conteúdos para sua compreensão, é normal que ocorram erros e exageros ocasionalmente.
>
> Você procura se manter atualizado sobre o desenvolvimento científico? Faça uma pesquisa e liste quatro veículos de comunicação que você poderia utilizar para se manter informado sobre Ciências e responda: para você, é importante se manter atualizado sobre esses assuntos? Por quê?

Engenharia genética

Engenharia genética é um conjunto de técnicas que permitem estudar e manipular o genoma dos organismos e a sua expressão. Ela permite, por exemplo, que você separe um gene de interesse em um indivíduo e o transplante para o material genético de outro indivíduo, de forma que esse gene se expresse. Desta forma, são criados **organismos geneticamente modificados** (OGM).

Diversas dessas técnicas utilizam **enzimas de restrição**, moléculas que ajudam a romper cadeias de DNA em um trecho específico. É possível, por exemplo, utilizar umas dessas enzimas no DNA de um fruto e retirar um gene que expressa uma proteína de interesse nele. Em uma célula, utiliza-se a mesma enzima de restrição para cortar o DNA. Como a enzima é a mesma, os trechos cortados têm a mesma sequência de nucleotídeos. Assim, o gene selecionado pode se encaixar no novo DNA com o auxílio de proteínas denominadas **ligases do DNA**. Esse novo trecho artificial de DNA é conhecido como **DNA recombinante**. Após inserido no DNA, o gene se expressa normalmente e pode ser inserido em outras células, se necessário.

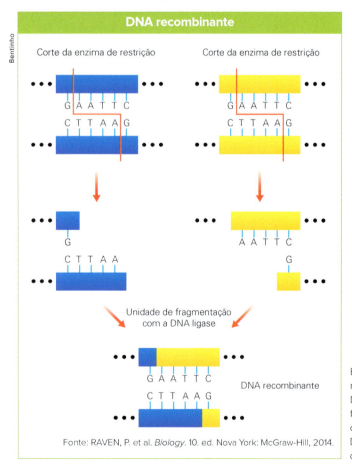

Fonte: RAVEN, P. et al. *Biology*. 10. ed. Nova York: McGraw-Hill, 2014.

Esquema mostrando a montagem de DNA recombinante. Ao cortar moléculas de DNA com a mesma enzima de restrição, formam-se extremidades complementares, denominadas extremidades coesivas. Dessa maneira, pode-se ligar pedaços de diferentes moléculas de DNA.

Unidade 2 Biologia molecular

Esse tipo de técnica permite transferir genes entre organismos da mesma espécie ou de espécies diferentes. Neste último caso, os organismos gerados são denominados **transgênicos**. A transferência de gene de um ser para outro exige a participação de um **vetor**, um agente transmissor que recebe o gene de interesse e pode transmiti-lo a uma ou diversas células de um organismo. Esse agente pode ser um plasmídeo bacteriano, e sua descoberta contribuiu decisivamente para o surgimento da engenharia genética. O plasmídeo é uma molécula circular extracromossômica do DNA, normalmente encontrada em algumas bactérias. Os genes também podem ser transferidos por vírus.

Testes de paternidade também são feitos com técnicas de engenharia genética. Como a maior parte do DNA é igual em seres humanos, são selecionados **marcadores genéticos**, que são quaisquer variações na sequência do DNA de um ser vivo que o diferencie de outro indivíduo, para a comparação. Primeiramente, o DNA é extraído de células, depois ele passa pelo procedimento de **reação de amplificação em cadeia de polimerase**, ou PCR (do inglês *polimerase chain reaction*). Nessa técnica, sequências específicas ligam-se aos marcadores de interesse e começam a replicá-los, gerando inúmeras cópias. Essas cópias, então, são submetidas à eletroforese, um procedimento que separa os pedaços de DNA de acordo com o tamanho. Por fim, os resultados da eletroforese são comparados e pode-se determinar a paternidade.

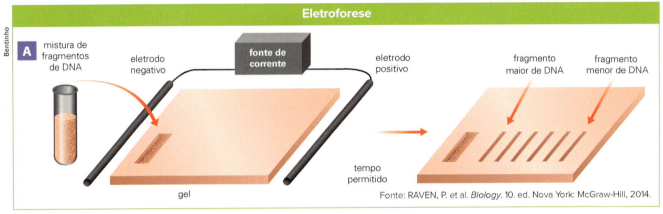

Ilustração sem escala; cores-fantasia.

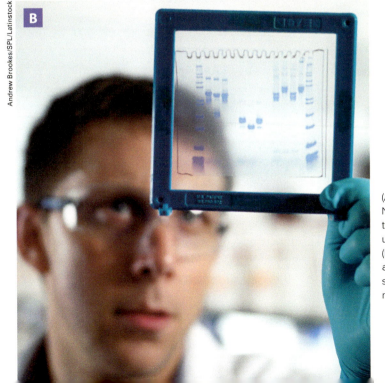

(**A**) As amostras de DNA são submetidas à eletroforese. Nesse processo, são aplicadas em um gel com poros de tamanho definido e se separam em razão do tamanho; uma carga elétrica é utilizada para atrair as moléculas.
(**B**) O resultado gera diversas bandas que correspondem ao tamanho das sequências. Essas sequências podem ser comparadas, pois pessoas diferentes apresentam resultados distintos nessa análise.

Organismos transgênicos

Um organismo transgênico é um organismo geneticamente modificado que recebeu genes de outras espécies. Um gene de interesse é transferido para uma bactéria e inserido no plasmídeo dela, e essa bactéria modificada infecta a célula-alvo e fixa o gene no genoma do organismo. Vírus também podem ser utilizados nesse processo. Esse procedimento permite criar diversos tipos de organismos, adicionando genes de interesse que podem expressar diferentes características.

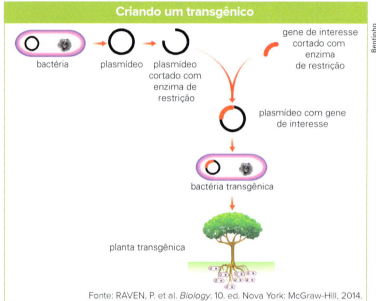

Ilustração sem escala; cores-fantasia.

Os plasmídeos bacterianos são pedaços circulares de DNA que podem ser manipulados. Após inserir um gene de interesse nele, a bactéria o transporta e o insere no genoma de um organismo-alvo.

Fonte: RAVEN, P. et al. *Biology*. 10. ed. Nova York: McGraw-Hill, 2014.

(**A**) Plantação de soja transgênica. Organismos transgênicos não são necessariamente identificáveis. A soja transgênica tem a mesma aparência da não transgênica (Cascavel, PR, 2015). (**B**) O *Golden rice* adquire uma característica diferente devido ao gene transferido. O betacaroteno dá uma coloração dourada a esse arroz. Dependendo da alteração, é fácil identificar o organismo transgênico.

Um dos primeiros organismos transgênicos foi uma linhagem da bactéria *Escherichia coli*, que recebeu genes humanos para a produção de insulina na década de 1980. Criadas em grandes quantidades em laboratório, essa linhagem de bactéria transgênica produz quantidades volumosas de insulina humana para o tratamento de pessoas portadoras de diabetes.

Na agricultura existem linhagens de plantas (principalmente milho e soja) transgênicas. Algumas dessas plantas receberam genes de outros organismos que as tornaram tolerantes a herbicidas, permitindo que sejam cultivadas com maior produtividade, já que sobrevivem a herbicidas que eliminam pragas que competem com elas por espaço, luz e nutrientes. No entanto, esse tipo de transgênico pode levar a um uso excessivo de herbicidas, o que prejudica a saúde dos consumidores.

Outro uso possível da transgenia na agricultura é o projeto *Golden rice*, que produz arroz com grande quantidade de betacaroteno, substância que é convertida em vitamina A no corpo humano. Esse arroz recebeu genes de plantas e bactérias e pode ajudar a reduzir a deficiência desse nutriente, que atingia 250 milhões de crianças em idade pré-escolar em 2012 no mundo.

Organismos transgênicos também são muito utilizados em pesquisas de doenças. É possível adicionar genes relacionados a doenças em modelos experimentais, como ratos, para observar os efeitos que eles causam. O uso da **proteína verde fluorescente GFP** (do inglês *green fluorescent protein*) é uma importante ferramenta em pesquisas, já que diversas doenças estão relacionadas a variações na expressão de um gene, ou seja, se ele se expressa ou não, e em que grau de intensidade. Ao se produzir células ou organismos com o gene que expressa essa proteína e com o gene de interesse para a pesquisa de uma doença, pode-se observar a expressão do gene e onde ela ocorre com uma simples visualização direta já que, quando o gene de interesse se expressar, a proteína fluorescente também será expressa.

Existe muita polêmica quanto ao uso de transgênicos. Elas envolvem questões técnicas, como o impacto desse tipo de organismo no ambiente e seus efeitos a longo prazo. Porém, grande parte das restrições a esses organismos deve-se a dúvidas de caráter ético, religioso, político e econômico. Assim, é necessário analisar cada caso de organismo transgênico para saber se ele pode ser benéfico ou não à sociedade.

Para explorar

Como saber se um organismo é transgênico?

Identificar transgênicos apenas olhando uma plantação é uma tarefa muito difícil. Se um transgênico for utilizado na composição de um alimento processado (por exemplo, um salgadinho feito de milho transgênico), torna-se quase impossível identificá-lo usando nossos sentidos.

Você já reparou se, nas embalagens dos alimentos que você consome, está indicado se há ou não alimentos transgênicos? Essa informação é importante para você? Pesquise sobre a rotulagem e identificação de transgênicos no Brasil e responda: você se sente confortável com a informação sobre transgênicos disponíveis nos produtos que compra?

Clonagem

Clonagem é o procedimento em que são produzidos **clones**, organismos com genótipos idênticos. Esse tipo de técnica é empregado há milênios pela humanidade, mesmo sem conhecimento sobre o DNA. Organismos unicelulares que se reproduzem por mitose podem gerar clones. Por exemplo, um método comum para plantar bananeiras é cortar o rizoma (caule subterrâneo) dela em pedaços para fazer mudas, que geram novas bananeiras. Todas essas mudas são clones da bananeira original, ou seja, têm o mesmo genótipo. Procedimentos similares acontecem para a multiplicação de várias outras plantas.

Em 1996, o grupo de pesquisa liderado por Ian Wilmut (1944-) produziu o clone de um mamífero adulto, uma ovelha chamada Dolly. O processo consistiu em transferir o núcleo de uma célula adulta de ovelha para um ovócito de outra ovelha. Esse ovócito teve o núcleo retirado antes de receber o núcleo da outra célula. Após essa transferência, o óvulo foi implantado no útero de uma terceira ovelha, desenvolveu-se e gerou a ovelha Dolly, um clone da ovelha que teve a célula adulta retirada.

Biotecnologia e suas aplicações **Capítulo 6** 71

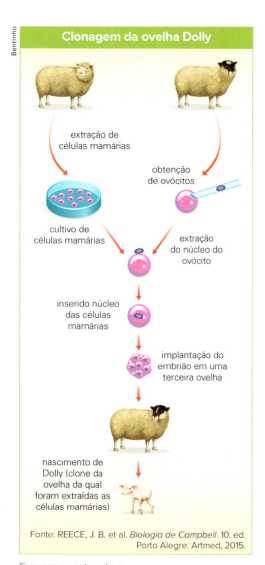

Esquema mostrando o processo de nascimento de Dolly. Ilustração sem escala; cores-fantasia.

Apesar de parecer simples, foi um processo complexo, já que muitos cientistas duvidavam que um mamífero pudesse ser clonado, e mais de 400 tentativas foram feitas antes de se obter sucesso com Dolly. Ela foi abatida em 2003, devido a uma doença pulmonar e envelhecimento precoce.

Após Dolly, outros mamíferos foram clonados, inclusive por cientistas brasileiros. O desenvolvimento da clonagem de organismos multicelulares pode ser benéfico à sociedade, ajudando a reproduzir espécies de interesse humano, animais em extinção e organismos para pesquisa. É necessário ressaltar que um clone não é necessariamente idêntico ao animal que foi clonado; ele possui um genótipo idêntico, mas a ação ambiental pode gerar diferenças.

Terapia gênica

A terapia gênica é uma estratégia que utiliza a técnica de transferência de material genético para modificar o genoma de algumas ou de todas as células de um organismo. Seu objetivo é, por meio da modificação do genoma, curar ou melhorar a condição de pessoas com doenças genéticas. O primeiro teste clínico bem-sucedido dessa técnica foi divulgado em 1990, em uma menina com uma doença que afetava o sistema imunitário.

Atualmente existem diversos testes desse tipo de terapia, que ainda encontra dificuldades para ser implantada. Utiliza-se, geralmente, um vírus como vetor, que pode transferir um gene nesse tipo de terapia. Esse gene pode produzir proteínas ou modular a expressão gênica da célula-alvo. Entre as possíveis doenças tratáveis por terapia gênica, pode-se citar fibrose cística, hemofilia, câncer e hipertensão arterial sistêmica.

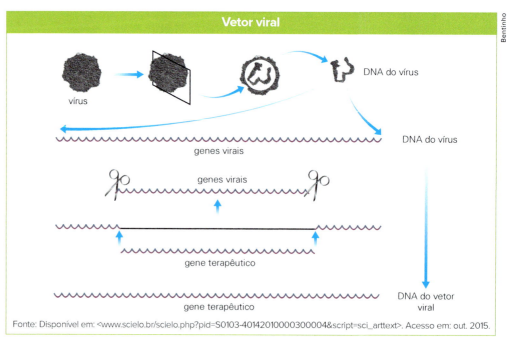

Construção de vetor viral para terapia gênica. Genes do vírus são substituídos por genes terapêuticos, que podem tratar a doença. Após modificado, o DNA é inserido novamente no vírus, e este infecta a pessoa a ser tratada.

Ilustração sem escala; cores-fantasia.

72 Unidade 2 Biologia molecular

Melhoramento genético

O melhoramento genético é um processo para aumentar a frequência de alelos desejados em determinado organismo. Os alelos desejados compreendem, de forma geral, genes que conferem aos seus portadores uma melhora em um ou mais de seus atributos previamente selecionados, como a resistência a doenças e ao estresse, aumento na produtividade ou incremento em fatores nutricionais.

Em sua essência, o processo de melhoramento genético consiste em encontrar esse gene vantajoso, extraí-lo do organismo doador e inseri-lo na espécie que se planeja melhorar. A humanidade, de modo geral, vem praticando o melhoramento desde que começou a domesticar as espécies, há cerca de 10 mil anos. Esse processo de domesticação se iniciou com a seleção entre as espécies encontradas na natureza – as espécies que hoje chamamos de selvagens ou nativas – para cultivar plantas ou criar animais.

As populações de plantas e animais selvagens apresentam grande variedade de indivíduos. Alguns exemplares dessas populações e seus descendentes foram selecionados de acordo com os interesses dos primeiros cultivadores de plantas e criadores de animais. Assim, entre as plantas que germinaram quando plantaram trigo, por exemplo, produtores perceberam que algumas produziam mais do que outras e decidiram usar os grãos das mais produtivas para semear as plantações seguintes, usando os grãos das plantas com menor produtividade para fazer farinha e pão. Assim, estavam selecionando linhagens mais produtivas e dando início à domesticação do trigo, que resultou no trigo atual.

Durante milênios, a seleção foi realizada por pessoas que tinham interesse em aumentar a produtividade e, para tanto, adotaram o método de tentativa e erro com resultados duvidosos. Alguns procedimentos praticados desde épocas remotas mostram que, apesar do desconhecimento sobre genética, essa seleção melhorava geneticamente plantas e animais.

Plantas de grande interesse comercial, como o trigo, foram submetidas a diversos cruzamentos induzidos por milhares de anos. Seus representantes atuais são muito diferentes das linhagens originais. Manoel Viana (RS), em 2015.

Na primeira metade do século XX, o processo de seleção e melhoramento passou a seguir critérios científicos. Como resultado, os ganhos foram vultosos e rápidos. A utilização do método científico tornou o processo de melhoramento muito mais eficiente e rápido, com resultados mais previsíveis.

Devido ao desenvolvimento da biotecnologia, atualmente o melhoramento genético conta com técnicas mais eficientes. Pode-se transferir um gene de interesse de um indivíduo para outro ou fazer essa transferência entre espécies diferentes. Esse processo, embora mais caro, tem maior taxa de sucesso. Atualmente, a humanidade pode moldar o genótipo de organismos do jeito que desejar. Também foram desenvolvidas técnicas para aumentar a chance de sucesso em cruzamentos artificiais.

Bioética

A bioética é uma área que trabalha o aspecto ético de questões relacionadas à Biologia. Essa área surgiu na década de 1970 e se preocupa com temas como abusos no uso de cobaias (animais e seres humanos) em experimentos, uso de informações biológicas pessoais para fins discriminatórios, uso de informações para a construção de armas biológicas etc.

Com o desenvolvimento da biotecnologia, muitas novas questões passaram a ser tratadas pela bioética, como:

- É ético clonar seres humanos?

- Quais as consequências ambientais, políticas e econômicas do uso de transgênicos?

- Uma pessoa deve manipular o genótipo de seu filho, escolhendo características como suscetibilidade a doenças ou a cor dos cabelos?

Entre todas as aplicações da biotecnologia, a clonagem de organismos vivos e o uso de transgênicos geralmente despertam mais questionamentos, principalmente devido ao impacto ético da clonagem e ao desconhecimento dos riscos que oferecem ao meio ambiente e à saúde de quem consome alimentos transgênicos por muito tempo.

Aplicações mais antigas, como o melhoramento genético tradicional, apresentam com mais clareza seus prós e contras. Devido principalmente aos avanços dos processos de melhoramento genético, hoje consegue-se produzir muito mais na agricultura numa mesma área em comparação a épocas passadas. Cultivos de soja, por exemplo, produziam 30 765 kg/ha/ano em 1988; em 2008 a produtividade estava em 60 017 kg/ha/ano. Nota-se que a produtividade da soja praticamente dobrou em 20 anos, sem que fosse necessário derrubar uma árvore sequer para expansão das fronteiras agrícolas. Esse ganho de produtividade, portanto, contribuiu para a conservação das matas.

O trabalho com melhoramento genético, que atualmente é em grande parte feito em laboratório, gera benefícios indiretos, como a redução do desmatamento.

Zuma Press/Glow Images

Unidade 2 Biologia molecular

O melhoramento genético, de maneira geral, privilegiou a produção. Com isso, os genes responsáveis por determinadas características foram intensamente selecionados e protegidos em detrimento dos outros genes, e a carga genética das espécies melhoradas é menos ampla do que as espécies das quais se originaram as nativas (ou selvagens). Com o intenso cultivo dessas plantas, as nativas foram deixadas de lado. Muitas delas desapareceram e, com essa perda, também se foram muitos genes, entre eles alguns de grande interesse. A variabilidade genética, então, sofreu drástica redução, e a fonte de genes para futuros melhoramentos tornou-se menor.

Diversas outras questões também são abordadas e dificilmente existe uma resposta clara e simples. Todas essas questões estão em discussão, e, quanto mais se desenvolve a biotecnologia, mais questões aparecem. Porém, esse desenvolvimento também nos deixa mais próximos das respostas a essas questões.

Atividades

1. O que é biotecnologia? Você se beneficia de algum processo biotecnológico?

2. Diferencie organismo geneticamente modificado de transgênico.

3. A clonagem é um processo descoberto recentemente? Clones produzidos são obrigatoriamente idênticos?

4. Uma das possibilidades geradas pela clonagem de Dolly é a aplicação desse processo em seres humanos. Pesquise e responda: Qual é a utilidade desse processo para seres humanos? Você é contra ou a favor?

5. Em 1999, um juiz proibiu o cultivo de soja transgênica. Entre os argumentos para a proibição estava a seguinte sentença:

   "[...] Sem contabilizar exageros, creio que a velocidade irresponsável que se pretende imprimir nos avanços da engenharia genética, nos dias atuais, guiada pela desregulamentação gananciosa da globalização econômica, poderá gestar, nos albores do novo milênio, uma esquisita civilização de 'aliens hospedeiros' com fisionomia peçonhenta, a comprometer, definitivamente, em termos reais, e não fictícios, a sobrevivência das futuras gerações do nosso planeta. [...]"

   Disponível em: <http://rusp.scielo.br/scielo.php?script=sci_arttext&pid=S0103-99892011000200011&lng=pt&nrm=iso>. Acesso em: 22 fev. 2016.

   Aponte que aspectos você considera pertinentes nesse argumento e quais não e responda: Você concorda com essa decisão? O quadro nessa citação se alterou nos dias atuais?

6. O termo "melhoramento genético" atribui um valor ao organismo formado, ou seja, ele seria melhor do que o anterior. Você concorda com isso? Esse processo e esse juízo de valor também são válidos para seres humanos? Se necessário, pesquise sobre o tema para responder.

7. Por que é necessário um vetor para inserir um novo gene em um organismo multicelular?

PARA LER E REFLETIR

Ruim para o produtor e para o consumidor

Os transgênicos, ou organismos geneticamente modificados, são produtos de cruzamentos que jamais aconteceriam na natureza, como, por exemplo, arroz com bactéria.

Por meio de um ramo de pesquisa relativamente novo (a engenharia genética), fabricantes de agroquímicos criam sementes resistentes a seus próprios agrotóxicos, ou mesmo sementes que produzem plantas inseticidas. As empresas ganham com isso, mas nós pagamos um preço alto: riscos à nossa saúde e ao ambiente onde vivemos.

O modelo agrícola baseado na utilização de sementes transgênicas é a trilha de um caminho insustentável. O aumento dramático no uso de agroquímicos decorrentes do plantio de transgênicos é exemplo de prática que coloca em cheque o futuro dos nossos solos e de nossa biodiversidade agrícola.

Diante da crise climática em que vivemos, a preservação da biodiversidade funciona como um seguro, uma garantia de que teremos opções viáveis de produção de alimentos no futuro e estaremos prontos para os efeitos das mudanças climáticas sobre a agricultura.

Nesse cenário, os transgênicos representam um duplo risco. Primeiro, por serem resistentes a agrotóxicos, ou possuírem propriedades inseticidas, o uso contínuo de sementes transgênicas leva à resistência de ervas daninhas e insetos, o que por sua vez leva o agricultor a aumentar a dose de agrotóxicos ano a ano. Não por acaso o Brasil se tornou o maior consumidor mundial de agrotóxicos em 2008 – depois de cerca de dez anos de plantio de transgênicos – sendo mais da metade deles destinados à soja, primeira lavoura transgênica a ser inserida no país.

Além disso, o uso de transgênicos representa um alto risco de perda de biodiversidade, tanto pelo aumento no uso de agroquímicos (que tem efeitos sobre a vida no solo e ao redor das lavouras), quanto pela contaminação de sementes naturais por transgênicas. [...]

GREENPEACE. Disponível em: <www.greenpeace.org/brasil/pt/O-que-fazemos/Transgenicos/?gclid=COiR1o2xs8gCFQ8GkQodiCQDMA>. Acesso em: 22 fev. 2016.

Os transgênicos e a saúde

Fala-se muito em animais e vegetais transgênicos que têm importância comercial, mas, analisando as coisas de uma maneira objetiva, no momento estão sobretudo em foco apenas algumas plantas de interesse envolvendo a inserção de genes selecionados por engenharia genética: soja, milho, canola e algodão.

Essencialmente, dois genes foram introduzidos: um que faz tais plantas produzirem um inseticida originário de bactérias, sem nenhum efeito em mamíferos, e outro que induz resistência a herbicidas, permitindo o cultivo e o uso de substâncias que agirão seletivamente contra as pragas. Nenhum animal transgênico está sendo criado comercialmente, por ora.

Vamos ser francos: perto dos milênios de anos em que o homem, sem saber exatamente como, andou fazendo engenharia genética por seleção de traços que desejou favorecer em animais e plantas, isso não é nada. Só para dar uma ideia, o milho hoje cultivado é inviável se não for manipulado pelo homem – ele simplesmente não consegue se reproduzir; o trigo é um híbrido artificial de pelo menos três plantas diferentes; e, por menos que se possa acreditar, do lobo saíram tanto o chihuahua como o *rottweiler*, o *poodle*, o fila brasileiro, o *doberman*, o galgo e o *sharpei*.

Consideramos complicado dizer que são necessárias mais experiências para provar que os transgênicos não fazem mal.

Por que esse medo dos transgênicos quanto à saúde humana? Afinal, o gene que leva inseticida permite que se evitem muitos outros aplicados nas mesmas plantas, o que provavelmente tem maior impacto na saúde humana. E a resistência genética a herbicidas também permite que se empreguem menores quantidades no campo – isso diminuiria a exposição humana aos ditos.

Também consideramos complicado dizer que são necessárias mais experiências para provar que os transgênicos não fazem mal, pois a prova negativa em biologia é praticamente impossível. Não queremos destacar que estes não devam ser estudados com mui-

76 **Unidade 2** Biologia molecular

to carinho antes de serem soltos por aí; mais do que isso, todo produto de tal natureza requer rotulagem, para que o consumidor saiba o que está comendo, tendo inclusive o direito de não comprá-lo se assim por bem achar, impondo-se, porém, a conveniência de conhecer o assunto.

Riscos potenciais existem. Por exemplo, são conhecidas muitas pessoas com alergias graves ao amendoim e à castanha-do-pará, e, se um gene dessas plantas estiver enfiado em outra, poderá ocorrer reação alérgica severa – por isso a rotulação adequada é essencial.

Há os que interpretam os transgênicos como, potencialmente, instrumentos do imperialismo econômico, já que só firmas multinacionais teriam as sementes modificadas e as imporiam a todo o mundo. Lamentamos dizer que esse imperialismo é muito antigo – a maior parte do milho comercializado vem de sementes patenteadas em mãos de poucas empresas. Por outro lado, nações como a nossa, capazes de produzir pesquisa em área genômica, teriam agora a possibilidade de confrontar essa situação com a produção local de sementes talvez competitivas como as acima citadas. [...]

NETO, V. A.; PASTERNACK, J. Os transgênicos e a saúde. *Folha de S.Paulo*. Disponível em: <http://www1.folha.uol.com.br/fsp/opiniao/fz2905200310.htm>. Acesso em: 22 fev. 2016.

O tema dos trangênicos é responsável por diversas manifestações. Campina Grande, Paraíba, (2010).

QUESTÕES

1. Os dois textos são sobre organismos transgênicos. Um defende seu cultivo, outro prega sua proibição. Você considera que algum deles resolve as polêmicas da utilização de transgênicos? Justifique.
2. Qual deles você considera mais próximo do seu ponto de vista? Que argumentos você considera importantes?
3. Existe algum argumento, no texto que você menos se identificou, que lhe pareceu correto? Qual?
4. Escreva em seu caderno um texto de no máximo dez linhas para responder à seguinte pergunta: O cultivo de transgênicos deve ser liberado? Se necessário, pesquise mais informações.

Ação e cidadania

Pesquisa sobre transgênicos

Organismos transgênicos é um tema polêmico tanto por perguntas que ainda não foram respondidas como por confusões sobre o significado dessa expressão. Nesta atividade, a classe tentará determinar qual é a opinião da comunidade local sobre esse tema.

Passo 1: Cartilha

A sala deve desenvolver, em conjunto, uma cartilha com perguntas e respostas sobre organismos transgênicos contendo informações sobre o que são, como são utilizados, aspectos positivos e negativos etc. Nela deve estar toda informação que a classe considera importante sobre transgênicos. Procurem fazer uma cartilha não muito longa e bem informativa, mas sem opiniões, ou seja, sem mostrar argumentos pessoais sobre esse tipo de organismo, por exemplo, se é benéfico ou não.

Cada aluno deve ter uma cópia da cartilha, que pode ser feita em computador e impressa, ou a mão e copiada. Se possível, plastifiquem-na.

Passo 2: Entrevistas

Cada aluno deve entrevistar 10 pessoas, da sua família ou da comunidade escolar. Lembrem-se de se apresentarem à pessoa que vocês forem entrevistar e de anotar as respostas. Após se apresentarem, façam as seguintes perguntas:

1. Qual é o seu nome?
2. Você sabe o que são organismos transgênicos?
3. Você é contra ou a favor à liberação do plantio desses organismos?

Registre a resposta dessas perguntas junto ao nome do entrevistado. Depois peça a pessoa que leia a cartilha. Dispondo do tempo que ela considerar necessário. Após a leitura, continue a entrevista com as seguintes perguntas:

4. A cartilha mostrou alguma informação que você não sabia sobre organismos transgênicos?
5. Sua opinião sobre a liberação do plantio desse tipo de organismo mudou?
6. Caso sua opinião tenha mudado, o que causou essa mudança? Qual é sua nova opinião?

Anote as respostas e agradeça ao entrevistado.

Passo 3: Análise dos dados

Cada aluno deve levar as respostas dos entrevistados à sala de aula. Então, o professor dividirá a sala em cinco grupos. Cada grupo vai analisar as respostas de uma das perguntas (da questão 2 à questão 6) e apresentar os resultados para a classe, preferencialmente em forma de gráfico. Após as apresentações, cada aluno responderá individualmente às questões a seguir.

1. Como você pode explicar os resultados obtidos na terceira pergunta da entrevista?
2. A cartilha fez com que as pessoas mudassem de opinião sobre organismos transgênicos?
3. Compare os resultados da análise da questão 3 com os da questão 6. O que eles indicam?
4. Compare o número total de pessoas entrevistadas com o número de pessoas da sua cidade. Você considera que os resultados da pesquisa feita pela classe representam a cidade? Justifique.

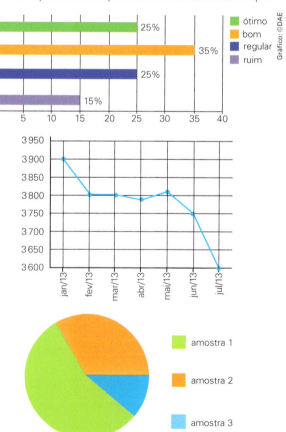

Existem diversos tipos de gráfico. Tenha cuidado ao escolher o tipo adequado para mostrar os seus dados.

Unidade 2 Biologia molecular

Explorando habilidades e competências

Analise a figura a seguir para responder às questões.

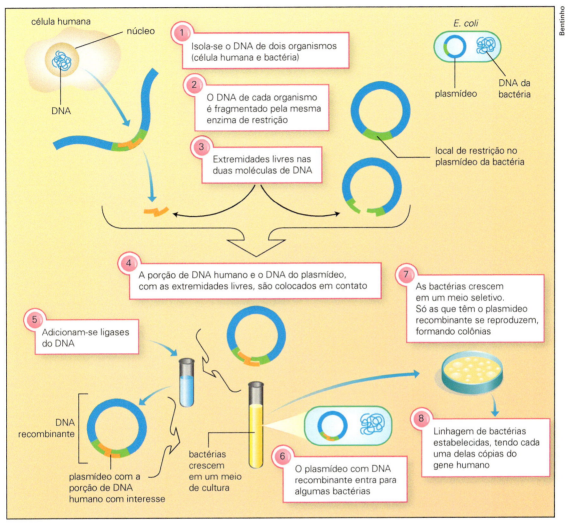

Ilustração sem escala; cores-fantasia.

Analise a figura acima para responder às questões.

1. Que procedimento a ilustração está descrevendo?
2. Há formação de algum organismo transgênico nesse esquema? Qual?
3. Esse esquema passa todas as informações necessárias para que você possa repetir o processo? Justifique.
4. DNA recombinante é definido como uma sequência de DNA artificial que resulta da combinação de diferentes sequências de DNAs. Esse tipo de DNA é formado nessa figura? Em caso positivo, em que momento?
5. No esquema, apenas as bactérias com a cópia do gene humano sobrevivem no meio de cultura (marcação 8). Proponha um mecanismo para explicar esse fato.
6. Eleja um gene de interesse para ser utilizado no processo descrito e, a partir desse gene, uma aplicação para a bactéria formada.
7. Suponha que esse esquema deva ser adaptado para representar um processo de terapia gênica. Que alterações você faria nele?

Para rever e estudar

Questões do Enem

1. (Enem – 2015) O formato das células de organismos pluricelulares é extremamente variado. Existem células discoides, como é o caso das hemácias, as que lembram uma estrela, como os neurônios, e ainda algumas alongadas, como as musculares.

   Em um mesmo organismo, a diferenciação dessas células ocorre por

   a) produzirem mutações específicas.
   b) possuírem DNA mitocondrial diferente.
   c) apresentarem conjunto de genes distintos.
   d) expressarem porções distintas do genoma.
   e) terem um número distinto de cromossomos.

2. (Enem – 2015)

   > A palavra "biotecnologia" surgiu no século XX, quando o cientista Herbert Boyer introduziu a informação responsável pela fabricação da insulina humana em uma bactéria para que ela passasse a produzir a substância.
   >
   > Disponível em: <www.brasil.gov.br>. Acesso em 28 jul. 2012 (adaptado).

   As bactérias modificadas por Herbert Boyer passaram a produzir insulina humana porque receberam

   a) a sequência de DNA codificante de insulina humana.
   b) a proteína sintetizada por células humanas.
   c) um RNA recombinante de insulina humana.
   d) o RNA mensageiro de insulina humana.
   e) um cromossomo da espécie humana.

3. (Enem – 2014) Em um laboratório de genética experimental, observou-se que determinada bactéria continha um gene que conferia resistência a pragas específicas de plantas. Em vista disso, os pesquisadores procederam de acordo com a figura.

   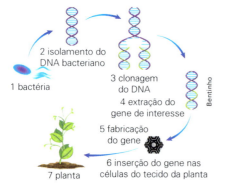

   Disponível em: <http://ciencia.hsw.uol.com.br>. Acesso em: 22 nov. 2013 (adaptado).

   Do ponto de vista biotecnológico, como a planta representada na figura é classificada?

   a) Clone.
   b) Híbrida.
   c) Mutante.
   d) Adaptada.
   e) Transgênica.

4. (Enem – 2013) Cinco casais alegavam ser os pais de um bebê. A confirmação da paternidade foi obtida pelo exame de DNA. O resultado do teste está esquematizado na figura, em que cada casal apresenta um padrão com duas bandas de DNA (faixas, uma para cada suposto pai e outra para a suposta mãe), comparadas à do bebê.

   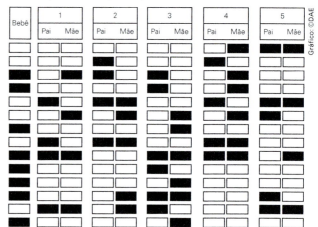

   Que casal pode ser considerado como pais biológicos do bebê?

   a) 1
   b) 2
   c) 3
   d) 4
   e) 5

5. (Enem – 2012) O milho transgênico é produzido a partir da manipulação do milho original, com a transferência, para este, de um gene de interesse retirado de outro organismo de espécie diferente.

   A característica de interesse será manifestada em decorrência

   a) do incremento do DNA a partir da duplicação do gene transferido.

b) da transcrição do RNA transportador a partir do gene transferido.

c) da expressão de proteínas sintetizadas a partir do DNA não hibridizado.

d) da síntese de carboidratos a partir da ativação do DNA do milho original.

e) da tradução do RNA mensageiro sintetizado a partir do DNA recombinante.

6. (Enem – 2011) Em 1999, a geneticista Emma Whitelaw desenvolveu um experimento no qual ratas prenhes foram submetidas a uma dieta rica em vitamina B12, ácido fólico e soja. Os filhotes dessas ratas, apesar de possuírem o gene para obesidade, não expressaram essa doença na fase adulta. A autora concluiu que a alimentação da mãe, durante a gestação, silenciou o gene da obesidade. Dez anos depois, as geneticistas Eva Jablonka e Gal Raz listaram 100 casos comprovados de traços adquiridos e transmitidos entre gerações de organismos, sustentando, assim, a epigenética, que estuda as mudanças na atividade dos genes que não envolvem alterações na sequência do DNA.

A reabilitação do *herege*. Época, n. 610, 2010 (adaptado).

Alguns cânceres esporádicos representam exemplos de alteração epigenética, pois são ocasionados por

a) aneuploidia do cromossomo sexual X.

b) poliploidia dos cromossomos autossômicos.

c) mutação em genes autossômicos com expressão dominante.

d) substituição no gene da cadeia beta da hemoglobina.

e) inativação de genes por meio de modificações das bases nitrogenadas.

7. (Enem – 2011)

Um instituto de pesquisa norte-americano divulgou recentemente ter criado uma "célula sintética", uma bactéria chamada de *Mycoplasma mycoides*. Os pesquisadores montaram uma sequência de nucleotídeos, que formam o único cromossomo dessa bactéria, o qual foi introduzido em outra espécie de bactéria, a *Mycoplasma capricolum*. Após a introdução, o cromossomo da *M. capricolum* foi neutralizado e o cromossomo artificial da *M. mycoides* começou a gerenciar a célula, produzindo suas proteínas.

GILBSON et al. Creation of a Bacterial Cell Controlled by a Chemically synthesized Genome. *Science* v. 329, 2010 (adaptado).

A importância dessa inovação tecnológica para a comunidade científica se deve à

a) possibilidade de sequenciar os genomas de bactérias para serem usados como receptoras de cromossomos artificiais.

b) capacidade de criação, pela ciência, de novas formas de vida, utilizando substâncias como carboidratos e lipídios.

c) possibilidade de produção em massa da bactéria *Mycoplasma capricolum* para sua distribuição em ambientes naturais.

d) possibilidade de programar geneticamente microrganismos ou seres mais complexos para produzir medicamentos, vacinas e biocombustíveis.

e) capacidade da bactéria *Mycoplasma capricolum* de expressar suas proteínas na bactéria sintética e estas serem usadas na indústria.

Questões de vestibulares

1. (Fuvest-SP – 2016) Considere o processo de divisão meiótica em um homem heterozigótico quanto a uma característica de herança autossômica recessiva (Hh). O número de cópias do alelo h nas células que estão no início da intérfase (A), nas células que estão em metáfase I (B) e naquelas que resultam da segunda divisão meiótica (C) é

	A	B	C
a)	1	1	1 ou 0
b)	1	2	1 ou 0
c)	1	2	1
d)	2	2	1
e)	2	1	1

Para rever e estudar

2. (Fuvest-SP – 2015) No heredograma abaixo estão representadas pessoas que têm uma doença genética muito rara, cuja herança é dominante. A doença é causada por mutação em um gene localizado no cromossomo 6. Essa mutação, entretanto, só se manifesta, causando a doença, em 80% das pessoas heterozigóticas.

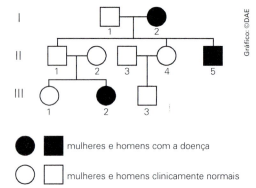

● ■ mulheres e homens com a doença
○ □ mulheres e homens clinicamente normais

a) Usando os algarismos romanos e arábicos correspondentes, identifique as pessoas que são certamente heterozigóticas quanto a essa mutação. Justifique sua resposta.

b) Qual é a probabilidade de uma criança, que II-5 venha a ter, apresentar a doença? Justifique sua resposta.

3. (Imed-SP – 2015) Sabe-se que determinada doença hereditária que afeta humanos é causada por uma mutação de caráter dominante em um gene localizado em um cromossomo autossomo. Três indivíduos foram investigados e abaixo estão os alelos encontrados para este *locus*:

Indivíduo	Alelos encontrados para o *locus*	Fenótipo
1	alelo e alelo	normal
2	alelo e alelo	afetado
3	alelo e alelo	afetado

Sabendo dessas informações, assinale a alternativa correta:

a) O alelo 1 é dominante sobre o alelo 2.
b) O alelo 2 é dominante sobre o alelo 1.
c) Os dois alelos são codominantes.
d) Os indivíduos 2 e 3 são heterozigotos.
e) O indivíduo 3 é homozigoto.

4. (UEM-PR – 2015) Com base nos conhecimentos de Genética, assinale o que for correto.

01) No caso de herança ligada ao cromossomo sexual, os genes localizados no autossomo não têm alelo correspondente no cromossomo.

02) Nucléolo é um corpúsculo de cromatina encontrado no núcleo interfásico de células humanas com dois cromossomos sexuais.

04) Os genes são responsáveis pela codificação das proteínas celulares e pelo funcionamento das células do organismo.

08) Os transgênicos são representados por seres vivos que durante o processo de alimentação incorporam material genético dos organismos ingeridos.

16) O objetivo principal do Projeto Genoma Humano era determinar a sequência de todos os nucleotídeos dos 24 cromossomos do genoma humano.

5. (Uepa – 2015) Leia o texto para responder à questão.

Organismos transgênicos são aqueles modificados geneticamente com a alteração do DNA, ou seja, quando são inseridos num determinado indivíduo genes provenientes de outras espécies, com o objetivo de gerar produtos de interesse para os seres humanos.

Disponível em: <www.fruticultura.iciag.ufu.br/transgenicos.htm #SITUAÇÃO> (adaptado).

Sobre o conceito em destaque, analise as afirmativas abaixo.

I. O gene que produz o hormônio do crescimento humano foi isolado e transferido para zigotos de camundongos.

II. Várias espécies de vegetais como milho, algodão, tomate portam e manifestam genes de bactérias que lhes dão resistência a insetos.

III. A bezerra "Vitória" foi o primeiro animal brasileiro obtido por transferência do núcleo de uma célula de embrião coletado de uma vaca adulta.

IV. Existem variedades de soja que apresentam genes de outras espécies que lhes conferem resistência a herbicidas.

A alternativa que contém todas as afirmativas corretas é:

a) I e II
b) I, II e IV
c) II e III
d) II, III e IV
e) I, II, III e IV

6. (Uece – 2014) Uma mutação severa foi identificada numa família humana. As sequências de bases nitrogenadas sem a mutação (normal) e com a mutação (sublinhada e marcada com uma seta) estão representadas no quadro abaixo. Em ambas as sequências, estão em destaque o sítio de início da tradução e a base alterada.

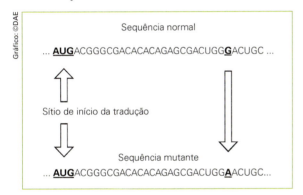

Tomando por base o quadro acima, que apresenta uma sequência sem mutação (normal) e uma sequência mutante de uma doença humana severa, assinale a opção que corresponde ao ácido nucleico representado e ao número de aminoácidos codificados pela sequência de bases entre o sítio de início da tradução e a mutação.

a) DNA; 8.
b) DNA; 24.
c) RNA; 8.
d) RNA; 24.

7. (UFRN – 2013) Como fazer um salmão comum virar um gigante? O segredo é pegar do Chinook (Salmão originário da Europa) um trecho de DNA denominado promotor do hormônio de crescimento e inseri-lo na célula ovo do salmão do Atlântico Norte. A sequência promotora controla, indiretamente, a produção de proteína que, nesse caso, é a do hormônio de crescimento. Enquanto o salmão oceânico só produz o hormônio do crescimento no verão, o híbrido produz o ano inteiro.

Depois da inserção do DNA do Chinook no salmão do Atlântico Norte, este passa a ser

a) quimera, pois ocorreu a clivagem dos dois alelos do gene que codifica a produção do hormônio do crescimento.

b) clone, pois esse organismo foi gerado artificialmente a partir de óvulos não fecundados, conferindo-lhe vantagens quanto ao seu desenvolvimento.

c) animal transgênico, pois se trata de um organismo que contém materiais genéticos de outro ser vivo, com vantagens em relação ao seu tamanho.

d) organismo geneticamente modificado, pois a inserção do DNA promotor do hormônio do crescimento produz cópias idênticas do salmão gigante.

8. (UFSM-RS – 2011) Bioma é uma região com o mesmo tipo de clima, possui plantas e animais característicos [Planeta Terra: Ecossistemas, 2008]. Mas, como a interferência do homem na natureza é constante, os cientistas criaram uma nova espécie de mosquito da malária modificado geneticamente para não transmitir essa doença e o introduziram na Amazônia. Então, é correto afirmar que

a) modificar geneticamente um mosquito não significa alterar o seu DNA.

b) modificar um organismo geneticamente significa cruzar espécies diferentes.

c) a modificação genética dos mosquitos pode ser feita pelo cruzamento dos mosquitos da malária com outros tipos de insetos, gerando novas combinações.

d) os ambientalistas defendem o uso da engenharia genética, pois os seus efeitos são totalmente previstos e controlados, não trazendo perigo para a humanidade.

e) transgenia significa a inserção de um gene de uma espécie diferente em outra espécie.

83

UNIDADE 3

EVOLUÇÃO

A evolução é o conceito fundamental da biologia, tanto que o biólogo Theodosius Dobzhansky (1900-1975) formulou a frase: "Em biologia, nada faz sentido senão à luz da evolução". Todos os seres vivos estão sujeitos a esse processo. Atualmente, sabe-se que diversos seres vivos e ambientes não existem mais devido à evolução, assim como diversos organismos são originados devido ao mesmo fenômeno. Apesar de questionamentos sobre a evolução, ela é uma teoria científica universalmente aceita e defendida pelos biólogos, embora seus mecanismos ainda não sejam completamente compreendidos.

Concepção artística mostrando a América do Sul antes do surgimento do ser humano. Diversos indícios mostram que o ambiente, nessa época, era bem diferente do atual, e era povoado por animais hoje extintos, como os ilustrados.

CAPÍTULO 7

EVOLUÇÃO E TEORIAS EVOLUTIVAS

Para explicar a história dos seres vivos que existem no planeta Terra, inclusive o ser humano, foram construídas pela humanidade distintas visões de seu surgimento. Pelo menos dois tipos de ideias foram muitas vezes confrontadas ao longo dos séculos XVIII e XIX: o fixismo e o evolucionismo.

O **fixismo** defende que as espécies são fixas, ou seja, que foram criadas do modo como são hoje, sem terem passado por nenhuma transformação. Por muito tempo, tinha-se como verdadeira a Grande Escala dos Seres (*Scala Naturae*), em que todos os organismos são ordenados de maneira linear, contínua e progressiva, começando pelo mais simples até alcançar o mais complexo, que normalmente se identifica com o ser humano. Cabia ao ser humano o domínio do mundo. A origem desta ideia é imprecisa, remetendo a milhares de anos.

O **evolucionismo** é uma linha de pensamento que defende que os seres vivos sofreram mudanças ao longo de sua existência na Terra.

Georges-Louis Leclerc (1707-1788), o Conde de Buffon (título que lhe foi conferido por Luís XV em 1771), dirigia um famoso centro de pesquisa francês chamado de Jardim das Plantas. Segundo Buffon, haveria uma matriz imutável e comum a alguns seres e as diferenças que surgiam entre eles seriam devidas à degeneração dessa matriz, que ocorria por causa das mudanças no ambiente. Assim, por exemplo, o leão, o tigre e o gato doméstico seriam formas degeneradas de uma matriz original comum a todos eles.

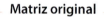

Matriz original

Buffon apresentou uma ideia que pode ser entendida como fixista ao admitir a existência de uma matriz original, mas reconhecendo a possibilidade de transformações com o passar do tempo ao propor a existência de formas degeneradas. O tigre (*Panthera tigris*), que possui 120 cm de altura, o leão (*Panthera leo*), que também possui cerca de 120 cm de altura, e o gato (*Felis silvestris*), que pode alcançar 1 m de comprimento, seriam originados da mesma matriz.

Extinção: processo de desaparecimento de uma espécie. Ela é considerada extinta quando não possui nenhum representante vivo.

Ao longo do tempo, mas principalmente durante o século XIX, as ideias evolucionistas ganharam força. De maneira geral, essas ideias pregam que os seres vivos atuais são descendentes modificados de seres que viveram em épocas passadas. Portanto, cada espécie atual é o resultado de uma **história evolutiva**, e pode apresentar **ancestrais comuns** com outras espécies. A evolução refere-se às mudanças que as populações e espécies sofrem no decorrer do tempo, que conduzem à **extinção** ou **sobrevivência** delas no ambiente. Uma população ou espécie é considerada **adaptada** quando consegue sobreviver em determinado ambiente.

▶ Lamarckismo

Jean-Baptiste Pierre Antoine de Monet, conhecido como Cavaleiro de Lamarck (1744-1829), naturalista francês, propôs uma teoria sobre o mecanismo da evolução conhecida como lamarckismo. Ela se baseava nas seguintes leis:

- **Transmissão das características adquiridas**: se um organismo adquirir uma característica durante a vida, ele pode transmiti-la aos descendentes.

- **Uso e desuso**: as estruturas mais utilizadas pelos seres vivos tendem a se desenvolver, enquanto as menos utilizadas tendem a **hipotrofiar** e a desaparecer.

- **Tendência para o aumento da complexidade**: é uma tendência, de todos os corpos, para aumentar de volume, estendendo as dimensões de suas partes até um limite próprio de cada organismo.

- **Surgimento de órgãos em função de necessidades**: os hábitos e as circunstâncias da vida de um animal são capazes de moldar a forma de seu corpo.

Para Lamarck, essas leis, especialmente a do uso e desuso, seriam estimuladas por mudanças ambientais, ou seja, os seres vivos mudariam estimulados pelo ambiente.

Lamarck foi um naturalista muito importante. Ajudou, por exemplo, a organizar e difundir ideias sobre a evolução.

Hipotrofia: *trofos* vem do grego, que significa nutrição. Como nutrição tem relação direta com desenvolvimento, esse significado também pode ser atribuído a *trofos*. Assim, temos que *hipotrofia* = pouco desenvolvido; *hipertrofia* = muito desenvolvido; e *atrofia* = sem desenvolvimento.

Biologia e História

Atualmente, algumas ideias de Lamarck parecem absurdas. Porém, outras foram muito bem aceitas no meio científico de sua época, tanto que ele não se preocupou muito em demonstrá-las. A ideia da transmissão de características adquiridas, por exemplo, era muito bem aceita. Até Charles Darwin acreditava nessa ideia. Somente após muito tempo, com diversos estudos e observações, alguns conceitos foram descartados.

1. É correto julgar o mérito de teorias antigas usando conhecimentos atuais? Justifique.

Podemos exemplificar algumas leis do lamarckismo analisando o pescoço de uma girafa. O ambiente disponibilizava alimento nas copas das árvores, ou seja, em locais altos. As girafas, portanto, esticavam seus pescoços para alcançar locais mais altos, e eles se desenvolviam (uso e desuso). O organismo tornava-se maior e mais complexo (tendência ao aumento da complexidade), e essa característica era transmitida a seus descendentes (transmissão dos caracteres adquiridos). Como os organismos eram alterados, pode-se dizer que houve evolução.

Sobre a lei referente ao surgimento de órgãos em função de necessidades, Lamarck afirmou que as antenas dos gastrópodes (como os caracóis) surgiram devido à necessidade de sentir os objetos à sua frente. Assim, esses organismos concentraram "fluidos nervosos" na região anterior do corpo que estimularam o surgimento das antenas.

A teoria de Lamarck apresenta alguns problemas. Atualmente sabe-se que as características adquiridas durante a vida, como o desenvolvimento muscular devido a exercícios, não são transmitidas aos descendentes. Mas, na época, essa ideia era bem aceita por diversos naturalistas. Também sabe-se que, embora um organismo possa ser modificado ao longo da vida, isto ocorre de maneira diferente da maneira determinada pela lei do uso e desuso. Apesar desses e de outros problemas, Lamarck foi inovador em algumas áreas, como utilizar dados paleontológicos para explicar suas ideias, que foram muito importantes para uma aceitação maior do pensamento evolucionista.

▶ Darwinismo

O naturalista britânico Charles Darwin (1809-1882) desenvolveu outras explicações para a evolução. Ele as elaborou após um longo período de observações, principalmente durante a sua viagem ao redor do mundo (1831-1836) como naturalista do navio H. M. S. Beagle. Durante essa viagem, ele visitou diversos locais, inclusive o Rio de Janeiro e o Nordeste brasileiro, onde observou e coletou grande número de seres vivos. Nas ilhas Galápagos, ficou fascinado pela diversidade de seres vivos e estudou várias espécies dessas ilhas.

Acima, fotografia de Charles Darwin, que desenvolveu o darwinismo. Abaixo, mapa com o caminho feito pelo H. M. S. Beagle em vermelho. Diversas paradas ocorreram ao longo desse trajeto, nas quais Darwin pôde conhecer locais e coletar espécimes.

As ideias de Darwin foram influenciadas pelas de Thomas Malthus (1766-1834), que dizia que o aumento populacional era maior do que o aumento da produção de alimentos, o que levaria a uma disputa por esse **recurso**. Darwin observou que o número de indivíduos de uma espécie na natureza tende a ser mais ou menos constante. Apesar disso, existe uma grande produção de pólens, sementes, larvas e ovos, o que indica que muitos desses seres morrem, e Darwin relacionou essa mortandade com a disputa por recursos. Ele também acreditava que as espécies eram originárias de um ancestral comum e mudavam com o tempo.

De acordo com Darwin, as **populações** tendem a crescer exponencialmente, porém, a disponibilidade de recursos do meio limita esse crescimento, já que eles não são suficientes para todos os organismos gerados. Isso faz que indivíduos de uma mesma população ou de populações diferentes compitam por recursos. Dentro de uma população, é encontrado um grande número de indivíduos diferentes em uma mesma espécie, fato denominado **variabilidade intraespecífica**. Algumas dessas diferenças podem tornar seus portadores mais aptos à sobrevivência no ambiente em que estão. Essas características são então selecionadas pelo meio ambiente através do processo de **seleção natural**. Os organismos portadores de variações que os ajudam no ambiente têm maior chance de sobreviver, chegar à idade adulta e procriar, gerando descendentes com as mesmas características. Já organismos com características que os prejudiquem no acesso, exploração e usufruto de recursos em um ambiente têm menos chance de sobreviver, chegar à idade adulta e reproduzir. Com o passar do tempo, os indivíduos com características favoráveis ao ambiente tendem a predominar na população, tornando-a adaptada a esse ambiente. Darwin teve essas ideias devido a diversas observações, como as dos tentilhões de Galápagos. A ideia de seleção natural sugere o mecanismo pelo qual a evolução das espécies acontece.

> **Recurso:**
> elemento disponível no ambiente que o ser vivo necessita para sobreviver, como gás oxigênio, alimento, espaço etc.
>
> **População:**
> conjunto de organismos da mesma espécie.

> **Veja também**
>
> No endereço a seguir está disponível um vídeo que ajuda a observar como Darwin chegou às suas conclusões com os tentilhões. Disponível em: <www.biologia.seed.pr.gov.br/modules/video/showVideo.php?video=12431>. Acesso em: 27 nov. 2015.

Os tentilhões de Galápagos são muito similares, mas apresentam características diferentes. (**A**) *Certhidea olivacea*, um tentilhão com bico propício para capturar insetos, que possui cerca de 10 cm de comprimento. (**B**) *Geospiza fortis*, tentilhão com bico eficiente para se alimentar de grãos, que possui cerca de 12 cm de comprimento.

Essas aves demonstraram uma extrema diversificação entre e dentro das ilhas que compõem o arquipélago de Galápagos. Para Darwin, as espécies de tentilhões no arquipélago se originaram de uma mesma espécie ancestral. Elas possuem grande semelhança, mas cada espécie de tentilhão tem uma forma característica do bico. Como existiam diferentes ambientes com diferentes frutos dentro de uma mesma ilha e nas distintas ilhas do arquipélago, cada espécie ocupava um ambiente, pois seu tipo de bico era mais eficiente que os outros na obtenção de alimentos, ou seja, a espécie estava adaptada àquele determinado ambiente. Nele, ela obteria vantagens sobre outras espécies, se reproduziria e deixaria descendentes com as mesmas características. Caso ela mudasse de ambiente, teria mais dificuldades para obter alimento e se reproduzir.

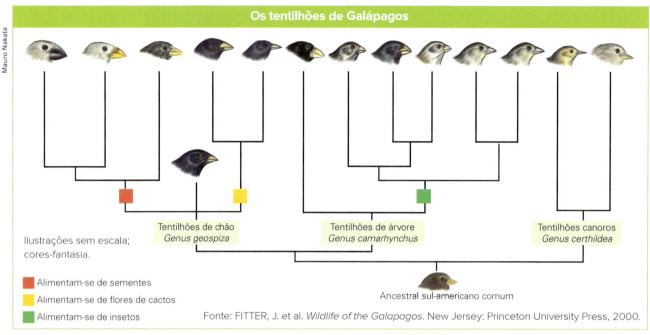

Os tentilhões de Galápagos possuem um ancestral comum. Assim, eles podem ser relacionados através de um cladograma.

Alfred Wallace

Wallace chegou a uma teoria muito similar à de Darwin de maneira independente.

Ao retornar para a Inglaterra e desenvolver sua teoria, Darwin não a publicou pois tinha receios sobre o impacto de suas ideias e como elas seriam recebidas por naturalistas consagrados e setores religiosos da sociedade. Assim, as fez circularem entre um número restrito de pessoas.

Após escrever um esboço de sua teoria, Darwin recebeu correspondência do também britânico Alfred Russel Wallace (1823-1913). Nessa correspondência estava um trabalho, desenvolvido independentemente por Wallace, que continha basicamente as mesmas ideias desenvolvidas por Darwin.

Wallace foi um pesquisador sem riquezas – condição incomum aos pesquisadores da época, incluindo Darwin – e trabalhou muito para se manter, tirando, em parte, tempo precioso à pesquisa. Ele também teve acidentes durante a sua elaboração, como a perda de grande parte do material que coletou quando um navio em que estava pegou fogo. Ainda assim, conseguiu desenvolver uma teoria muito semelhante à de Darwin.

Ao receber a carta, Darwin e Wallace chegaram a um acordo, e um trabalho dos dois em conjunto foi publicado pela Sociedade Lineana (*Linnean Society*), em Londres, no ano de 1858. Apesar das descobertas de Wallace, a teoria da evolução das espécies por seleção natural é mais associada a Darwin, que publicou, após a apresentação do trabalho na Sociedade Lineana, o livro *A origem das espécies por meio da seleção natural*. A obra foi um sucesso e mudou para sempre o pensamento sobre evolução das espécies. Sua teoria teve mais sucesso do que a de Lamarck, já que explicava diversos fatos observados na natureza que não eram explicados pelo lamarckismo.

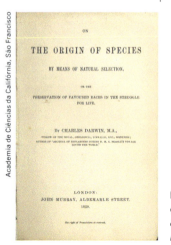

Frontispício da primeira publicação, em 1859, do livro *A origem das espécies por meio de seleção natural*, escrito por Darwin.

Foco em Ciência

Evolução: fato, teoria, controvérsias

Quando os biólogos se referem à Teoria da Evolução, eles usam a palavra "teoria" da forma como ela é usada em toda a Ciência. Ela não significa uma mera especulação ou uma hipótese sem fundamento. Aliás, segundo o *The Oxford English Dictionary*, é "uma hipótese que foi *confirmada ou estabelecida* por observação ou por experimentação, e é proposta ou aceita como justificativa dos fatos conhecidos; uma afirmação *das leis, princípios ou causas gerais* de alguma coisa conhecida ou observada" (palavras em itálico dos autores). O complexo conjunto de princípios que explicam as mudanças evolutivas constitui uma teoria no mesmo sentido da "Teoria dos Quanta", na Física, ou da "Teoria Atômica", na Química: foi elaborada a partir de provas, testada e refinada e esclarece literalmente milhares de observações feitas ao longo da totalidade da Ciência Biológica e da Paleontologia.

Como todas as teorias científicas, a Teoria da Evolução é atualmente a melhor explicação. Resistiu a incontáveis testes e tentativas de provar o contrário, mas ainda está sendo refinada, modificada à luz de novos conhecimentos e expandida para esclarecer fenômenos de descobertas recentes. A Teoria Genética teve uma história igual, tendo progredido dos primeiros princípios simples de Mendel até o complexo conjunto de princípios moleculares que constituem a Teoria da Hereditariedade de hoje, sendo constantemente refinada e modificada, embora seus princípios essenciais tenham permanecido válidos durante um século. O mesmo acontece com a Teoria da Evolução. [...]

FUTUYMA, D. J. *Evolução, ciência e sociedade*. Sociedade brasileira de genética, 2002. p. 66.

1. O que significa dizer que a evolução é uma teoria?

Como a seleção natural atua

Existem diferentes maneiras de a seleção natural agir nos seres vivos. Ela pode ser **estabilizadora**, atuando para estabilizar uma característica. A massa corporal média dos bebês humanos, por exemplo, se mantém em 3,6 kg. Se não considerarmos a interferência humana (cuidados médicos), bebês com massa muito diferente dessa média têm maior dificuldade de sobreviver, já que uma massa menor os torna mais suscetíveis a infecções, e uma massa maior dificulta o parto. Assim, ao longo de gerações, essa característica tende a se estabelecer na população.

A interferência humana pode alterar a seleção natural. Retomando o exemplo da massa dos bebês, atualmente existem diversos tratamentos para bebês que nascem com massa menor do que a média, assim como existem técnicas de parto que facilitam o nascimento de bebês com massa maior do que a média. Assim, características que não seriam selecionadas pelo ambiente mantêm-se na população.

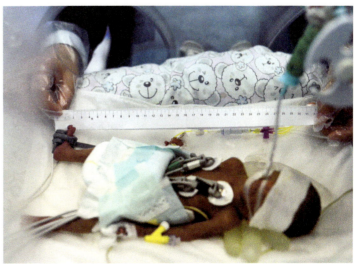

Atualmente, bebês que nascem com baixa massa corporal podem ser transferidos para UTIs neonatais, o que aumenta muito as chances de sobrevivência. Dessa maneira, o ser humano interfere na seleção natural.

Quando um fenótipo extremo é favorecido, a seleção é considerada **direcional**. Por exemplo, o salmão rosa apresenta uma tendência à redução de tamanho, já que a pesca desse animal captura os maiores exemplares da população e permite a fuga dos menores. Com o tempo, tende a ocorrer uma diminuição na média de tamanho desses animais, já que indivíduos menores têm maior chance de sobreviver.

Esse tipo de seleção é comum quando o ambiente é alterado e os organismos que estavam adaptados estão sujeitos a novas pressões seletivas. Assim, um fenótipo antes pouco vantajoso pode passar a ser favorecido pela seleção natural, tornando-se o fenótipo predominante após um intervalo de tempo.

Algumas situações ambientais favorecem indivíduos que apresentam fenótipos extremos. Nesses casos, a seleção natural atua de maneira **disruptiva**, favorecendo características contrastantes.

Leões (*Panthera leo*) machos são animais territoriais que brigam por fêmeas para reprodução. Assim, o macho derrotado não se reproduz e tem menor chance de transmitir seus genes. Eles podem chegar a 1,2 m de altura.

Podemos exemplificar esse tipo de seleção com a coloração de insetos. Um ambiente apresenta três tipos de insetos coloridos: brancos, pretos e cinzas. Os predadores desse local caçam os insetos. Porém, existem troncos pretos onde os insetos da mesma cor podem se esconder, e flores brancas, onde os insetos brancos também se escondem. Assim, os insetos cinzas tendem a ser mais caçados e a desaparecerem ao longo do tempo, restando apenas dois tipos de insetos com características contrastantes: pretos e brancos.

A seleção também pode ser **sexual**. Em diversas espécies de animais com reprodução sexuada, machos competem pelas fêmeas de diversas maneiras: por meio de comportamentos de corte que podem envolver cantos, brigas, plumagens mais vistosas etc. A fêmea selecionará o macho que apresentar a característica mais atraente a ela, que tem maior chance de ser transmitida aos descendentes.

▶ O conceito de evolução

As ideias evolutivas são antigas, porém ainda existem confusões sobre seu significado. Evolução significa **mudança**, e não melhora ou progresso. Em biologia, não há necessariamente um aspecto positivo quando falamos de evolução. Uma espécie pode evoluir de maneira que chegue à extinção, por exemplo.

Os organismos não evoluem de maneira direcionada em condições naturais, ou seja, **a evolução não ocorre por vontade ou conveniência de um organismo**. Se um ambiente ficar muito mais úmido que o normal por milhares de anos, isso não fará os seres vivos daquele ambiente desenvolverem características para se adaptar a esse ambiente. O ambiente vai selecionar os que estão mais aptos para viver nele, e isso poderá alterar as espécies que vivem nele: algumas podem se adaptar, outras podem morrer e outras podem se deslocar de um ambiente para outro.

Outra má interpretação diz respeito a um "nível evolutivo". **Não existe organismo mais ou menos evoluído que outro**. A evolução refere-se à adaptação a um ambiente e, se um organismo sobrevive e consegue perpetuar sua espécie em determinado ambiente, ele está adaptado a esse ambiente. Os seres humanos e os camundongos, por exemplo, são igualmente evoluídos, já que conseguem sobreviver nos ambientes que habitam.

Atividades

1. Diferencie fixismo e evolucionismo.

2. Qual a importância do ambiente para a evolução?

3. Defina seleção natural e organismo adaptado.

4. Existe oposição entre as ideias de Lamarck e Darwin?

5. O uso descontrolado de antibióticos tem gerado "superbactérias", bactérias resistentes a diversos tratamentos. Sabendo que, em uma população de bactérias, 99,5% são sensíveis a determinado antibiótico, escreva um pequeno texto explicando como essa população pode se tornar resistente a esse antibiótico.

6. É correto dizer que um ser humano é mais evoluído do que uma bactéria, já que possui diversos órgãos e a bactéria é unicelular?

7. Em determinada região agrícola, os agricultores decidiram pulverizar um tipo de inseticida nos estábulos e galinheiros porque neles estavam juntando muitas moscas, e estas, além de não darem sossego aos animais, transmitiam doenças.

   A primeira aplicação do inseticida foi um sucesso; as moscas praticamente sumiram (termo usado pelos aplicadores do inseticida).

   No ano seguinte, a calmaria acabou, pois novas moscas apareceram, mas em quantidades bem inferiores às da época da primeira aplicação.

   Como o inseticida havia mostrado bom resultado no ano anterior, os agricultores, entusiasmados, reaplicaram-no e os resultados também se mostraram muito bons.

   Assim, ano após ano, durante sete anos, os agricultores controlavam os insetos dos estábulos e galinheiros até que, no oitavo ano, a aplicação mostrou resultado bem inferior aos dos anos anteriores. Então, os agricultores resolveram aumentar a dose, e o efeito do inseticida melhorou pouco.

   No nono ano, aplicaram doses elevadas de veneno e o que se observou foi a intoxicação do aplicador do veneno. As moscas quase não morreram e repovoaram intensamente os galinheiros e estábulos.

   Diante disso, os agricultores ameaçaram processar a indústria do inseticida, alegando que o produto que ela estava vendendo tinha decaído na qualidade, ou seja, estavam vendendo material sem o mesmo efeito, havendo, segundo eles, falta de controle na produção.

   Diante da situação, os agricultores, de modo geral, assim se expressaram: "Já não se faz inseticida tão bom quanto antigamente".

   a) Com base no darwinismo, critique a expressão dos agricultores.

   b) Com base no lamarckismo, justifique a expressão dos agricultores.

CAPÍTULO 8

TEORIA SINTÉTICA DA EVOLUÇÃO E ESPECIAÇÃO

O processo de seleção natural proposto por Darwin para explicar a evolução das espécies podia ser observado em alguns exemplos e exigia que houvesse diversidade entre os organismos analisados. Mas Darwin não explicava a origem dessa diversidade, ou seja, por que existiam organismos diferentes. Ele também não sabia como as características hereditárias selecionadas eram transmitidas. Aproximadamente ao mesmo tempo em que Darwin propagava sua teoria evolucionista, Gregor Mendel realizava seus experimentos com ervilhas, que seriam cruciais para explicar esses processos.

▶ Teoria sintética da evolução

Com o desenvolvimento da genética, foi possível complementar a teoria darwinista em diversos tópicos. Esse desenvolvimento da teoria de Darwin ficou conhecido como teoria moderna da evolução, **teoria sintética da evolução** ou neodarwinismo.

Atualmente, a evolução biológica é considerada o resultado da seleção natural, atuando sobre a **variabilidade genética**, ou seja, sobre os diferentes genes de uma espécie. Os processos evolutivos, embora selecionem indivíduos, agem em populações e espécies, pois é nesses grupos que se encontra a variabilidade genética. A diversidade de organismos de uma mesma espécie está relacionada ao genoma: quanto maior a variabilidade de genes e de combinações entre eles na espécie, mais diversidade existirá em uma espécie. Essa variação dentro de uma mesma espécie é a **variabilidade intraespecífica**. A seleção natural age sobre os organismos, e, ao selecioná-los, também seleciona genes que estarão mais ou menos presentes na espécie. Retomando o exemplo dos tentilhões de Galápagos, ao selecionar determinado tipo de bico para certo ambiente, a seleção natural seleciona os genes relacionados a esse bico.

> **Veja também**
>
> No endereço a seguir encontram-se dois jogos sobre evolução. O *seleção digital* ajuda a compreender a importância da variabilidade intraespecífica.
> Disponível em:
> <www.estadao.com.br/infograficos/jogos-da-evolucao,ciencia,03394>.
> Acesso em: 28 nov. 2015.

Dentro de uma mesma espécie, como a do feijão (*Phaseolus vulgaris*), existem diversas plantas com características diferentes. Essa diferença pode ser explicada pela presença de diferentes alelos nos representantes da espécie.

Para explorar

A variabilidade intraespecífica é importante para a seleção natural de espécies. Porém, diversas plantas comercias são clones, ou seja, possuem o mesmo genótipo. Como essas plantas sobrevivem no ambiente, sabendo que diversas condições sofrem variações sazonais, como chuvas e ventos? Elabore uma hipótese para explicar isso.

Quanto maior a diversidade genética, maior a chance de algum representante de uma população ser selecionado pelo ambiente. Assim, quanto maior a variabilidade genética, maior a probabilidade de a espécie se adaptar ao meio.

Foco em tecnologia

Bancos de germoplasma

Bancos de germoplasma são unidades conservadoras de material genético de uso imediato ou com potencial de uso futuro. Existem diversos bancos de germoplasma que abrigam sementes com os mais variados genótipos.

Esses bancos podem ser utilizados como reserva de material genético. Por exemplo, caso uma espécie de planta esteja em risco de extinção na natureza, esses bancos contêm sementes ou informações genéticas que podem ajudar a reverter esse processo. Eles também são fonte de material para melhoramento genético.

Alguns desses bancos têm como objetivos efetuar a caracterização fenotípica-agronômica mínima e a multiplicação com manutenção da identidade genética que permita ao melhorista genético escolher os caracteres de interesse, para a inclusão nos ensaios de obtenção de novos cultivares.

Atualmente, com o desenvolvimento da biotecnologia, é possível isolar genes de qualquer espécie e transferi-los para uma planta ou animal. Por isso, qualquer organismo, mesmo microrganismos ou animais, pode doar genes e fazer parte do banco de germoplasma de uma espécie vegetal.

1. Por que pode-se dizer que bancos de germoplasma ajudam a conservar o passado?

Origens da variabilidade genética

As principais fontes de variabilidade nas populações são as mutações e as recombinações gênicas, mas é conhecida também a relevância da migração e da deriva gênica em sua composição. **Mutações** são fontes de variação genética, podendo gerar novos genes.

Devido a essa possibilidade, e por ocorrer em todos os seres vivos, esse processo é um dos mais importantes na geração de variabilidade genética.

Esponja (*Aplisina archeri*), que pode chegar a 6 m de altura. Mesmo em organismos que se originam de reprodução assexuada, como esponjas, podem existir diferenças genéticas, já que esses organismos estão sujeitos a mutações que podem diferenciá-los.

Teoria sintética da evolução e especiação Capítulo 8 95

Até 1956, não existiam abelhas africanas (*Apis mellifera scutellata*) no Brasil. Algumas rainhas foram trazidas nessa data, escaparam e passaram a cruzar com as abelhas europeias (*Apis mellifera ligustica*) que aqui existiam. Espalharam tanto seus genes que hoje 90% das abelhas no país são africanizadas.

A **reprodução sexuada** contribui significativamente com a variabilidade de uma espécie, pois ela multiplica as possibilidades de genomas de seus descendentes mesmo sem considerar a ocorrência de recombinação gênica na formação das células reprodutoras. Na espécie humana, por exemplo, cada casal pode gerar cerca de 70 milhões de zigotos com genótipos diferentes devido a esse processo. Já as **recombinações gênicas**, consequência do *crossing over*, reorganizam os genes nos cromossomos, combinam-nos de todas as formas possíveis com os genes existentes. Esse evento aumenta o número de possibilidades de genótipos diferentes que podem ser formados na reprodução sexuada.

A **migração** também é um fenômeno que interfere na diversidade genética de uma população. A **imigração** (entrada) de novos organismos em uma população pode introduzir novos genes, aumentando a variabilidade genética. Já a **emigração** (saída) de membros da população pode diminuí-la.

Desastres naturais podem reduzir a variabilidade de uma população. Terremotos, por exemplo, eliminam indivíduos de uma população de modo aleatório, ou seja, podem eliminar tanto os mais adaptados como os menos adaptados em um grupo, alterando os genes que existem nele.

Foco na sociedade

Animais, caça e pesca

É comum competições de caça e pesca nas quais quem consegue capturar o maior animal é premiado e conquista prestígio e fama. Mas o que representa essa captura?

O maior animal é aquele que conseguiu vencer, durante a vida, todos os obstáculos ambientais que encontrou, sendo, portanto, um vitorioso na seleção natural. Assim, ele deve ser portador de uma carga genética extremamente favorável para o ambiente onde vive.

Para a espécie, a manutenção desse indivíduo é altamente vantajosa, pois, ao se reproduzir, passará aos descendentes a sua combinação genética de excelente adaptação. Matar esse animal é uma interferência extremamente negativa, pois se está removendo da população justamente o mais — e melhor — adaptado, e isso fragiliza a sobrevivência da espécie.

1. Você acha eticamente aceitável caçar e pescar por esporte?

▶ Especiação

Especiação é o processo de formação de novas espécies. O conceito de **espécie** está relacionado à reprodução; e são considerados organismos da mesma espécie aqueles que têm potencial para se reproduzir e deixar descendentes férteis. A especiação pode ocorrer de diversas maneiras, mas sua tendência é gerar seres que conseguem se reproduzir entre si e deixar descendentes férteis.

Imagine uma população em determinado ambiente. Em dado momento ocorrem mudanças ambientais que levam um grupo a migrar em busca de melhores condições de sobrevivência, como uma seca que reduz drasticamente a disponibilidade de alimentos. Alguns animais dessa população podem migrar em busca de um ambiente mais favorável, já que a competição por água no ambiente em que estavam tornou-se acirrada demais.

O grupo que se separou da população original pode não encontrar um ambiente adequado e ser eliminado. Caso encontre um ambiente adequado, ele pode se instalar nesse local e se adaptar a ele, explorando seus recursos e apresentando crescimento populacional.

Imagine que esse grupo, devido a alguma barreira geográfica (rio, montanha, distância etc.) ou barreira ecológica (uma população de predadores no caminho) não se encontra mais com os indivíduos pertencentes à população original. Se não houver encontro entre as duas populações, não há troca de genes entre elas. Com isso, cada uma das populações vive isoladamente.

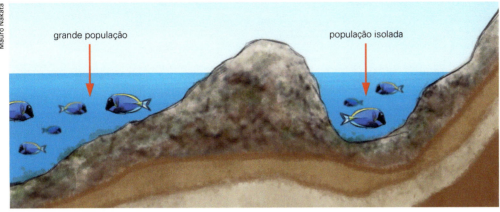

A queda do nível de água de um lago, por exemplo, pode criar uma barreira intransponível para animais aquáticos, dividindo uma população em dois grupos.

Fonte: REECE, J. B. et al. *Biologia de Campbell*. 10. ed. Porto Alegre: Artmed, 2015.

Como os ambientes são diferentes, as pressões seletivas, como disponibilidade de alimento, espaço e ocorrência de doenças, mudam. Assim, a seleção natural será diferente nas duas populações. Um mesmo alelo pode ser benéfico em uma população, mas não ser importante na outra, ou um novo gene gerado por mutação em uma população pode não ser gerado na outra. As populações podem se diferenciar e acumular mudanças ao longo do tempo.

Ilustrações dessa página estão sem escala; cores-fantasia.

Em determinado momento, a barreira que separa essas populações pode deixar de existir e os componentes de ambas podem voltar a se encontrar. As diferenças que elas acumularam podem ser muitas, de modo que inviabilizem a reprodução entre seres dessas populações. Nesse caso, dizemos que as duas populações **estão isoladas reprodutivamente** e são, portanto, duas espécies distintas. Assim, a partir de uma espécie, surgiram duas. Também pode ocorrer o aparecimento de raças geográficas, populações de indivíduos distintos da mesma espécie separados por uma barreira geográfica. Nesse caso, não há isolamento reprodutivo.

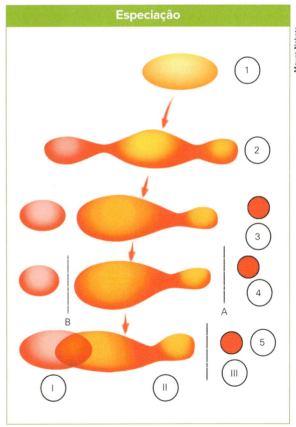

Especiação

Sequência de acontecimentos que conduzem à formação de raças e espécies. (1) Uma população constituída por indivíduos que apresentam variabilidade intraespecífica. (2) Grupos de indivíduos portadores de características não adaptativas para o ambiente se separam da população inicial, em um processo de migração (seleção natural). (3) Os grupos que migraram encontram novos ambientes, onde se adaptam. (4) Há, entre os grupos, as barreiras geográficas (A e B) que os isolam e possibilitam a formação de subespécies (isolamento geográfico). (5) Isolamento reprodutivo entre III e os demais (I e II). Note que entre I e II ainda não se estabeleceu o isolamento reprodutivo. Portanto, apenas III é uma nova espécie.

Teoria sintética da evolução e especiação Capítulo 8

Isolamento reprodutivo

O isolamento reprodutivo não se refere apenas à impossibilidade de gerar descendentes, ele se relaciona à incapacidade de esse descendente se perpetuar. Esse processo pode ocorrer impedindo a formação do zigoto ou impedindo sua reprodução depois de formado.

Mecanismos pré-zigóticos são os que impedem a formação do zigoto. Eles podem ser:

- Estacional: amadurecimento sexual em épocas diferentes.
- Ecológico: as populações ocupam *habitats* diferentes.
- Etológico: os mecanismos de atração e estimulação sexual são diferentes.
- Anátomo-morfológico: a anatomia ou a morfologia dos órgãos sexuais impedem a cópula.

Mecanismos pós-zigóticos são os que impedem o ciclo reprodutivo do organismo gerado. São eles:

- Inviabilidade do híbrido: o descendente não consegue completar o ciclo vital, isto é, o desenvolvimento orgânico é interrompido precocemente.
- Esterilidade do híbrido: o descendente apresenta viabilidade, mas não atinge a fertilidade.

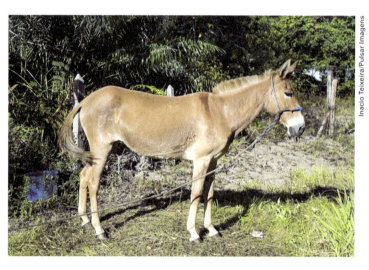

Um exemplo de esterilidade do híbrido ocorre com a mula ou com o burro. Esses animais, descendentes do cruzamento entre égua e jumento, crescem e se desenvolvem, mas são estéreis. Assim, égua e jumento são consideradas espécies diferentes, embora possam se reproduzir.

Para explorar
Resolva os exercícios no caderno.

Uma população numerosa de lebres foi separada em dois grupos durante o enchimento do lago de uma usina hidroelétrica. À medida que o nível da água se elevava, as lebres afastaram-se dele, migrando para todos os lados.

Quando o lago estava completamente cheio passou a existir um grupo de lebres em uma das margens e outro grupo na margem oposta, separados por 10 km de superfície de água. Enquanto existir o lago dessa usina, as lebres de um lado não se intercruzarão com as do outro, por estarem isoladas geograficamente pela massa de água. Para elas, a água é uma barreira intransponível, pois lebres não são capazes de nadar.

Esse processo de separação de grupos de indivíduos da mesma espécie pelo surgimento de uma barreira natural (no exemplo a barreira é a água do lago) é chamado de vicariância. Nesse caso, passamos a ter duas populações de lebres a partir de uma.

Os biólogos acreditam que essas populações separadas poderão originar novas espécies de lebres.

Descreva as etapas do processo que devem acontecer ao longo do tempo para que passem a existir duas espécies de lebres nas margens opostas do lago.

▶ Genética de populações

A incrível variabilidade intraespecífica dos seres vivos deve-se aos muitos genótipos possíveis. Porém, pela ação da seleção natural, alguns genes são selecionados e outros tendem a desaparecer ou ter menor presença dentro de uma população. Uma maneira de verificar a evolução de uma população é observar se a **frequência gênica**, ou seja, a quantidade de indivíduos de uma população que possui determinado gene, está sendo alterada.

A ferramenta para esse tipo de análise foi apresentada em 1908 pelo matemático inglês Godfrey H. Hardy (1877-1947) e pelo médico alemão Wilhem Weinberg (1862-1937). Eles definiram um princípio que ficou conhecido como **teorema de Hardy-Weinberg** ou princípio do equilíbrio gênico, um teorema que explica a dinâmica dos genes em uma população com características específicas.

Esse teorema considera uma população que se reproduz sexualmente por fertilização cruzada. Os relacionamentos nessa população ocorrem ao acaso, isto é, cada indivíduo tem chances iguais de se reproduzir com qualquer outro da população.

Hardy e Weinberg demonstraram que, nesse tipo de população, as frequências gênicas obedecem a uma distribuição binomial. Considerando um par de alelos, podemos denominar os seguintes fatores:

p = frequência do alelo dominante

q = frequência do alelo recessivo

então:

p^2 = frequência do homozigoto dominante

$2pq$ = frequência do heterozigoto

q^2 = frequência do homozigoto recessivo

$(p + q)^2 = p^2 + 2pq + q^2$, sendo que $p + q = 1$.

Podemos tomar como exemplo a seguinte situação:

Uma população de 1 000 indivíduos apresenta 40 indivíduos com genótipo *aa*, 640 com genótipo *AA* e 320 *Aa*. Como calcular a frequência do gene *A* na população? E do gene *a*?

1. Cada indivíduo da população tem um par de genes. Se a população tem 1 000 indivíduos, teremos, então, um total de 2 000 genes na população. Há 40 indivíduos *aa* que compreendem então 80 genes *a*.

Genótipos	Nº indivíduos	Pares de genes
AA	640	1 280 *A*
Aa	320	320 *A*
		320 *a*
aa	40	80 *a*
total	1 000	2 000

1 600 ou $\dfrac{1\,600}{2\,000} = 0,8 = 80\%$

400 ou $\dfrac{400}{2\,000} = 0,2 = 20\%$

2. Como cada heterozigoto tem um gene *a*, temos mais 320 *a*.

3. Portanto, o total de genes *a* na população é de 400 (80 + 320).

4. A população apresenta um total geral de 2 000 genes, e 400 são *a*. Os restantes são *A*. Assim, a população tem 1 600 genes *A*.

Coelho cinzento.

5. Considerando-se as frequências de A e a, respectivamente, p e q, teremos:

$p = \frac{1600}{2000} = 0,8$ ou 80%

$q = \frac{400}{2000} = 0,2$ ou 20%

Na maior parte das vezes, os dados são levantados em função do fenótipo. Como exemplo podemos imaginar, para fins de exemplo didático um laboratório onde há 9 coelhos pretos e 91 cinzentos. Para esta proposta, estabelecamos que a pelagem cinzenta é dominante sobre a preta. Assim, os coelhos pretos são homozigotos recessivos (pp) e os cinzentos podem ser homozigotos dominantes (PP) ou heterozigotos (Pp).

A partir destes dados, podemos determinar a frequência do:

a) homozigoto recessivo (q^2).

b) gene recessivo (q).

c) gene dominante (p).

d) heterozigoto (2pq).

e) homozigoto dominante (p^2).

Fenótipos	Genótipos	Nº indivíduos	Pares de genes
preto	homozigoto dominante ou heterozigoto	9	C_
cinza	homozigoto recessivo (q^2)	91	cc
total		100	200

O ponto de partida para os cálculos tem de ser uma certeza. O indivíduo portador da característica recessiva é certamente homozigoto recessivo. No caso, os 9 coelhos pretos são homozigotos recessivos.

Coelho preto.

A frequência deles é q^2. Portanto,

a) homozigoto recessivo

$q^2 = \frac{9}{100}$ ou 0,09 ou 9% | $q^2 = 0,09$ |

b) gene recessivo (q)

$q = \sqrt{q^2} = \sqrt{0,09} = 0,3$ ou 30% | $q = 0,3$ |

c) gene dominante (p)

$p = 1 - q$ (p + q = 1) → $p = 0,7$ ou 70% | $p = 0,7$ |

d) heterozigoto (2pq)

$2pq = 2(0,7)(0,3) = 0,42$ ou 42% | $2pq = 0,42$ |

e) homozigoto dominante (p^2)

$p^2 = (0,7)^2 = 0,49$ ou 49% | $p^2 = 0,49$ |

Equilíbrio de Hardy-Weinberg

As frequências gênicas podem permanecer inalteradas de geração para geração em uma população. As condições para que o equilíbrio se mantenha são:

1. A população tem de ser grande de forma a possibilitar cálculos estatísticos com pequena margem de desvios.

2. A população tem de ser panmítica, isto é, tão numerosa que os acasalamentos ocorram ao acaso.

3. Os genes analisados não devem estar sofrendo mutações.

4. Os portadores desses genes devem ter as mesmas possibilidades de sobrevivência e de reprodução, isto é, não estão sujeitos à seleção natural.

5. Não deve haver entrada ou saída de indivíduos dessa população, ou seja, não há migração.

Se uma ou mais das condições acima não forem atendidas, as frequências dos genes sofrerão alterações no suceder das gerações. Essa alteração na frequência dos genes, na população, é interpretada como evolução biológica.

Mantidas as condições de Hardy-Weinberg em uma população grande, as frequências gênicas permanecem as mesmas no decorrer do tempo. Em populações pequenas, mantidas as condições de Hardy-Weinberg, as frequências gênicas podem ter alterações. Essas variações nas frequências gênicas em populações pequenas são chamadas de oscilações genéticas. Acredita-se que a oscilação genética ocorre ao acaso. Se as frequências gênicas se mantêm, é um indicativo de que o gene estudado está adaptado ao ambiente e se estabilizou.

Atividades

1. Observe a imagem de diferentes espécies de animais do gênero *Equus*, o mesmo gênero ao qual pertence o cavalo comum e suas muitas raças (variedades).

Faça um texto explicando como cada pessoa citada explicaria a existência dessas três espécies diferentes:

a) Georges-Louis Leclerc, o Conde de Buffon.

b) Lamarck.

c) Darwin.

d) Um cientista atual adepto da teoria sintética da evolução.

2. Alguns animais só existem devido à interferência humana. O ligre, por exemplo, é o resultado do cruzamento entre leão e tigre, que só acontece em zoológicos. Os machos dessa espécie são inférteis, mas as fêmeas são férteis. Sabendo disso, podemos considerar leões e tigres como pertencentes à mesma espécie?

3. Uma característica determinada por um gene dominante tende a estar presente em maior quantidade em uma população, já que ela necessita de apenas um alelo para se manifestar? Explique.

4. Se a frequência de um gene recessivo em uma população é de 40%, qual a frequência do:

a) gene dominante?

b) homozigoto recessivo?

c) heterozigoto?

d) homozigoto dominante?

CAPÍTULO 9

EVIDÊNCIAS EVOLUTIVAS

▶ Tempo e evolução

A evolução é um processo que pode levar milhões de anos para ocorrer. Intervalos de tempo dessa grandeza são observados no que se convencionou chamar de **tempo geológico**, que se mede em milhares, milhões e bilhões de anos. Essa medida de tempo começa no surgimento da Terra, há cerca de 4,6 bilhões de anos.

O tempo geológico pode ser entendido como uma subdivisão do tempo desde a origem do planeta Terra até os dias atuais. Cada intervalo dessa escala de tempo utiliza fenômenos geológicos para caracterizá-la. Mas é importante lembrar que ele é apenas uma estimativa, e que cada intervalo deve ser consensual entre os cientistas após muita discussão e estudos.

Conexões
As Eras geológicas são trabalhadas principalmente em Biologia e Geografia, mas são utilizadas diversas ferramentas de Química e Matemática para caracterizá-las.

O tempo geológico costuma ser dividido em Eras, começando da mais antiga para a mais recente: Pré-Cambriana, Paleozoica, Mesozoica e Cenozoica. As Eras são divididas em Períodos e Épocas, que possuem acontecimentos marcantes que os identificam.

\multicolumn{5}{c}{Divisões do tempo geológico}				
Era	Período	Época	Tempo	Eventos biológicos marcantes
Cenozoica	Quaternário	Recente	10 mil anos	Animais e plantas atuais.
		Pleistoceno	2 milhões de anos	Extinção da maioria dos mamíferos gigantes.
	Terciário	Piloceno	6 milhões de anos	Surgimento do gênero *Homo*.
		Terdário	36 milhões de anos	Surgimento de uma fauna de mamíferos gigantes.
		Oligoceno	38 milhões de anos	Surgimento de muitas famílias modernas de mamíferos.
		Eoceno	55 milhões de anos	Nesta época já existia a maioria das plantas atuais.
		Paleoceno	65 milhões de anos	Diversificação dos mamíferos.
Mesozoica	Cretácio	–	135 milhões de anos	Extinção dos dinossauros e de outros animais. Surgimento das angiospermas.
	Jurássico	–	190 milhões de anos	Surgimento das aves.
	Triássico	–	225 milhões de anos	Origem dos dinossauros e dos mamíferos. Surgimento dos grupos modernos de répteis e anfíbios.
Paleozoica	Permiano	–	280 milhões de anos	Extinção de vários grupos de animais. Aparecimento das gimnospermas (coníferas).
	Carbonífero	–	345 milhões de anos	Diversificação das plantas terrestres.
	Devoniano	–	395 milhões de anos	Surgimento dos anfíbios e das plantas terrestres.
	Siluriano	–	430 milhões de anos	Ocorrência das primeiras plantas vasculares.
	Ordoviciano	–	500 milhões de anos	Início da transição entre plantas aquáticas e terrestres. Origem dos vertebrados.
	Cambriano	–	575 milhões de anos	Origem da maioria dos grupos de invertebrados conhecidos.
Pré-cambriana	–	–		No final deste período surge a vida na Terra.

Fonte: REECE, J. B. et al. *Biologia de Campbell*. 10. ed. Porto Alegre: Artmed, 2015.

Período de aparecimento de alguns grupos de seres vivos			
Era	Paleozoica	Mesozoica	Cenozoica
Ordenação do aparecimento de vários grupos de seres vivos	Invertebrados Peixes Plantas terrestres Anfíbios Répteis	Mamíferos Aves	

Fonte: REECE, J. B. et al. *Biologia de Campbell*. 10. ed. Porto Alegre: Artmed, 2015.

Cada divisão da escala de tempo geológico possui um conjunto de **fósseis** característico. As mudanças entre as Eras são marcadas por mudanças radicais nesse conjunto. Os fósseis são formados pela deposição de seres vivos, parte deles ou impressões na superfície. Essas marcas, então, tornam-se fósseis devido a lentos e específicos processos naturais que impedem seu desaparecimento.

A sequência de **estratos** (conjunto de camadas do solo) que caracteriza cada Era, Período ou Época refere-se ao tempo necessário para a deposição daquele estrato, de modo que a parte mais antiga se localiza na base do estrato e camadas mais recentes superpõem-se, até que no topo esteja a camada mais recente. Nessas camadas, formam-se os fósseis e são depositados sedimentos típicos do período geológico em questão.

Em várias ocasiões ocorreu a extinção em massa de organismos, como os dinossauros, no Cretáceo, e os mamíferos gigantes, no Quaternário. Essas extinções ficam registradas nos estratos do solo, que servem como fonte de informação para se reconstituir a história natural da Terra. Para isso, são necessários estudos multidisciplinares que envolvem Biologia, Química, Física, Matemática, Geografia, Geologia e outras áreas científicas.

As mudanças das divisões geológicas apresentam outras características além da alteração do grupo de fósseis. Mudanças na temperatura da Terra, na composição atmosférica e no tipo de organismo vivente predominante também são comuns.

Ao longo das eras geológicas, inúmeros organismos apareceram e desapareceram da Terra, e o ambiente sofreu diversas modificações. Esses fatos são conhecidos devido a evidências de evolução, ou seja, sinais de que os seres vivos e o ambiente

Fóssil de dinossauro descoberto na China, em 2015. Cada divisão do tempo geológico tem eventos e fósseis característicos. O Cretáceo, por exemplo, é marcado pela presença de dinossauros, hoje extintos.

se modificaram. Existem diversos tipos de evidências, que se complementam e permitem observar como ocorreu a evolução dos seres vivos. Elas permitem montar a história evolutiva do planeta, conhecendo, quais os ancestrais comuns dos organismos e qual sua similaridade.

Ilustração sem escala; cores-fantasia.

Um mesmo organismo pode gerar, por meio de vários caminhos evolutivos, diversas linhagens de descendentes que se tornam muito diferentes dele.

Biologia e Geologia

A extinção dos dinossauros

No fim do Cretáceo, cerca de 66 milhões de anos atrás, ocorreu a extinção dos dinossauros. Foi um evento marcante e misterioso, afinal, os dinossauros eram criaturas dominantes naquele período e ocupavam diversos ambientes.

Existem algumas hipóteses sobre como essa extinção ocorreu. Uma das mais aceitas é a queda de um meteoro na região que atualmente corresponde ao México. Esse meteoro teria causado diversas mudanças ambientais, devido à poeira levantada, bloqueio da luz solar, terremotos e maremotos. Os dinossauros eram seres que necessitavam de muitos recursos para sobreviver, e os efeitos da queda do meteoro diminuíram a disponibilidade deles.

Existem outras hipóteses, como alterações climáticas ocasionadas pelo vulcão Deccan Traps, localizado na atual Índia. As erupções desse vulcão teriam causado chuvas ácidas e mudanças de temperatura que foram decisivas na extinção dos dinossauros.

As diversas hipóteses têm um ponto em comum: elas tratam de efeitos em escala global, capazes de fazer os animais predominantes daquela época desaparecerem.

1. Existiram outras extinções além da dos dinossauros? Se sim, quais?

104 Unidade 3 Evolução

▶ Os fósseis

Fóssil é um vestígio, uma parte de um organismo ou até mesmo um organismo inteiro que foi preservado. São fósseis, por exemplo, uma pegada, impressões de pele ou penas que formam marcas, moldes ou contramoldes numa rocha, filhotes de mamutes encontrados congelados e insetos que ficaram presos em âmbar, um tipo de resina de plantas. Em todos esses casos, foi mantido um registro da presença desse organismo na Terra.

Condições ambientais específicas, mesmo que ocorram em épocas diferentes, produzem rochas sedimentares semelhantes. Fósseis geralmente se depositam e são contidos nesse tipo de rocha devido à contínua deposição de sedimentos. De modo geral, os organismos que viveram nos oceanos apresentam maior probabilidade de deixarem fósseis; depois, os de água doce e, por último, os de ambientes terrestres. Isto se deve ao fato de as rochas sedimentares em ambientes superficiais formarem-se mais lentamente e também porque dentro da água, sem a ação erosiva dos ventos sobre os restos de organismos, há maior possibilidade de formação de impressões ou de moldes de partes duras em rochas.

A fossilização é um evento raro, visto que na maior parte das vezes os organismos mortos sofrem decomposição. Nesse processo ocorre soterramento de parte de um organismo ou outro evento que impede seu desaparecimento e permite que ele seja **mineralizado**, ou seja, seu material orgânico é substituído pelos minerais presentes nos sedimentos.

Ilustrações sem escala; cores-fantasia.

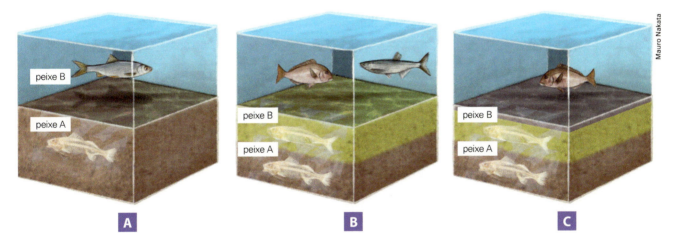

Representação da formação de fósseis de peixes. (**A**) O peixe A morre e é soterrado por sedimentos do fundo do rio. Seu esqueleto é mineralizado e se transforma em um fóssil. (**B**) O peixe B morre em época posterior ao peixe A e sofre o mesmo processo de soterramento e mineralização, formando um novo fóssil em uma camada sedimentar superior. (**C**) No decorrer de milhares de anos, novas camadas sedimentares são depositadas sobre as camadas inferiores e mais antigas. Desse modo, pode-se entender que os fósseis das camadas mais superficiais são mais recentes.

Devido ao registro fóssil, sabemos que diversos tipos de seres vivos surgiram e se adaptaram bem às condições ambientais e continuam existindo nos dias atuais, e que também há uma sucessão de formas similares de organismos, que refletem características do ambiente em que viveram e podem fornecer indícios de parentesco com espécies atuais. Sabemos também que um grande número de espécies foram extintas.

> **Para explorar**
>
> Fósseis muito similares, identificados como o mesmo ser vivo, foram encontrados em continentes distantes, como Antártica e Ásia. Para surpresa geral, esses fósseis são de animais terrestres, ou seja, incapazes de atravessar o oceano que separa essas áreas do planeta.
> Faça uma pesquisa e elabore uma hipótese para explicar como o mesmo organismo terrestre pode ser encontrado em localidades tão distantes.

A idade dos fósseis

Datação de um fóssil é a determinação aproximada de sua idade. Ela pode ser relativa ou absoluta. A **idade relativa** é feita por comparação com fósseis-guias ou fósseis-índices, que são fósseis característicos de uma determinada época. Assim, pode-se dizer por comparação que determinado fóssil encontrado é mais recente ou mais antigo do que o fóssil-guia, e assim estabelecer uma linha do tempo. Se um fóssil for encontrado em um estrato do solo inferior ao de um fóssil-guia, por exemplo, pode-se dizer que ele é mais antigo.

A determinação da **idade absoluta** pode ser feita por meio da identificação da quantidade de um elemento radioativo encontrado perto da rocha sedimentar onde o fóssil foi encontrado, ou pelo **método do carbono-14**. Todo ser vivo possui carbono-12 em sua constituição, que é estável. No entanto, os organismos apresentam pequena quantidade de carbono radioativo, o carbono-14 (^{14}C), um isótopo instável.

Os seres vivos incorporam carbono do ambiente. Na natureza existe uma relação entre a quantidade de carbono-12 e carbono-14 existente. Como os organismos ingerem carbono do ambiente, o corpo de um ser vivo tem a mesma proporção de isótopos de carbono do que a proporção apresentada pelo ambiente. Após a morte de um organismo, essa proporção é alterada, pois, a cada 5 730 anos, metade do carbono-14 presente nos restos mortais vira carbono-12. Esse período de tempo – chamado de **meia-vida** – serve de referência para determinar a idade do fóssil pela medição da massa de cada um desses isótopos: quanto menor a massa do carbono-14, mais antigo é o fóssil. O espectrômetro de massa é um aparelho que determina a massa atômica de elementos químicos e, utilizando-o, pode-se obter a idade do fóssil.

Ilustração sem escala; cores-fantasia.

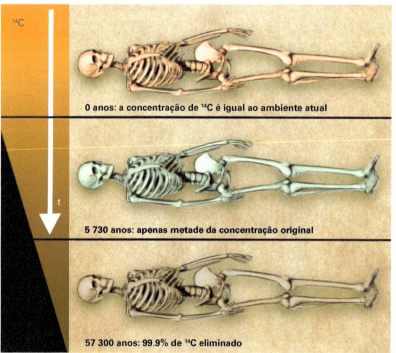

0 anos: a concentração de ^{14}C é igual ao ambiente atual

5 730 anos: apenas metade da concentração original

57 300 anos: 99,9% de ^{14}C eliminado

A quantidade de ^{14}C de um organismo morto diminui com o tempo.

Biologia e Geologia

Pelo exame dos fósseis de uma sequência de rochas estratificadas é possível até traçar a linha evolutiva de uma espécie. Veja na figura abaixo a linha evolutiva do cavalo moderno.

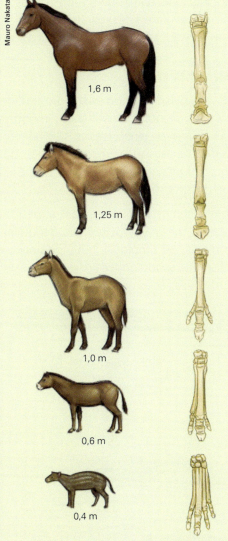

Enfim, por volta de 4 milhões de anos atrás surgiu o *Equus*, o gênero atual dos equinos e não por descendência direta dos *Pliohippus*. O primeiro *Equus* tinha o tamanho de um pônei e era um cavalo típico.

Pliohippus
Fósseis encontrados na América do Norte
Peso: 60 a 70 kg
Era: final do Mioceno
Patas: pata dianteira já se assemelhava à do cavalo atual, com um só dedo protegido pelo casco

Mesohippus e *Merychippus*
Fósseis encontrados na América do Norte
Era: Mioceno (22 a 36 milhões de anos atrás)
Patas: curtas e três dedos nas patas

Hyracotherium
Fósseis encontrados na Europa e na América do Norte
Peso: 4 a 16 kg
Era: Eoceno (36 a 55 milhões de anos atrás)
Patas: quatro dedos nas dianteiras e três nas traseiras

Fonte: RAVEN, P. et al. *Biology*. 10. ed. Nova York: McGraw-Hill, 2014.

Fósseis que contam o surgimento do cavalo moderno.

No fim do período Terciário, o clima da América do Norte tornou-se mais frio e as florestas deram lugar a campos, ou seja, o ambiente tornou-se mais favorável para animais com dedos compactos providos de casco, apenas um para cada pata que os tornava aptos a correr na superfície dura das planícies. Além disso, os dentes com coroas mais desenvolvidas auxiliava na alimentação de capim áspero. Assim, compreende-se que os cavalos transformaram-se gradualmente no decorrer de um longo período. Foram estabelecidas linhagens evolutivas semelhantes para elefantes, camelos e outros.

1. Elabore uma hipótese para explicar a influência da superfície dura das planícies na seleção dos cavalos modernos.

Ilustração sem escala; cores-fantasia.

▶ Anatomia comparada

Estudos anatômicos são utilizados para classificar organismos. Os anatomistas perceberam, ao longo do tempo, algumas coincidências. Por exemplo, animais muito diferentes na anatomia externa, como o ser humano e o morcego, possuem estruturas internas semelhantes. Ambos têm um eixo chamado de coluna vertebral, no qual se prendem dois arcos ósseos de onde saem os membros superiores e inferiores, entre outras semelhanças. Comparações anatômicas permitem identificar a história evolutiva de organismos, ou seja, qual ancestral comum eles apresentam e se são mais parecidos entre si ou com outros seres.

Homologia e irradiação adaptativa

O olhar atento de um naturalista ou de um anatomista comparativo diante de estruturas aparentemente muito diferentes é capaz de notar semelhanças importantes. Por exemplo, as nadadeiras do golfinho, um mamífero aquático, e as asas de um morcego, um mamífero voador, são em essência a mesma estrutura. Embora os ossos que as compõem apresentem diferenças de tamanho, de forma e de ligações com os músculos, além de revestimento diferente, a organização dessas estruturas é idêntica.

Essas e outras estruturas de organismos diferentes que apresentam a mesma origem embriológica (podendo ou não executar as mesmas funções) são denominadas **estruturas homólogas**, e o fenômeno, homologia. A homologia é um fenômeno que sugere a possível existência de uma origem comum, sendo uma evidência da evolução, embora não indique o grau de parentesco entre as espécies envolvidas.

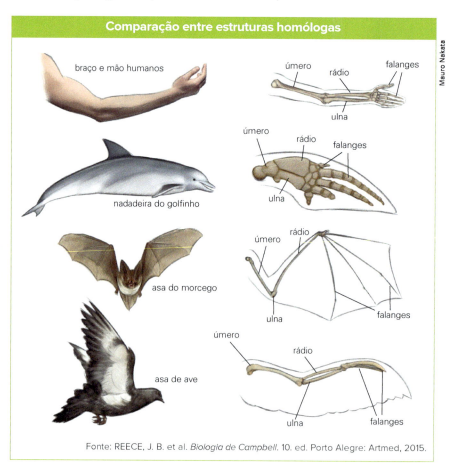

Ilustração sem escala; cores-fantasia.

Os membros anteriores desses animais atuais são homólogos, ou seja, apresentam a mesma origem embriológica e podem ou não exercer a mesma função. As patas dos cavalos, as asas das aves, as asas dos morcegos, as nadadeiras dos golfinhos e o braço humano, embora sejam estruturas independentes com usos específicos, são variações de um conjunto de ossos presente em um ancestral comum dessas espécies. No caso das aves e do morcego, desempenham a mesma função, o voo.

Fonte: REECE, J. B. et al. *Biologia de Campbell*. 10. ed. Porto Alegre: Artmed, 2015.

Unidade 3 Evolução

Organismos homólogos, por terem um ancestral comum, herdam estruturas com a mesma origem embriológica, mas que se modificam ao longo do tempo devido a diferentes pressões seletivas do ambiente em que vivem. Esse fenômeno é conhecido como **irradiação adaptativa**.

Analogia e convergência adaptativa

As asas dos insetos e as asas das aves são estruturas que desempenham uma função em comum, isto é, possibilitam o voo. Os olhos dos cefalópodos, como o polvo, e os olhos dos vertebrados, são capazes de formar imagens. No entanto, as asas dos insetos não apresentam ossos quando comparadas com as asas das aves. E os olhos do polvo são formados por células e tecidos radicalmente diferentes dos olhos dos vertebrados.

As estruturas ou órgãos de espécies diferentes com diferentes origens evolutivas que desempenham as mesmas funções são denominados **estruturas análogas**, e o fenômeno, analogia. A analogia não indica parentesco entre as espécies consideradas, mas reflete a adaptação de estruturas diferentes a uma mesma condição ambiental por diferentes caminhos evolutivos. O fenômeno de espécies que apresentam estruturas análogas é chamado de **convergência evolutiva**, ou evolução convergente, já que reflete a evolução de diferentes estruturas em pressões seletivas parecidas.

Ilustração sem escala; cores-fantasia.

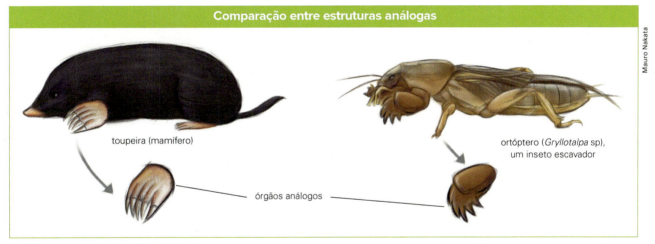

As garras de uma toupeira e os apêndices de um ortóptero não têm origem embriológica comum, porém possuem a mesma função, a de auxiliar na escavação.

Estruturas vestigiais

Órgãos ou estruturas vestigiais são estruturas que geralmente apresentam tamanho reduzido com função pequena ou praticamente inexistente nos organismos. Em algumas espécies, uma estrutura pode ser vestigial, e, em outras, apresentar funções importantes, evidenciando homologia entre essas espécies.

Quanto à evolução, elas podem indicar a existência de um ancestral comum entre os animais. O apêndice vermiforme no homem é um exemplo típico de órgão vestigial. Localiza-se junto ao ceco, é pequeno e sem função aparente. Já nos coelhos, o ceco é uma estrutura bastante desenvolvida e funcional.

Outros órgãos vestigiais no ser humano são a prega semilunar visível no olho (também conhecida como terceira pálpebra), e o cóccix.

▶ Embriologia comparada

O médico alemão Ernst Haeckel (1834-1919) elaborou, no fim do século XIX, a Teoria da Recapitulação ou Lei Biogenética, afirmando que a ontogenia recapitula a filogenia, isto é, que durante o desenvolvimento embrionário (ontogenia) o animal passa pelas fases adultas de seus ancestrais (filogenia).

Essa teoria foi posteriormente substituída pela Regra de von Baer, elaborada no início do século XX, utilizando o trabalho do russo Karl Ernst von Baer (1792-1876), que afirmou que os animais não passam pelos estágios adultos de seus ancestrais, durante o desenvolvimento embrionário, mas repetem os estágios iniciais dos embriões das espécies das quais descendem.

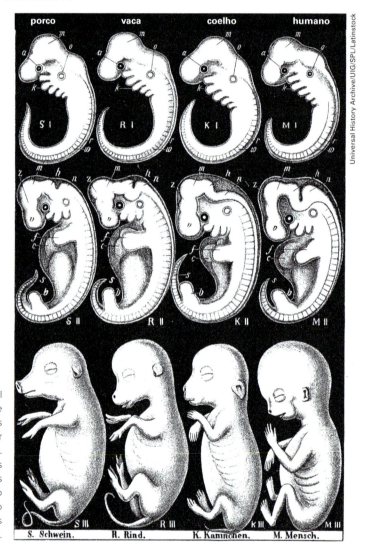

Comparação de Haeckel (que foi um excelente desenhista) entre embriões de porco, vaca, coelho e ser humano, respectivamente. Os embriões de diferentes organismos têm fases semelhantes no início do desenvolvimento mesmo em organismos diferentes quando adultos.

Sabemos hoje que, mesmo nos estágios iniciais do desenvolvimento embrionário, existem diferenças tão importantes quanto semelhanças, e que essas diferenças são controladas por um mesmo conjunto de genes, nas moscas-das-frutas, nos vermes e nos seres humanos. Ainda assim, as semelhanças no desenvolvimento embrionário indicam que diversos organismos tiveram uma origem comum, ou seja, estão relacionados evolutivamente.

▶ Bioquímica comparada

O código genético determina como sequências de nucleotídeos em moléculas de DNA ou de RNA são traduzidas para gerar as proteínas, componentes fundamentais das células dos seres vivos. Esse código genético e todo o mecanismo bioquímico que utiliza essa informação são idênticos na grande maioria dos seres vivos.

Como explicar que seres como as bactérias, visíveis apenas no microscópio eletrônico, a baleia azul, o maior animal atual da Terra, e o maior vegetal, a sequoia, apresentam mecanismos de transcrição e tradução muito semelhantes, determinados pelo mesmo código genético? A explicação aceita pelos biólogos atuais é que todos eles descendem de um ancestral comum no qual o código genético surgiu.

Atividades

1. Quais as dificuldades em estudar eventos que ocorreram em escala geológica, ou seja, milhões ou bilhões de anos atrás?

2. É possível determinar a idade de uma pessoa viva pelo método do carbono-14?

3. Explique a frase "a ontogenia remete à filogenia".

4. Existe um período denominado Carbonífero. Nele, foi formada grande parte do petróleo que existe atualmente. Pesquise e responda como ocorreu essa formação e se ela é semelhante à fossilização.

5.

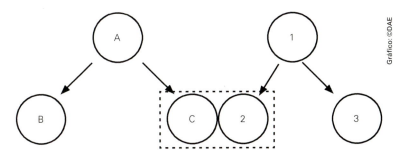

No esquema acima, A é uma espécie de mamífero, e 1, de réptil. As espécies B e C originaram-se da espécie A, e 2 e 3, da espécie 1. O esquema evidencia que as espécies C e 2, apesar de terem origens diferentes, migraram para o mesmo ambiente, ou seja, as duas espécies convivem.

a) Que nome é dado ao fenômeno de uma espécie – no caso, 1 – dar origem a duas outras – 2 e 3 – que vivem em outros ambientes?

b) Que nome damos ao fenômeno de duas ou mais espécies – no caso C e 2 – de origens diferentes e que habitam o mesmo ambiente?

c) Entre os indivíduos da espécie C e os da espécie A, as estruturas comuns que eles possuem são análogas ou homólogas? Justifique.

d) Entre os indivíduos da espécie C e os da espécie 2, as estruturas comuns que eles possuem são análogas ou homólogas? Justifique.

CAPÍTULO 10

ASPECTOS DA HISTÓRIA EVOLUTIVA DA TERRA

A evolução dos primatas e a evolução humana são temas polêmicos com várias linhas de pensamento e envolvem, na maioria das vezes, detalhes classificatórios de ancestrais. Aqui vamos apresentar algumas hipóteses de modo resumido. Vamos começar pela evolução dos primatas, ordem a que pertencem os seres humanos, detalhando um pouco mais sua classificação.

▶ Evolução dos primatas

> **Visão binocular:** tipo de visão formada pela sobreposição de imagens, que permite ter noção de profundidade.

Primatas é a ordem de mamíferos que compreende o ser humano, os macacos, os lêmures e os símios. As espécies reunidas nesse grupo são, em sua maioria, arborícolas e onívoros, dotados de cérebros proporcionalmente grandes, olhos bem desenvolvidos e voltados para a frente que permitem a **visão binocular** e membros com cinco dedos, o primeiro dedo geralmente oponível aos demais.

A origem dos primatas

Primata *Propithecus verreauxi*, que chega a 55 cm de comprimento. O ser humano possui diversas características comuns com os primatas. Ambos tiveram um ancestral comum recente, que deu origem às diferentes linhagens desse grupo.

Os primeiros mamíferos eram do tamanho aproximado de um camundongo, assemelhando-se aos musaranhos modernos, e surgiram há aproximadamente 220 milhões de anos, na Era Mesozoica, no período Triássico.

Eles surgiram numa época em que os répteis predominavam e, como consequência de seus reduzidos tamanhos, quando comparados aos répteis gigantescos da época, possuíam diversas restrições. Por outro lado, por serem **endotérmicos**, levavam grande vantagem sobre os répteis. Acredita-se que eram endotérmicos porque em seus fósseis foi encontrado o palato ósseo separando a cavidade bucal da nasal, o que permitia que respirassem o tempo todo e de maneira regular, mesmo enquanto mastigavam e engoliam a comida. Os répteis não têm essa estrutura óssea. Consequentemente, não conseguem respirar enquanto mastigam ou engolem o alimento.

A respiração contínua e regular permite maior aproveitamento do oxigênio do ambiente, condição necessária aos endotérmicos. A endotermia permite maior taxa metabólica, mais elevada do que a dos ectotérmicos, como os répteis. Com a temperatura corporal constante, os mamíferos conseguiam permanecer ativos em períodos em que os répteis ficavam inativos.

Depósitos fósseis do Paleoceno (65 a 55 milhões de anos) mostram animais parecidos com os esquilos atuais, que eram, muito provavelmente, mamíferos insetívoros e arborícolas. Segundo os indícios, eles tinham hábitos noturnos, o que permitiu a eles escaparem dos répteis carnívoros que, por sua vez, eram mais ativos durante o dia, quando a temperatura ambiental é mais elevada.

Ao final do Cretáceo os grandes répteis foram extintos, evento que permitiu grande irradiação evolutiva dos mamíferos. Os primeiros mamíferos, em pouco tempo, formaram muitas linhas evolutivas. Surgiram os monotremados, os marsupiais e, por fim, os placentários, que deram origem aos primatas.

Os primeiros mamíferos provavelmente eram similares a esquilos, como o *Juramaia sinensis*, aqui ilustrado, que viveu há cerca de 160 milhões de anos.

A coleção de fósseis de primatas descoberta é composta principalmente de fragmentos de crânios, dentes e mandíbulas. Os estudos mostram que os primatas primitivos surgiram muito provavelmente no final do Jurássico e início do Cretáceo, há aproximadamente 70 milhões de anos.

Desenvolvimento da ordem dos primatas

De modo geral, os primatas caracterizam-se pela vida arborícola – apenas alguns dos maiores macacos e seres humanos não são arborícolas. O ser humano deve ter surgido entre 1 milhão a 600 mil anos, numa fase conhecida por Era Cenozoica, no período Quaternário, época do Pleistoceno recente. Essa fase temporal geológica é a que perdura até os dias de hoje.

Ilustrações desta página estão sem escala; cores-fantasia.

A ordem dos primatas compreende duas subordens: Prosimii (prossímios) e Anthropoidea (antropoides). Os Prosimii, primatas mais antigos, foram abundantes no início do Paleoceno e seus fósseis mostram adaptações arborícolas. Os lêmures e tarsioides encontrados na África e no Sudeste da Ásia são os Prosimii atuais representantes dessas formas ancestrais, mostrando que sofreram, de modo geral, poucas modificações.

Árvore filogenética mostrando a evolução dos primatas.

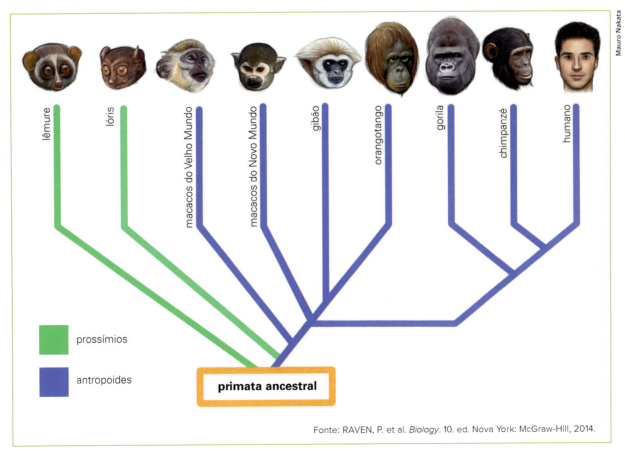

Fonte: RAVEN, P. et al. *Biology*. 10. ed. Nova York: McGraw-Hill, 2014.

Aspectos da história evolutiva da Terra   Capítulo 10   113

Ao longo do Eoceno – entre 38 e 53 milhões de anos – evoluíram três grupos de antropoideos: os macacos do Novo Mundo, os macacos do Velho Mundo e os seres pertencentes à superfamília Hominoidea, os humanoides.

Representantes dos diferentes grupos da ordem dos primatas. (**A**) Macaco-aranha (*Ateles paniscus*), que pode chegar a 190 cm de comprimento. (**B**) Bugio (*Alouatta caraya*), que chega a 55 cm de comprimento. (**C**) Mandril (*Mandrillus sphinx*), que chega a 65 cm de altura. (**D**) Macaco-japonês (*Macaca fuscata*), que poder ter 93 cm de comprimento. (**E**) Gibão (*Hylobates* sp) pode ter 64 cm de comprimento. (**F**) Orangotango (*Pongo pygmaeus*), que pode chegar a 140 cm de altura. (**G**) Gorila (*Gorilla geringei*), que costuma ter 170 cm de altura. (**H**) Chimpanzé (*Pan troglodytes*), que chega a 82 cm de altura.

Alguns primatas conseguiam manipular objetos devido a características anatômicas, como a presença do polegar opositor, um dedo que permite segurar e manipular objetos e possibilitou diversos avanços aos primatas.

Ilustração sem escala; cores-fantasia.

Cada uma das mãos apresenta adaptações para funções especiais: (**A**) as dos tarsioides são especializadas em agarrar galhos de árvores e apresenta ventosas nas pontas dos dedos, que dão a eles maior poder de segurança; (**B**) as do orangotango são adaptadas para o animal se agarrar em galhos e se movimentar como uma balança para que ele se locomova de galho em galho; (**C**) os dedos do gorila são mais adaptados para segurar galhos e folhas, não para se dependurarem, mas para levá-los à boca; (**D**) as mãos dos humanos, por apresentarem o polegar em posição francamente oposta aos demais dedos, são bem-adaptadas para segurar objetos, o que lhes permite o manuseio e a produção de objetos.

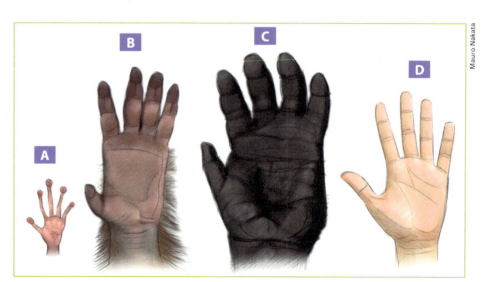

Unidade 3 Evolução

▶ Origem e evolução da humanidade

Atualmente, a tentativa de escrever nossa história evolutiva, baseada principalmente em vasta coleção de evidências fósseis e arqueológicas, é um desafio multidisciplinar envolvendo a participação de biólogos, paleontólogos, arqueólogos, geólogos, bioquímicos, astrônomos, físicos, químicos e artistas.

Biologia e Arte

O artista que recria o passado

Viktor Deak reúne talentos próprios de um artista renascentista. Ele conhece com maestria a anatomia humana, as técnicas de modelagem e do desenho. Sua vantagem sobre os mestres do passado é o domínio da computação gráfica. A combinação de habilidade, conhecimento e equipamento fez com que Deak se tornasse, aos 32 anos, o mais respeitado paleoartista em atividade. O paleoartista é um especialista em recriar representações de espécies extintas, sobretudo aquelas aparentadas ao homem moderno na árvore da evolução. Deak é o autor de boa parte dos hominídeos expostos na sala Origens Humanas, do Museu Americano de História Natural, em Nova York. Assina também um mural de 24 metros exibido na mostra Legado de Lucy. O esqueleto incompleto dessa fêmea *Australopithecus afarensis* que viveu há 3,2 milhões de anos, descoberto em 1974, na Etiópia, constitui o achado fóssil mais famoso da paleontologia. Os ossos revelam que essa diminuta fêmea já andava ereta, sobre duas pernas, apesar de, nos demais aspectos fisiológicos, ser mais parecida com o macaco do que com o homem. Imenso, o painel, que circula atualmente por cidades americanas, faz uma síntese imagética de 6 milhões de anos da evolução do homem.

As reconstruções de espécies extintas estão para a antropologia como os grandes telescópios estão para a cosmologia: abrem janelas para o passado longínquo. A paleoarte floresceu em meados do século XIX. Nessa época, entre as ossadas de dinossauros, peixes cascudos e mamíferos extintos, uma em particular intrigou os naturalistas: parte do esqueleto de um homem primitivo, encontrada no Vale de Neander, na Alemanha, em 1856. O estudo desse fóssil, catalogado como *Homo neanderthalensis*, ou homem de Neandertal, que viveu na Ásia e na Europa entre 250 000 e 28 000 anos atrás, marcou o nascimento de um ramo da ciência: a paleoantropologia – e, por tabela, o florescimento da arte de reconstruir hominídeos. [...]

Para ajudar a recriar a feições dos hominídeos, alguns artistas utilizam recursos de escultura, pintura e computação.

Recriações desse tipo são hipóteses. Dez especialistas diferentes produzirão dez imagens diferentes. Deak destaca-se pelo arsenal técnico. Sempre começa pela montagem de uma escultura, utilizando-se da chamada dissecação reversa – a aplicação de músculos e tecidos sobre um arcabouço de ossos. Depois, forja um molde a partir de um crânio original, fossilizado, e produz uma cópia em poliuretano. Ossos ausentes são substituídos por peças de resina. Com argila plástica, ele molda os feixes de músculos. A espessura ideal da massa é obtida com uma tecnologia insólita: uma máquina de fazer macarrão. Uma nova camada de material sintético compõe a pele, com rugas e cicatrizes. Uma pincelada aqui, um retoque cosmético ali, o modelo está pronto para a fotografia digital e o tratamento final da imagem.

Nesse ponto, entram os programas de computação gráfica. O paleoartista usa *softwares* de modelagem, com os quais é possível construir figuras virtuais com a mesma plasticidade da argila. São programas ideais para lidar com imagens de animais e vegetais, cuja geometria é irregular [...]. Tais ferramentas permitem definir o volume de uma minúscula espinha no rosto de um homem de Neandertal. Agora, Deak quer animar seus personagens. [...] O paleoartista começou a experimentar programas de animação [...]. Baseado numa série de quadros-chave (*key frames*), esse tipo de *software* reproduz quaisquer movimentos. Para mostrar um hominídeo se agachando, por exemplo, é preciso definir a posição inicial, ereta. Depois, a final, de cócoras, e algumas posturas intermediárias. O programa encarrega-se de complementar os quadros, dando naturalidade ao movimento. O produto final, longe de parecer um desenho animado, é uma sequência tão realista quanto um filme.

A graduação em ilustração pela Escola de Artes Visuais, em Nova York, refinou o talento de Deak para o desenho. Já a reconstrução exige muito mais que um traço apurado: bom conhecimento de anatomia, incluindo o tamanho, a espessura, a profundidade e a localização de cada músculo e feixe de nervos. [...]

Todo modelo criado por Deak passa por uma rigorosa avaliação científica. "No máximo, dou a eles um leve movimento de lábios, nunca um sorriso. Qualquer expressão mais dramática pode deformar o rosto e mascarar informações importantes", explica. [...]

VIKTOR DEAK. *Veja*. ed. 2131, ano 42, n. 38, 23 set. 2009. p. 128-130. © Thereza Venturolli.

1. Existem outras áreas da ciência onde habilidades artísticas são úteis?

A história da humanidade

Diversas evidências apontam que seres humanos e chimpanzés compartilharam um ancestral comum da superfamília *Hominoidea* que viveu na África entre 5 e 8 milhões de anos atrás. A partir desse ancestral, que pertencia ao grupo dos grandes símios, surgiram os ancestrais dos seres humanos e chimpanzés atuais.

Entre 4 e 2,7 milhões de anos atrás viveu o *Australopithecus afarensis*. Ele possuía dieta vegetariana e um cérebro pequeno comparado aos humanos atuais, mas apresentava bipedia, ou seja, andava sobre duas patas. Esse evento marca o início da linhagem humana.

Em 1924 foi encontrado em Taung, na África do Sul, um crânio fóssil de uma criança que viveu entre 2 e 3 milhões de anos atrás, batizada como *Australopithecus africanus* e conhecida como "Criança de Taung". A anatomia desse crânio mostrou que ele deveria ter capacidade para mastigação pesada.

Esse fóssil foi descoberto em 1974, na Etiópia, e batizado como Lucy — nome feminino — porque concluíram tratar-se de um fóssil de uma fêmea ao analisarem os ossos da pélvis. Cerca de 40% do esqueleto foi descoberto, o que é um acontecimento muito raro na Paleontologia.

Os *Australopithecus*, como a criança de Taung, aparentemente abandonaram as árvores e passaram a viver em cavernas; caçavam e apresentavam postura quase ereta, com características esqueléticas muito semelhantes aos humanos atuais. Representam os primeiros seres que abandonaram a vida arborícola.

Cerca de 2,5 milhões de anos atrás, surgiram as espécies do gênero *Paranthropus*, que viveram em áreas de savanas arbóreas; apresentavam dentes molares bem desenvolvidos e uma forte musculatura de mastigação, indicando dieta vegetariana. As primeiras espécies do gênero *Homo* também surgiram nessa época, a partir de alguma espécie de *Australopithecus*.

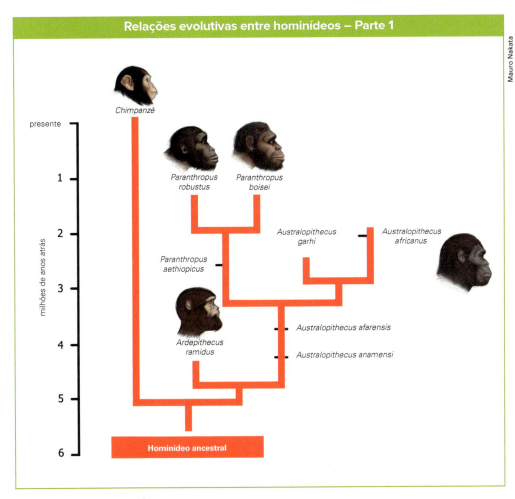

Ilustração sem escala; cores-fantasia.

Esquema representando relações evolutivas entre *Australopithecus* e *Paranthropus* e a época em que viveram, aproximadamente.

Entre 2,8 e 2 milhões de anos atrás viveu *Paranthropus aethiopicus*, fóssil descoberto em 1967 no sul da Etiópia. Dele foram encontrados a mandíbula e os fragmentos de dentes e não se pôde, por isso, concluir sobre a posição de seu andar, se era ou não bípede, e se caminhava na posição ereta.

A idade estimada de um fóssil descoberto em 1938 de *Paranthropus robustus* era de 1 milhão a 2,6 milhões de anos. Seu crânio mostra que estavam adaptados também para mastigação intensa. Entre 1 milhão e 2 milhões de anos viveu *Paranthropus boisei*, cujo fóssil foi descoberto em 1959 e deve ter sido um dos primeiros hominídeos que viveu no leste da África, habitando as Savanas africanas.

Aspectos da história evolutiva da Terra   Capítulo 10

As ferramentas de pedra eram utilizadas para cortar, rasgar e caçar.

Lítico: talhado em pedra.

O ser humano moderno pertence ao gênero *Homo*, que se originou dos *Australopithecus*. Entre as espécies desse gênero, o *Homo habilis* é o que menos se parece anatomicamente com o *Homo sapiens*, a espécie humana, assemelhando-se mais aos *Australopithecus*. Mas, por outro lado, foi o primeiro, provavelmente, a produzir e utilizar ferramentas **líticas**, fato que o aproxima muito do *Homo sapiens*. Seu fóssil foi descoberto em 1964, na Suazilândia. Pela datação do fóssil, ele provavelmente existiu entre 1,9 milhão e 2,5 milhões de anos.

O *Homo rudolfensis* apresentava volume craniano menor que o do *Homo habilis*. Seu fóssil foi descoberto em 1972, no lago Rudolf, no Quênia. Essa espécie deve ter convivido com o *H. habilis* e viveu entre 2,6 milhões e 1,8 milhão de anos em Java, África, Europa, Indonésia e China, mostrando que passou por um intenso processo migratório.

Há cerca de 1,7 milhão de anos surgiu o *Homo erectus*, que sobreviveu na África até aproximadamente 200 mil anos, e no leste da Ásia até cerca de 40 mil anos atrás. Já o *Homo ergaster* surgiu entre 1,8 e 1 milhão de anos, encontrado na África do Sul e tendo sobrevivido até cerca de 250 mil anos. Junto com o *Homo erectus* e o *Homo habilis*, essa espécie deixou a África, e foi encontrado um fóssil de sua espécie no Oriente Médio e no extremo Oriente (Java e Pequim). Alguns autores consideram o *Homo ergaster* a espécie que originou o *Homo sapiens*, enquanto outros afirmam ser o *Homo erectus* o antecessor evolutivo do *Homo sapiens*. A dúvida ainda persiste!

O *Homo heidelbergensis* surgiu há cerca de 500 mil anos e permaneceu até cerca de 250 mil anos, quando, então, se extinguiu. Seu nome deve-se ao fato de seus fósseis terem sido encontrados próximo à cidade de Heidelberg, Alemanha. Viveu na Europa, China (possivelmente) e África.

O *Homo floresiensis* surgiu há aproximadamente 95 mil anos e permaneceu até cerca de 17 mil anos. Era pequeno na altura (fêmeas com 1,06 m e 30 kg) e no tamanho dos crânios, mas tinha dentes grandes, proporcionalmente ao seu tamanho. Apesar de seu pequeno corpo e crânio, teria feito e utilizado ferramentas de pedra, caçava pequenos elefantes e grandes roedores, lidou com predadores como os dragões de Komodo e pode ter usado fogo. Sua baixa estatura e pequeno cérebro pode ter resultado do isolamento em uma pequena ilha com recursos alimentares limitados e falta de predadores. Atualmente é debatida a hipótese de seus ancestrais já possuírem baixa estatura ao chegarem à ilha.

O Homo neanderthalensis ou Homem de Neandertal habitou a Europa e Ásia entre 70 e 35 mil anos atrás. Seu nome deve-se a um crânio fóssil, descoberto em 1856, no Vale do Neander, Alemanha. Seus corpos eram mais baixos e atarracados, uma adaptação à vida em ambientes frios. Mas seus cérebros eram tão grandes como o dos humanos modernos. Possuíam um nariz enorme para umidificação e aquecimento do ar frio e seco. Construíram um conjunto diversificado de ferramentas, sabiam controlar o fogo, viviam em abrigos construídos por eles mesmos e usavam roupas.

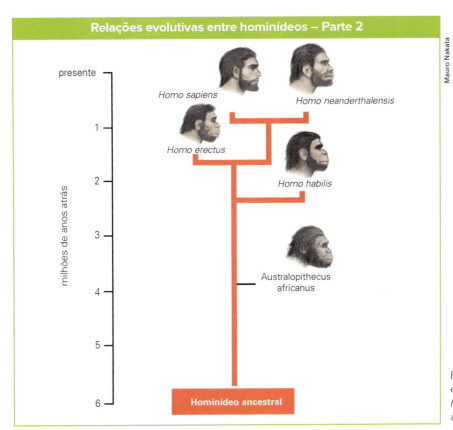

Esquema representando relações evolutivas entre *Australopithecus* e *Homo* e a época em que viveram, aproximadamente.

Representação artística de neandertalenses, que eram muito similares aos humanos atuais.

Aspectos da história evolutiva da Terra **Capítulo 10**

Eram hábeis caçadores de animais de grande porte e também se alimentavam de plantas. Há evidências de que enterravam seus mortos e, ocasionalmente, colocavam oferendas, como flores, em sepulturas. Essa espécie conviveu com os *Homo sapiens* modernos e provavelmente se relacionou com eles.

O *Homo sapiens*, a espécie humana atual, surgiu na África há cerca de 200 mil anos e é a única espécie viva do gênero *Homo*. Em seu fóssil mais antigo encontrado fica evidente que existe o osso hioide, um pequeno osso em forma de ferradura situado na parte anterior e média do pescoço, entre a base da língua e a laringe. Esse osso sustenta a língua e é indispensável para falar. Além disso, a curvatura em ângulo reto do trato vocal permite produzir as vogais e as consoantes com um fluxo rápido de ar. Desse modo, o *Homo sapiens* primitivo já era capaz de articular uma linguagem semelhante à moderna.

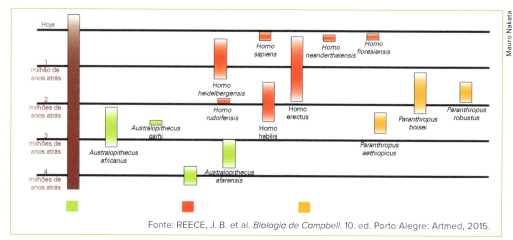

Representação gráfica do período no qual cada espécie deve ter vivido. Cada barra representa os períodos da provável existência de cada espécie. Todas essas espécies estão extintas, exceto o *Homo sapiens*.

Fonte: REECE, J. B. et al. *Biologia de Campbell*. 10. ed. Porto Alegre: Artmed, 2015.

Uma hipótese sobre a expansão da humanidade

Como vimos, o ser humano deve ter se originado há cerca de 200 mil anos no sudoeste do continente africano e migrado, espalhando-se e dominando o planeta.

Evidências de fósseis e escavações arqueológicas, bem como estudos de DNA indicam como o *H. sapiens* surgiu e se espalhou pelo mundo. Fósseis indicam que os ancestrais dos humanos originaram-se na África e deram origem a algumas espécies, entre elas o *Homo sapiens*. Além disso, os fósseis mais antigos conhecidos da nossa espécie foram encontrados em dois locais distintos na Etiópia e apresentam 195 mil e 160 mil anos.

Esse fósseis permitem levantar hipóteses sobre a origem humana a partir de técnicas de biologia molecular. Análises de DNA apontam que todos os seres humanos vivos são mais relacionados entre si do que com neandertais. Outros estudos de DNA mostram que europeus e asiáticos partilham de um ancestral comum relativamente recente, que provavelmente se originou de um ancestral da África. Os fósseis humanos mais antigos encontrados fora da África foram descobertos no Oriente Médio e possuem cerca de 115 mil anos. Estudos feitos com o cromossomo Y indicam que os humanos alcançaram locais fora da África em mais de uma migração, primeiro para a Ásia, e depois para a Europa e Austrália.

A data de chegada dos humanos nas Américas é incerta, embora as evidências conhecidas indiquem que esse fato ocorreu a cerca de 15 500 anos. Existem hipóteses sobre essa chegada via estrito de Bering, na América do Norte, e outras que indicam a chegada através de jangadas que cruzaram o oceano. Vale lembrar que, milhares de anos atrás, a distância entre África e América era menor e que, possivelmente, existiam ilhas vulcânicas no trajeto que permitiram realizar esse percurso em etapas. Também existem polêmicas para saber se o ser humano chegou primeiro à América do Norte ou à América Central ou à América do Sul.

A rápida expansão da espécie humana pode ter sido estimulada por mudanças na cognição que ocorreram enquanto o *Homo sapiens* estava na África. Foram encontrados objetos de elaboração sofisticada que datam cerca de 75 mil anos atrás e há cerca de 36 mil anos, existiam diversas pinturas em cavernas feitas por humanos. Porém, como o desenvolvimento de atividades complexas auxiliou na expansão e sobrevivência dos humanos ainda é incerto, já que neandertais também produziram ferramentas complexas e desenvolveram linguagem simbólica. Esse tipo de atividade, inclusive, ajuda a questionar se os neandertais desapareceram devido a competição com os humanos ou por outros motivos.

Comparação entre o processo de expansão por migração entre *Homo erectus*, *Homo neanderthalensis* e *Homo sapiens*. Note que o *Homo sapiens* apresenta uma área de ocupação bem mais ampla do que os outros dois grupos

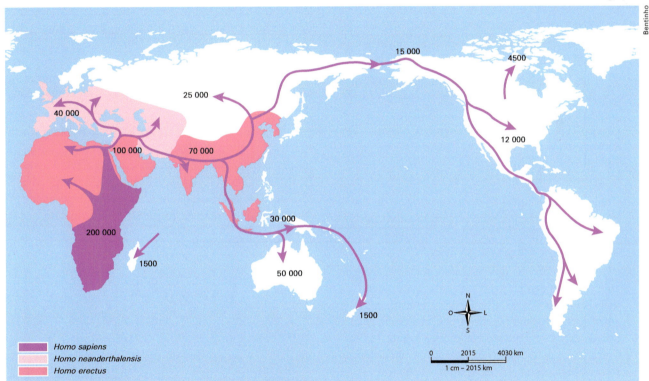

Fonte: *Scientific Reports* 5, setembro, 2015. Disponível em: <www.nature.com/articles/srep14188>. Acesso em: 14 maio 2016. (Adaptado.)

Atividades

1. Quais são as características básicas dos primatas?

2. Qual é o principal fator que acreditamos ser responsável pela rápida expansão dos mamíferos logo após o final do Cretáceo?

3. É correto afirmar que o ser humano descende dos chimpanzés? Justifique.

4. Sabe-se que o *Homo sapiens* surgiu na África, mas como ele chegou nas Américas ainda não é claro. Pesquise sobre o tema e responda: Na sua opinião, qual a hipótese mais provável para explicar esse fato?

5. Que tipo de sinal um pesquisador deve procurar para saber se existiram humanos primitivos ou outros primatas extintos em uma região?

PARA LER E REFLETIR

Megafauna foi crucial para fertilizar a Amazônia

Durante milhares de anos, os animais gigantes fertilizaram a bacia amazônica ao espalhar nitrogênio, fósforo e outros nutrientes contidos em seus excrementos, antes de desaparecerem abruptamente. Com isso, privaram definitivamente a região deste aporte maciço de adubo, revelou um estudo publicado neste domingo na revista *Nature Geoscience*.

No período do Pleistoceno, a América do Sul se parecia muito com a atual savana africana. E os dinossauros, há muito tempo desaparecidos, deram lugar a uma megafauna impressionante: mastodontes, antepassados dos elefantes, preguiças gigantes de cinco toneladas e os gliptodontes, tatus do tamanho de um pequeno carro.

Predominantemente herbívoros, estes mamíferos gigantes consumiam quantidades importantes de vegetais, absorvendo nitrogênio e fósforo que liberavam nas fezes e na urina por onde passavam. Segundo o estudo, eles também contribuíram para redistribuir esse adubo natural em distâncias muito grandes – sem ele, os solos permaneceriam estéreis, particularmente na bacia amazônica.

Mas o que aconteceu depois que esta megafauna desapareceu há 12 mil anos, depois de uma extinção maciça provavelmente vinculada a uma mudança climática e às atividades humanas?

Segundo cálculos dos pesquisadores, a dispersão do adubo cessou rapidamente com o desaparecimento da megafauna, há 12 000 anos. Assim, a redistribuição de adubo acabou limitando-se aos sedimentos transportados dos Andes por meio dos rios e ribeirões. Segundo o modelo matemático desenvolvido por eles, a dispersão de fósforo na bacia amazônica teria, desta forma, despencado 98%.

"Em outras palavras, os grandes animais são como as artérias de nutrientes para o planeta. Se eles desaparecem, é como se cortássemos essas artérias", diz o principal autor do estudo, Christopher Doughty, da Universidade de Oxford, no Reino Unido. "Porque a maioria destes animais desapareceu, o mundo tem muito mais regiões pobres em nutrientes do que teria tido caso contrário."

Cone Sul – O estudo se concentrou na Amazônia, mas o estudioso considera provável que essas transferências de nutrientes tenham ocorrido em todo o continente sul-americano, também na Austrália e em outras regiões do planeta. Em todos os cenários, as transferências foram interrompidas com o desaparecimento da megafauna.

"Mesmo que 12 000 anos seja uma escala de tempo que não tenha grande sentido para a maioria das pessoas, com esse modelo mostramos que as extinções que ocorreram na época continuam a afetar atualmente a saúde do nosso planeta", afirmou Doughty. Segundo ele, o modelo concebido para o estudo pode ser adaptado ao nosso mundo moderno. "Podemos estimar os efeitos de longo prazo na fertilidade do solo se animais como os elefantes desaparecessem", disse.

"Se os humanos contribuíram para a extinção em massa dos animais gigantes há 12.000 anos, então podemos concluir que eles começaram a afetar o meio ambiente muito antes do surgimento da agricultura", diz Adam Wolf, pesquisador em Ecologia da Universidade de Princeton, nos EUA, que participou do estudo.

Veja.com. Disponível em: <http://veja.abril.com.br/noticia/ciencia/animais-da-megafauna-foram-cruciais-para-fertilizar-a-amazonia/>. Acesso em: 10 abr. 2016.

A preguiça gigante era um dos animais gigantescos que viviam na Amazônia e foi extinta cerca de 12 mil anos atrás. Segundo alguns estudiosos, ela era do tamanho de um elefante atual.

QUESTÕES

1. Processos evolutivos ocasionaram a extinção da megafauna amazônica. É possível dizer que a única diferença entre a Amazônia atual e a de 12 mil anos atrás são os animais que habitam nela? Justifique.
2. Como a existência de organismos que desapareceram há milhares de anos pode influenciar a existência dos seres vivos atuais?

Mãos à obra!

Observando a seleção natural

Esta atividade permite simular uma pressão evolutiva, isto é, a disputa de um recurso entre diferentes seres vivos. Para isso, dividam-se em grupos de cinco pessoas e vejam qual está mais "adaptado" ao desafio.

Material:

- 3 prendedores de roupa de diferentes tamanhos
- 1 pinça de tirar sobrancelha
- 1 pinça grande de pegar alimentos
- 5 nozes com casca
- 10 amêndoas com casca
- 25 grãos de milho
- 35 sementes de girassol
- 35 grãos de lentilha
- 35 sementes de alpiste
- 35 grãos de painço
- 1 bandeja de aproximadamente 30 cm × 30 cm
- 1 relógio

Procedimento:

Distribua as sementes na bandeja e misture-as. Cada aluno deverá escolher um dos pegadores (prendedores, pinça de sobrancelha ou pinça grande). Serão feitas cinco rodadas de 30 segundos, onde cada aluno deverá pegar o máximo de sementes possíveis utilizando apenas o pegador escolhido. As rodadas devem ter 15 segundos de intervalo entre si, e cada aluno deve separar as sementes que conseguir pegar. Se, em alguma rodada, alguém não pegar nenhuma semente, será eliminado do jogo.

Após as cinco rodadas iniciais, cada aluno deve fazer uma contagem de quantas sementes pegou. Repita o jogo ao menos três vezes, sempre escolhendo um pegador diferente.

Representação de parte do material necessário à atividade.

REFLITA:

1. Você sentiu diferença na dificuldade do jogo quando mudou o tipo de pegador?
2. Sabendo que essa atividade simula a seleção natural, por que uma pessoa que não conseguiu pegar grãos em uma rodada deve ser eliminada do jogo?
3. Esta atividade foi baseada em estudos sobre os tentilhões de Galápagos. Sabendo disso, o que os pegadores representam?
4. Imagine que ocorreu uma alteração ambiental e as plantas que geravam as maiores sementes desapareceram. Como isso refletiria na simulação?

Fonte: MORI, L. et al. Os tentilhões de Galápagos: o que Darwin não viu, mas os Grants viram. In: *Genética na escola*, SBG, 01.01; 1-3 (2006). Disponível em: <http://myrtus.uspnet.usp.br/bioabelha/images/pdfs/projeto2/paralelas/d_2006_mori_et_all.pdf>. Acesso em: 10 abr. 2016.

Explorando habilidades e competências

Analise as imagens abaixo e responda o que se pede.

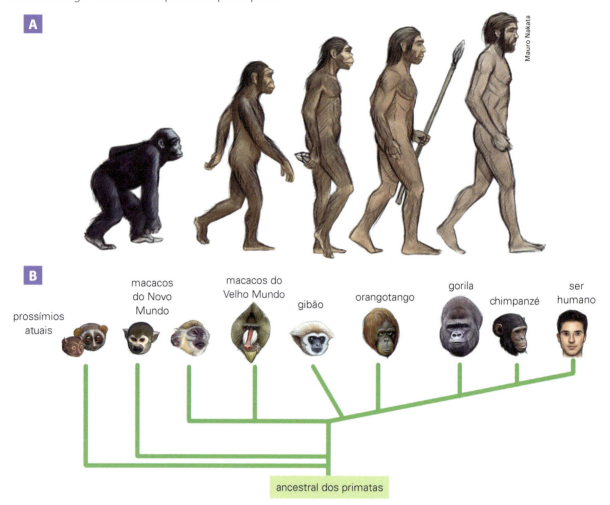

Esquemas representando a evolução humana.
Ilustração sem escala; cores-fantasia.

Fonte: <http://anthropology.si.edu/outreach/Teaching_Activities/pdf/Human%20Evolution%20and%20Darwin.pdf>. Acesso em: 10 abr. 2016.

1. O que os dois esquemas estão representando?

2. Sabendo que eles representam o mesmo fenômeno, que diferenças você pode apontar entre eles?

3. Qual deles está de acordo com o conceito de evolução apresentado neste livro? Justifique.

4. Uma interpretação popular da evolução diz que o ser humano evoluiu dos macacos atuais. Qual dos esquemas representa isso?

5. Como você poderia alterar o esquema A para que ele abordasse os conceitos presentes no esquema B? Faça um rascunho desse novo esquema no caderno.

6. Em 2009, comemorou-se os 150 anos da publicação da obra *A origem das espécies*, de Charles Darwin.

   Sobre o tema, um aluno fez a seguinte afirmação: "Darwin, na história da biologia evolutiva, foi o primeiro cientista a afirmar que o ser humano descende dos macacos, num processo de seleção que privilegia os mais bem-adaptados".

   A afirmação deste aluno está incorreta. Reescreva-a de forma correta.

7. O esquema A, diferentemente do esquema B, mostra espécies que já foram extintas. Como o esquema B poderia ser modificado para mostrar esses grupos?

Para rever e estudar

Questões do Enem

1. (Enem-2015) Algumas raças de cães domésticos não conseguem copular entre si devido à grande diferença em seus tamanhos corporais. Ainda assim, tal dificuldade reprodutiva não ocasiona a formação de novas espécies (especiação).

   Essa especiação não ocorre devido ao(a)

   a) oscilação genética das raças.
   b) convergência adaptativa entre raças.
   c) isolamento geográfico entre as raças.
   d) seleção natural que ocorre entre as raças.
   e) manutenção do fluxo gênico entre as raças.

2. (Enem-2014) Embora seja um conceito fundamental para a biologia, o termo "evolução" pode adquirir significados diferentes no senso comum. A ideia de que a espécie humana é o ápice do processo evolutivo é amplamente difundida, mas não é compartilhada por muitos cientistas.

   Para esses cientistas, a compreensão do processo citado baseia-se na ideia de que os seres vivos, ao longo do tempo, passam por

   a) modificação de características.
   b) incremento no tamanho corporal.
   c) complexificação de seus sistemas.
   d) melhoria de processos e estruturas.
   e) especialização para uma determinada finalidade.

3. (Enem-2012) Paleontólogos estudam fósseis e esqueletos de dinossauros para tentar explicar o desaparecimento desses animais. Esses estudos permitem afirmar que esses animais foram extintos há cerca de 65 milhões de anos.

   Uma teoria aceita atualmente é a de que um asteroide colidiu com a Terra, formando uma densa nuvem de poeira na atmosfera.

   De acordo com essa teoria, a extinção ocorreu em função de modificações no planeta que

   a) desestabilizaram o relógio biológico dos animais, causando alterações no código genético.
   b) reduziram a penetração da luz solar até a superfície da Terra, interferindo no fluxo energético das teias tróficas.
   c) causaram uma série de intoxicações nos animais, provocando a bioacumulação de partículas de poeira nos organismos.
   d) resultaram na sedimentação das partículas de poeira levantada com o impacto do meteoro, provocando o desaparecimento de rios e lagos.
   e) evitaram a precipitação de água até a superfície da Terra, causando uma grande seca que impediu a retroalimentação do ciclo hidrológico.

4. (Enem-2009) Os ratos *Peromyscus polionotus* encontram-se distribuídos em ampla região na América do Norte. A pelagem de ratos dessa espécie varia do marrom claro até o escuro, sendo que os ratos de uma mesma população têm coloração muito semelhante. Em geral, a coloração da pelagem também é muito parecida à cor do solo da região em que se encontram, que também apresenta a mesma variação de cor, distribuída ao longo de um gradiente sul-norte. Na figura, encontram-se representadas sete diferentes populações de *P. polionotus*. Cada população é representada pela pelagem do rato, por uma amostra de solo e por sua posição geográfica no mapa.

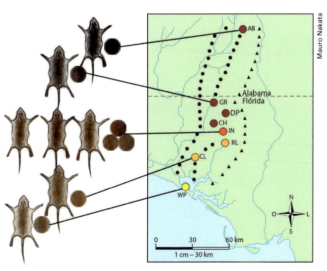

MULLEN, L.M.; HOEKSTRA, H.E. Natural selection along an environmental gradient: a classic cline in mouse pigmentation. In. *Evolution*, 2008.

Para rever e estudar

Questões de vestibulares

1. (Uerj - 2016) A população de uma espécie de roedores, com pelagem de diferentes colorações, foi observada em dois momentos: antes e depois da ocorrência de uma profunda transformação no meio em que vivem. As curvas abaixo representam esses dois momentos.

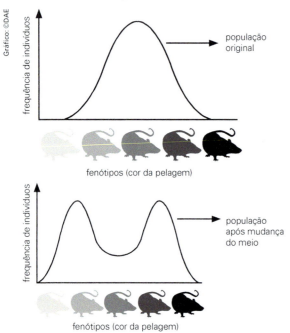

Fonte: <www.bio.miami.edu>.

O mecanismo evolutivo envolvido na associação entre cores de pelagem e de substrato é

a) a alimentação, pois pigmentos de terra são absorvidos e alteram a cor da pelagem dos roedores.

b) o fluxo gênico entre as diferentes populações, que mantém constante a grande diversidade interpopulacional.

c) a seleção natural, que, nesse caso, poderia ser entendida como a sobrevivência diferenciada de indivíduos com características distintas.

d) a mutação genética, que, em certos ambientes, como os de solo mais escuro, têm maior ocorrência e capacidade de alterar significativamente a cor da pelagem dos animais.

e) a herança de caracteres adquiridos, capacidade de organismos se adaptarem a diferentes ambientes e transmitirem suas características genéticas aos descendentes.

A alteração ocorrida na frequência do fenótipo da população de roedores, após a mudança do meio, é um exemplo de seleção denominada:

a) direcional
b) disruptiva
c) estabilizadora
d) não adaptativa

2. (UEPG-PR - 2015) A figura abaixo mostra o membro anterior de diferentes mamíferos. Com base em seus conhecimentos sobre evidências da evolução, assinale o que for correto.

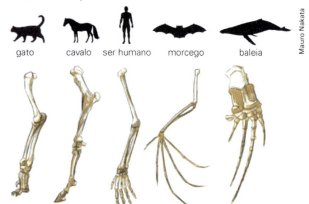

Fonte: LINHARES, S. GEWANDSZNAJDER,F. *Biologia hoje*. 15. ed. V. 3. Ática: São Paulo, 2010.

01) A figura mostra casos de convergência evolutiva (ou adaptativa) para as diferentes espécies de mamíferos.

02) As estruturas mostradas são consideradas homólogas, pois apresentam a mesma origem embrionária, semelhanças anatômicas e ancestralidade comum.

04) Ao comparar a asa do morcego mostrada na figura a uma asa de inseto, ambas adaptadas ao voo, verifica-se origem embrionária e estruturas anatômicas diferentes, portanto, são consideradas análogas.

08) As evidências evolutivas mostram que as asas dos morcegos e os membros dianteiros (nadadeiras) das baleias possuem origem embrionária e estrutura anatômica diferentes, sendo considerados órgãos análogos.

16) Entre as diferentes espécies, mudanças no número, no comprimento dos dedos ou em outras características funcionam como adaptações a diversas funções.

3. (FGV-SP - 2015) As estruturas ilustram os ossos das mãos ou patas anteriores de seis espécies de mamíferos, não pertencentes obrigatoriamente ao mesmo ecossistema.

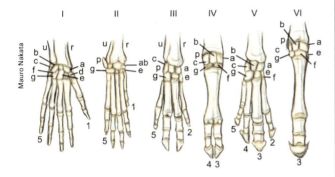

A transformação evolutiva de tais estruturas, ao longo das gerações, ocorre em função ░░░░░░░░░░░░ e indicam uma evidência evolutiva denominada ░░░░░░░░░░░░.

Assinale a alternativa que preenche, correta e respectivamente, as lacunas do parágrafo anterior.

a) da variabilidade genética [...] paralelismo evolutivo.
b) da maior ou menor utilização das mesmas [...] analogia.
c) do ambiente a ser ocupado [...] coevolução.
d) da seleção natural [...] homologia.
e) de eventuais mutações genéticas [...] convergência adaptativa.

4. (UFRGS-RS - 2015) Quando são realizadas comparações entre espécies, constata-se que muitas características são compartilhadas. Considere as afirmações abaixo, sobre os processos evolutivos relacionados a esse fato.

   I. Características homólogas são aquelas compartilhadas por diferentes espécies, herdadas de um ancestral comum.
   II. As estruturas ósseas das asas de morcegos e aves são derivadas de um ancestral comum de quatro membros.
   III. A evolução convergente refere-se a características similares que evoluíram, de forma independente, em diferentes espécies sujeitas a pressões seletivas semelhantes.

Quais estão corretas?

a) Apenas II.
b) Apenas III.
c) Apenas I e II.
d) Apenas I e III.
e) I, II e III.

5. (PUC-MG-2015) A Filogenia é o estudo da relação evolutiva entre grupos de organismos (como espécies e populações), baseada em dados moleculares, morfológicos e fisiológicos. A Ontogenia define a formação e desenvolvimento do indivíduo desde sua concepção até a morte.

A figura compara aspectos filogenéticos embrionários de grupos de vertebrados e mostra estágios do desenvolvimento ontogenético de cada grupo.

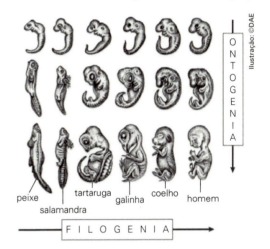

Com base nas informações acima e em seus conhecimentos sobre o assunto, é incorreto afirmar que:

a) os estágios iniciais do desenvolvimento embrionário revelam maiores semelhanças entre diferentes grupos filogenéticos do que os estágios mais tardios.
b) semelhanças filogenéticas observadas no desenvolvimento embrionário podem ser usadas como critérios para o estabelecimento de parentesco evolutivo entre espécies.
c) as fendas branquiais observadas no desenvolvimento embrionário do homem indicam que o embrião passa por uma fase de peixe antes de se diferenciar em mamífero.
d) a independência do meio aquático, mas não da água, para o desenvolvimento embrionário é um caráter filogenético que agrupa os amniotas a partir dos répteis.

Aspectos da história evolutiva da Terra   Capítulo 10   127

Para rever e estudar

6. (UEL-PR – 2015) Em um pequeno brejo, existe uma população de sapos de coloração marrom ou verde. Um pesquisador analisou diferentes cruzamentos entre esses anfíbios e descobriu que a coloração é controlada por um único gene com dois alelos.
Os esquemas a seguir, representados pelas letras A, B e C, mostram os resultados de três dos diferentes cruzamentos realizados por esse pesquisador.

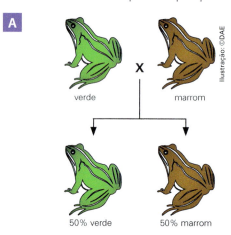

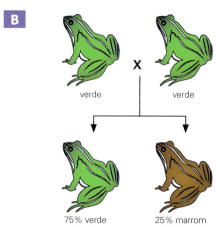

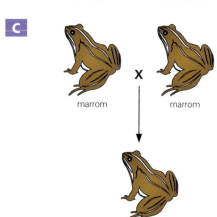

a) Com base nos resultados dos cruzamentos ilustrados nos esquemas, identifique o caráter recessivo e explique qual dos três esquemas permite essa conclusão.

b) Nesse mesmo brejo, descobriu-se que a frequência de sapos marrons é de 4%. Se for considerado que essa população segue o modelo de equilíbrio de Hardy-Weinberg, qual será a porcentagem de sapos heterozigotos? Justifique sua resposta apresentando os cálculos realizados.

7. (UEG-GO – 2015) Em uma população hipotética de estudantes universitários, 36% dos indivíduos são considerados míopes. Sabendo-se que esse fenótipo é associado a um alelo recessivo "a", as frequências genotípicas podem ser calculadas pela fórmula de Hardy-Weinberg. Nesse contexto, as frequências de AA, Aa e aa correspondem a

a) 58%, 24% e 18%
b) 40%, 24% e 36%
c) 34%, 48% e 18%
d) 16%, 48% e 36%

8. (Uema – 2015) É comum indagarmos sobre nossa origem. Viemos mesmo dos macacos? Antigamente a pergunta era ouvida com desprezo e incredulidade, mas hoje é recebida com naturalidade. A origem do ser humano – esse mamífero tão especial – deve ser analisada, pois o comportamento tem raízes em um passado remoto, quando um ser meio macaco, meio humano ocupava as florestas e depois as savanas da África, onde devem ter surgido os primeiros ancestrais dos seres humanos.

Entre esse ancestral e o ser humano atual – conhecido nos meios científicos como *Homo sapiens sapiens* – houve uma série de outros tipos conforme a representação esquemática da possível linha evolutiva entre o *Australopithecus* e o *Homo sapiens*.

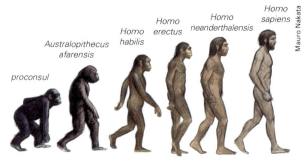

Fonte: MERCADANTE, Clarinda. *Evolução e sexualidade, o que nos faz humanos*. São Paulo: Moderna, 2004 (adaptado).

Considerando o exposto, explique como a mutação contribui para a evolução humana.

9. (UEPG-PR - 2015) Com relação à evolução da linhagem humana, assinale o que for correto.

01) Entre os possíveis ancestrais da linhagem dos hominídeos estão os australopitecos. Eles viveram nas savanas africanas de 4,2 milhões a 1,4 milhão de anos atrás.

02) A espécie *Australopithecus afarensis* viveu entre 3,8 milhões e 2,9 milhões de anos, com tamanho de cérebro semelhante ao do chimpanzé, mas com dentes e ossos da perna parecidos com os da espécie humana, além de apresentar postura ereta.

04) A partir dos australopitecos podem ter se diferenciado os primeiros representantes do gênero *Homo*, os quais possuíam, entre outras diferenças, corpo e cérebro maiores.

08) As evidências fósseis indicam que houve um aumento expressivo do volume craniano e tamanho do encéfalo da espécie *Homo erectus* durante o período em que ele existiu.

16) A passagem da vida semiarborícola dos australopitecos e a adaptação à forma de locomoção bípede dos diferentes grupos de *Homo* exigiu seleção para formas mais aptas no esqueleto e dentição.

10. (Udesc – 2015) Ao publicar *A Origem de Espécies por Meio da Seleção Natural* (1859), Charles Darwin lançou as bases da **Teoria da Evolução**. Em 1883, August Weismann refutou a herança das características adquiridas, contidas na obra de Darwin. Em 1894, o naturalista inglês, George J. Romanes cunhou o termo **Neodarwinismo** para este novo tipo de darwinismo, sem a herança das características hereditárias. Atualmente, de maneira errônea, usa-se o termo Neodarwinismo como sinônimo de **Teoria Sintética da Evolução**, síntese do pensamento evolucionista. Analise as proposições em relação à Teoria Sintética da Evolução e a seus pressupostos.

I. A evolução pode ser explicada por mutações e pela recombinação genética, orientadas pela seleção natural.

II. As mudanças impostas pelo ambiente no indivíduo são agregadas ao seu genótipo e transmitidas aos seus descendentes.

III. O fenômeno evolutivo pode ser explicado de modo consistente por mecanismos genéticos conhecidos.

IV. O uso de determinadas partes do organismo faz com que estas tenham um desenvolvimento maior.

V. A recombinação gênica não aumenta a variabilidade dos genótipos, pois atua em nível de fenótipos.

Assinale a alternativa correta.

a) Somente as afirmativas II, III e IV são verdadeiras.

b) Somente as afirmativas I e III são verdadeiras.

c) Somente as afirmativas III e V são verdadeiras.

d) Somente as afirmativas I, IV e V são verdadeiras.

e) Somente as afirmativas II, III e V são verdadeiras.

11. (PUC-MG - 2015) O contato de humanos com patógenos pode acarretar adaptações ontogenéticas e filogenéticas. Além disso, muitas conexões entre ontogenia e filogenia podem ser observadas e explicadas à luz da evolução.

Sobre esse assunto, assinale a afirmativa incorreta.

a) Uma epidemia letal, ao selecionar os organismos resistentes, pode tornar uma população filogeneticamente mais bem adaptada à patologia.

b) O contato repetido com patógeno que torna o indivíduo mais resistente a uma patologia representa adaptação ontogenética do sistema imune.

c) Adaptações ontogenéticas podem interferir em processos de seleção de importância filogenética.

d) Seleções filogenéticas não afetam futuras adaptações ontogenéticas, que dependem exclusivamente da relação do indivíduo com o meio.

12. (PUC-RJ – 2015) Três processos fundamentam a teoria sintética da evolução:

1. processo que gera variabilidade,
2. processo que amplia a variabilidade e
3. processo que orienta a população para maior adaptação.

Esses processos são, respectivamente:

a) recombinação gênica, seleção natural, mutação.

b) recombinação gênica, mutação, seleção natural.

c) mutação, recombinação gênica, seleção natural.

d) mutação, seleção natural, recombinação gênica.

e) seleção natural, mutação, recombinação gênica.

UNIDADE 4

ECOLOGIA

Um ambiente pode ser descrito de diversas maneiras. É possível caracterizá-lo como seco ou úmido, com altas ou baixas temperaturas, com muitas ou poucas espécies etc. As características do ambiente e dos seres vivos que existem nele estão relacionadas e, caso essas relações sejam alteradas, o ambiente também pode mudar. Os mecanismos que envolvem essas alterações ainda não são completamente compreendidos, mas sabe-se que elas podem afetar todos os organismos do ambiente, inclusive o ser humano.

Foto de paisagem no Parque Estadual dos Pireneus (GO), 2015. Diversas características desse local estão relacionadas com os seres vivos presentes no ambiente.

CAPÍTULO 11

FUNDAMENTOS DA ECOLOGIA

O termo ecologia apresenta a raiz grega, *oîkos*, que significa "casa". *Logos* quer dizer "ciência", "estudo", "conhecimento". Assim, ecologia significa "estudo da casa". Como a casa natural dos seres vivos é o ambiente, a palavra ecologia deve ser entendida como o "estudo do ambiente", incluindo todos os componentes e os processos biológicos, físicos e químicos existentes.

O vocábulo *oekologie* (ecologia) foi criado pelo biólogo alemão Ernst Haekel (1834-1919), discípulo de Darwin, em 1866, para designar a ciência das relações entre o organismo e o meio ambiente.

Como um campo específico do conhecimento humano, isto é, um ramo das Ciências Biológicas (Biologia), a Ecologia iniciou-se por volta de 1900 apresentando, de lá para cá, um crescimento expressivo. Na segunda metade do século XX houve um grande aumento no interesse humano pela importância das questões ambientais, como a preservação e a recuperação dos espaços naturais.

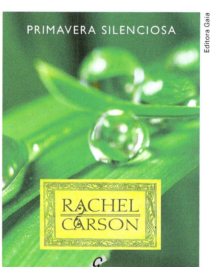

O livro *Primavera silenciosa*, da bióloga Rachel Carson (1907-1964), publicado em 1962, é um marco do crescimento da preocupação com o ambiente. Ele gerou um alerta mundial sobre os efeitos nocivos do uso de agrotóxicos e questionou os rumos da relação entre o ser humano e a natureza.

▶ Níveis de organização da Ecologia

Para facilitar e organizar seus estudos, cientistas dividiram a natureza em alguns níveis hierárquicos de organização. Na Ecologia, são estudados os seguintes níveis: biosfera, ecossistema, bioma, comunidade e população.

Biosfera

As camadas que envolvem o planeta recebem a denominação de esfera, em virtude do formato aproximadamente esférico da Terra. Em 1665 foi criado o termo atmosfera, referente à camada gasosa que envolve a Terra. Posteriormente surgiu o termo litosfera, que é a camada mineral da Terra, e o conceito de hidrosfera, referente à parte da Terra ocupada pela água. Em 1875, o geólogo austríaco Eduard Suess (1831-1914) cunhou o termo biosfera referindo-se a todos os lugares do planeta onde existe vida, ou seja, a "esfera da vida" na Terra.

Outra maneira de se conceituar a biosfera é por meio de sua relação com outros componentes da Terra. Observa-se, na figura a seguir, que a biosfera está em uma intersecção entre atmosfera, hidrosfera e litosfera. Todo ser vivo apresenta componentes gasosos da atmosfera – como os gases oxigênio e dióxido de carbono –, água da hidrosfera e sais minerais – como Ca, Na, S, K e P – da litosfera. A atividade que ocorre na biosfera exige grande quantidade de energia. A principal fonte de energia disponível é o Sol, astro que, em última análise, sustenta a vida em nosso planeta.

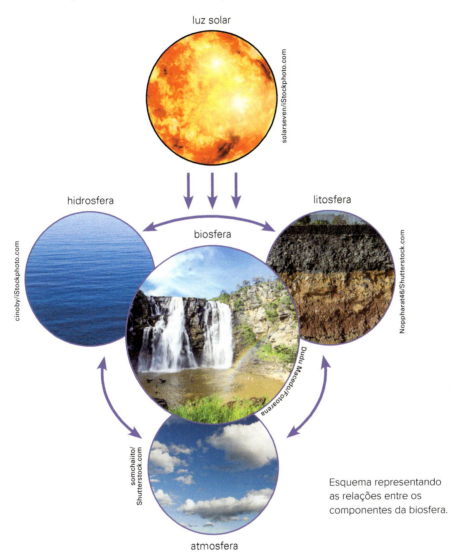

Esquema representando as relações entre os componentes da biosfera.

A energia luminosa solar é captada pela biosfera via fotossíntese e armazenada em compostos orgânicos, que são a fonte de energia de diversos seres vivos. Depois de utilizada, parte dessa energia sai da biosfera e dissipa-se para o espaço na forma de energia térmica (calor). Portanto, a biosfera pode ser considerada um grande sistema transformador de energia luminosa em energia térmica, passando por diversas formas de energia.

Na biosfera estão todos os organismos vivos da Terra e os locais onde eles vivem. Até pouco tempo acreditava-se que existiam limites para a biosfera, isto é, regiões do planeta em que não havia vida. Porém, com a descoberta de seres vivos em grandes profundidades marinhas e em elevadas altitudes atmosféricas esses limites estão sendo revistos, e atualmente há dúvida se existe algum limite para a biosfera e qual seria esse limite.

Conexões

A luz é uma forma de energia, ou seja, está envolvida na realização de trabalho. Nas disciplinas de Física e Química, a luz e os efeitos a que ela induz também são estudados.

Fundamentos da ecologia Capítulo 11 133

Atualmente, a melhor maneira de representar a biosfera é por meio de uma imagem do planeta Terra, já que foi descoberta vida em locais que, até pouco tempo, eram considerados inabitáveis, como grandes profundidades marinhas e camadas de rocha do subsolo.

Ecossistema

A biosfera pode ser organizada em diversos ecossistemas, que são partes dentro da biosfera. Os seres vivos (**fatores bióticos**) e os fatores não vivos de um ambiente (**fatores abióticos** ou **biótopo**) interagem entre si de tal modo que formam um conjunto coeso e contínuo, compreendendo uma unidade ecológica. Essa unidade ecológica é denominada ecossistema ou biossistema.

Os ecossistemas são considerados unidades funcionais básicas dos estudos ecológicos, pois incluem todos os componentes vivos e não vivos, além de considerar as interações existentes entre eles. Esse inter-relacionamento é tão íntimo que um interfere na propriedade do outro, e cada um deles tem o seu papel na manutenção das características do ecossistema.

Cada espécie ocupa um local no ecossistema chamado **habitat**. Um animal vive apenas em um lago de água doce em determinado local. Esse lago, portanto, corresponde ao *habitat* dele.

Alguns animais possuem vários tipos de ambiente em seu *habitat*. Jacarés (*Caiman yacare*) do Pantanal, por exemplo, geralmente vivem nos rios, mas também podem viver fora da água. Eles podem chegar a 3 m de comprimento.

134 Unidade 4 Ecologia

O papel ou a função que o organismo desempenha no ambiente é conhecido como **nicho ecológico**. Bactérias que decompõem os restos mortais de organismos, por exemplo, são consideradas decompositoras, e, dentro do seu nicho ecológico, elas transformam os resíduos orgânicos dos organismos mortos em moléculas inorgânicas que podem ser aproveitadas por outras espécies. Tanto o *habitat* quanto o nicho ecológico envolvem relações entre fatores bióticos e abióticos e são partes integrantes de um ecossistema.

Palmeiras em Santarém (PA), 2013. Árvores têm como parte de seu nicho a atividade de fixar carbono atmosférico.

Existem diversos ecossistemas na natureza. O limite entre eles não é uma linha, mas uma faixa de transição em que ocorre gradual substituição das espécies de um dos ecossistemas pelas espécies do outro. Portanto, não é possível saber exatamente onde um ecossistema termina e onde outro começa. Essa faixa de transição entre ecossistemas é denominada **ecótono**. De modo geral, a variedade de espécies no ecótono é maior do que em cada um dos ecossistemas isolados, já que conta com espécies dos dois ecossistemas vizinhos.

Bioma

Quando nos referimos ao bioma consideramos apenas uma área em que ocorrem vegetação e animais típicos com clima relativamente homogêneo. Um bioma pode apresentar características que variam de acordo com a época do ano.

Ambiente em Tapirá (SP), 2015. A Mata Atlântica é um tipo de bioma caracterizado por vegetação densa, grande diversidade de espécies, clima quente e úmido e diversos outros aspectos.

Fundamentos da ecologia Capítulo 11 135

Foco em ambiente

O que é biodiversidade?

Biodiversidade é um termo que se refere à diversidade de espécies encontradas em determinada área. Pode-se falar da biodiversidade da biosfera, de um ecossistema, de um bioma, de uma plantação, de um aquário etc. Quanto maior a biodiversidade, maior a quantidade de organismos diferentes no local. Esse termo não se refere apenas à diversidade de plantas e animais, mas também à diversidade de bactérias, fungos e protistas.

Algumas atividades humanas diminuem a biodiversidade dos ambientes. Quando um bioma é desmatado e substituído por uma plantação de milho, por exemplo, a biodiversidade local diminui, e isso afeta as relações entre seres vivos e fatores abióticos do local. Assim, o conjunto de diversas ações pode diminuir a biodiversidade da biosfera terrestre, impedindo que novas gerações conheçam espécies que hoje são vistas na natureza.

1. Microrganismos são importantes para a biodiversidade? Explique.

Os biomas terrestres são identificados pela composição vegetal que apresentam, refletindo os fatores climáticos, o tipo e a composição do solo, a latitude, a longitude, a altitude e a proximidade do mar. Portanto, a vegetação característica do bioma depende da região da Terra onde ele está.

Comunidade

O conjunto de todos os seres vivos de determinada região é denominado comunidade biótica ou, simplesmente, comunidade. Tanto fatores bióticos como comunidade biótica referem-se aos seres vivos de determinado ambiente, mas comunidade biótica tem significado mais amplo pois inclui, além dos fatores bióticos, as interações entre eles.

O ser humano é quem convenciona, de acordo com os seus critérios ou necessidades, os limites em que uma comunidade se estabelece. Assim, podemos citar como exemplos de comunidades os seres vivos de um lago, de um jardim, os microrganismos de uma ferida na pele, os seres vivos de uma fazenda, os seres vivos de uma caverna, entre outros.

Os recifes de corais formam comunidades que possuem diversos organismos. Eles servem de alimento, proteção e local de caça para diferentes espécies.

Unidade 4 Ecologia

Os limites das comunidades são variáveis, alguns naturais, como o lago, a ferida e a caverna; outros artificialmente estabelecidos, como a fazenda e o jardim. Os limites de uma comunidade podem coincidir com os limites de um ecossistema. Neste caso, essa comunidade especial é denominada **biocenose**.

A biocenose apresenta outra característica que a diferencia das demais comunidades: ela é nutricionalmente autossuficiente, isto é, os organismos que fazem parte dela não necessitam buscar alimento além de seus limites. Todo o alimento consumido é produzido na própria comunidade.

As comunidades de um jardim ou de uma praça pública arborizada, por exemplo, não podem ser consideradas biocenoses, pois os pássaros que lá vivem necessitam de suprimento alimentar extra, buscando-o fora dos seus limites. Comunidades da Amazônia podem ser biocenoses porque, dentro dos seus limites, elas produzem todo o alimento que seus componentes consomem.

População

O conjunto de todos os seres vivos de uma mesma espécie em determinada região é denominado população.

Os animais que vivem em uma criação são exemplo de população determinada pelo ser humano.

Ao nos referirmos a uma população, devemos citar suas qualidades: a espécie, a região onde se encontra e o período de tempo ao qual nos referimos. Assim, por exemplo, os seres humanos (espécie) de uma cidade (região) compõem uma população em determinada época. Podemos nos referir à população de pessoas na cidade de Belo Horizonte em 1910. Também podemos nos referir à população de pessoas na cidade de Belo Horizonte em 2015. Ao estudarmos populações com qualidades diferentes, analisamos populações diferentes. No exemplo citado, devido à diferença temporal, referimo-nos a duas populações.

Outros níveis de organização

Os níveis de organização estudados em Ecologia não representam todas as divisões possíveis. Uma população, por exemplo, pode ser dividida em indivíduos, que podem ser subdivididos em sistemas, órgãos etc. A biosfera terrestre faz parte do sistema solar, que faz parte da Via Láctea. Isso mostra que existem níveis de organização mais abrangentes e menos abrangentes do que os estudados.

▶ Relações tróficas no ecossistema

Um dos principais fatores que mantém uma comunidade é o nutricional. Esse fator se reflete nas relações tróficas, ou seja, nas relações alimentares entre os organismos de uma comunidade.

Entende-se por **alimento** qualquer composto orgânico que possa fornecer energia, de modo direto ou indireto, para as atividades celulares. Assim, a água não é alimento porque não fornece energia para as atividades celulares, além de não ser um composto orgânico. O gás carbônico também não é alimento, pois não fornece energia para as células.

Níveis tróficos

Em função das relações tróficas, os organismos que compõem uma comunidade podem ser classificados em níveis tróficos ou alimentares.

O primeiro nível trófico é composto de organismos **autótrofos**, ou seja, que produzem o próprio alimento. Por isso, eles são denominados **produtores**. A maioria dos produtores são fotossintetizantes. Também, nesse nível, estão incluídas as bactérias quimiossintetizantes aclorofiladas.

Os **heterótrofos** são os organismos que se alimentam de outros; nesse caso são denominados **consumidores**. Todos os animais são consumidores. Os que se alimentam dos produtores são chamados consumidores primários ou de primeira ordem.

Os consumidores que se alimentam dos herbívoros são chamados consumidores secundários ou de segunda ordem. Os consumidores que se alimentam dos consumidores secundários são os consumidores terciários ou de terceira ordem e, assim, sucessivamente.

> **Sapro-:**
> esse prefixo vem do grego e significa "estragado", "podre". Assim, saprófita refere-se ao organismo que obtém nutrientes vitais a partir de matéria orgânica em decomposição. Sapróbio é um ser que depende de material orgânico em decomposição para se desenvolver, e sapróvoro é aquele que se alimenta de material orgânico em decomposição.

Os **decompositores** compreendem as bactérias e os fungos e também são chamados **saprófitas, sapróbios** ou **saróvoros**. São eles que, ao se nutrirem da matéria orgânica dos cadáveres, dos excrementos e das excreções provenientes dos mais diversos níveis tróficos (produtores e consumidores), devolvem gases para a atmosfera e sais minerais para o solo (remineralização), tornando possível a reutilização desses materiais por outros organismos. Eles agem em todos os níveis tróficos.

Dentro de uma comunidade ou de um ecossistema encontramos várias espécies de produtores, de consumidores e de decompositores. Por definição, os produtores fazem parte do primeiro nível trófico, os herbívoros, do segundo nível trófico, os consumidores secundários, do terceiro, e assim por diante. Os decompositores compreendem o último nível trófico da comunidade. O número de níveis tróficos varia de acordo com as relações tróficas, mas os tipos de níveis tróficos são os mesmos.

Níveis tróficos de uma comunidade complexa			
Comunidade biótica			**Níveis tróficos**
autótrofo			1º
heterótrofo	consumidor	primário	2º
		secundário	3º
		terciário	4º
		quaternário	5º
	decompositor		6º

Existem organismos que ocupam mais de um nível trófico, como o ser humano, que se alimenta de herbívoros (boi, carneiro e coelhos), carnívoros (cação, dourado) e de produtores (arroz, feijão, alface, tomate e cebola). Nesse caso, onde não há especialização nos hábitos alimentares, o organismo é classificado como **onívoro**, ou seja, pode se alimentar de todos os níveis tróficos. Já organismos que se alimentam apenas de produtores são considerados **herbívoros**, enquanto os que se alimentam exclusivamente de consumidores são **carnívoros**. Nesses casos, existem adaptações nos dentes dos organismos que refletem em sua dieta.

Cadeia e teia alimentares

Tomando-se como exemplo vários organismos de uma comunidade terrestre, constituída por milho, rato, gafanhoto, cobra, coruja e falcão, podemos elaborar a seguinte sequência de relações alimentares:

- O milho serve de alimento para os ratos, que são comidos pelos falcões.
- O milho serve de alimentos para os ratos, que são predados por serpentes. As serpentes são caçadas e comidas pelos falcões.
- O milho é utilizado como alimento por gafanhotos, que são comidos por corujas. As corujas servem de alimentos para os falcões.
- O milho serve de alimento aos gafanhotos, que são comidos por corujas. As corujas são predadas pelas serpentes que, por sua vez, são comidas por falcões.

A sequência linear de organismos onde um serve de alimento ao seguinte é denominada **cadeia alimentar**. No exemplo citado, existem quatro cadeias alimentares.

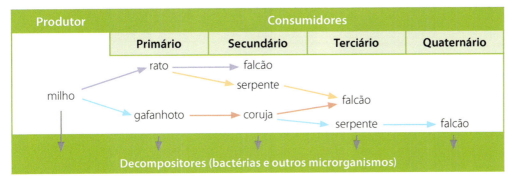

O conjunto de todas as cadeias alimentares de uma comunidade é denominado **teia alimentar**, rede alimentar, teia da vida, ou rede da vida. No exemplo, a teia alimentar é formada por quatro cadeias alimentares.

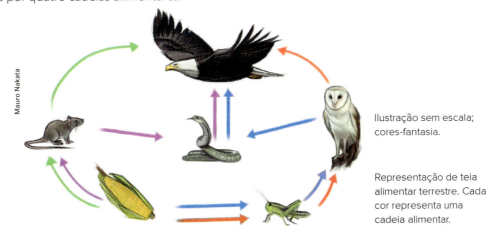

Ilustração sem escala; cores-fantasia.

Representação de teia alimentar terrestre. Cada cor representa uma cadeia alimentar.

Fundamentos da ecologia Capítulo 11   139

Em uma teia alimentar, um mesmo organismo pode ocupar níveis tróficos diferentes. Os falcões, por exemplo, podem ser consumidores secundários, terciários ou quaternários.

Em comunidades aquáticas, os produtores são constituídos principalmente por algas microscópicas, conhecidas por **fitoplâncton**. Já os consumidores primários são organismos heterótrofos microscópicos, conhecidos por **zooplâncton**. Posteriormente, animais carnívoros alimentam-se do zooplâncton, dando sequência às cadeias alimentares. No fitoplâncton marinho predominam as diatomáceas e os dinoflagelados, e, no de água doce, as clorofíceas. No zooplâncton predominam os microscrustáceos.

Fitoplâncton. Micrografia óptica; ampliada cerca de 20 vezes.

Zooplâncton. Micrografia óptica; ampliada cerca de 5 vezes.

Aspectos da ação humana nas relações tróficas

Nos estudos ecológicos costuma-se fazer uma distinção entre exploração e extração vegetais. A **exploração vegetal** envolve a morte da planta, em um ambiente natural, enquanto a **extração vegetal** significa a retirada de produtos florestais, como látex, resinas, sementes, folhas, sem derrubar ou matar a planta. A derrubada de uma árvore para a obtenção de madeira e o corte do ápice da palmeira para retirada do palmito são formas de exploração vegetal.

As atividades humanas de exploração e extração de recursos naturais implicam em interferências nas cadeias e teias alimentares. Em certa cadeia alimentar, constituída por populações de milho, gafanhoto, ave, serpente e falcão, a pulverização de inseticida no milharal vai eliminar grande parte de gafanhotos. Essa eliminação, em um primeiro momento, será sentida pela população das aves, que, não dispondo de alimentação, tenderá a se reduzir. Em um segundo e terceiro momentos, as populações de serpente e falcão também serão reduzidas.

Desse modo, a interferência humana em um ponto da cadeia alimentar altera a relação de equilíbrio existente. O exemplo pode ser estendido para a teia alimentar formada por essas cadeias.

A caça indiscriminada de onças, por exemplo, aumenta o número de capivaras e coelhos de um ambiente, pais a população de seu predador natural diminui. Como essas populações aumentam, é necessário mais capim para sustentá-las. Em uma segunda etapa, em razão do alto consumo de capim, teríamos uma redução de insetos e, consequentemente, de aves, sapos e serpentes, prejudicando o ecossistema. Portanto, dentro do nicho ecológico da onça, neste ecossistema, está a atividade de controlar diretamente a população de capivaras e coelhos e, indiretamente, a de insetos, aves, sapos e serpentes.

A caça da onça pintada (*Panthera onca*) ocorre por vários motivos e coloca em risco a sobrevivência dessa espécie. Além disso, essa caça ameaça o equilíbrio das cadeias alimentares das quais esse animal participa. Ela pode chegar a 2 m de comprimento.

Foco na sociedade

A Hipótese de Gaia

Em 1969, a Nasa pediu ao químico inglês James Lovelock (1919) que investigasse os planetas Vênus e Marte para saber se possuíam alguma forma de vida. Em consequência desse trabalho, em 1973, juntamente com a Dra. Lynn Margulis (1938-2011), bióloga norte-americana, Lovelock formulou a Hipótese de Gaia.

De acordo com essa hipótese, os seres vivos interferem no ambiente físico modificando-o, tornando-o mais adequado à sua sobrevivência. Além disso, a hipótese determina que a Terra é um planeta cuja vida controla a manutenção da própria vida.

A composição da atmosfera reforça a Hipótese de Gaia. Acredita-se que a atual composição da atmosfera terrestre, rica em oxigênio e pobre em gás carbônico, foi produzida pelos seres vivos e assim se mantém por causa da presença de seres fotossintetizantes.

1. Cite algumas modificação, além da citada no texto, que ocorre na terra devido aos seres vivos.

▶ Pirâmides ecológicas

As cadeias alimentares podem ser analisadas quantitativamente, dispondo os dados obtidos para estudos. Uma cadeia alimentar formada por capim, gafanhoto e sapos, levando-se em conta o número de indivíduos de cada nível trófico, pode, a título de exemplo, ter os seguintes números: 5 mil capins, 500 gafanhotos e 10 sapos. Esses dados permitem a construção de um gráfico (A). Esses mesmos dados podem ser representados em pirâmides. Na base estão os produtores e, no topo, os consumidores de nível trófico mais elevado (B).

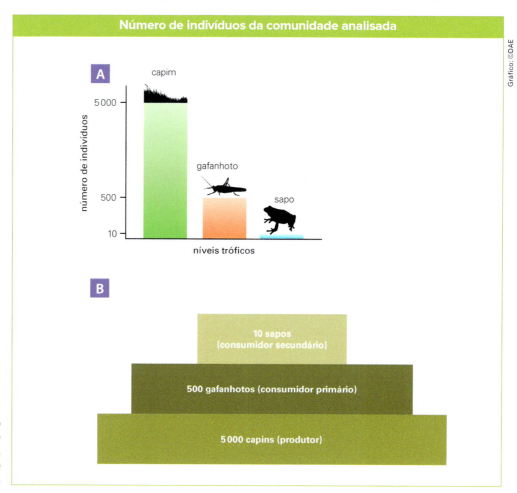

(A) Gráfico mostrando o número de indivíduos de uma comunidade analisada. (B) Pirâmide representando os mesmos dados do gráfico.

Pirâmide de número

Quando a pirâmide é montada, levando-se em consideração o número de indivíduos da cadeia alimentar, é chamada pirâmide de números ou de frequência.

Pirâmide normal de número.

142 Unidade 4 Ecologia

Não é raro uma pirâmide de números se apresentar invertida, como a obtida a partir da cadeia alimentar formada por uma árvore, cupins e protozoários encontrados no interior do intestino do cupim.

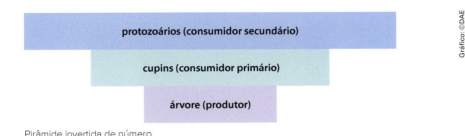

Pirâmide invertida de número.

Pirâmide de biomassa

Se a pirâmide for montada, levando-se em consideração a massa viva, denominada **biomassa**, de cada nível trófico, ela é conhecida como pirâmide de biomassa ou simplesmente de massa. A pirâmide de biomassa pode aparecer na forma normal, mas, em ambiente aquático, pode aparecer invertida.

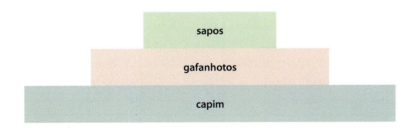

Pirâmide de biomassa.

Pirâmide de energia

Como as pirâmides de número e de biomassa são variáveis, isto é, aparecem invertidas em alguns casos, procurou-se outra forma de quantificar a cadeia alimentar que apresentasse forma piramidal constante, facilitando, assim, a análise do processo.

Tal pirâmide é obtida quando se faz a quantificação da energia retida em cada nível trófico por determinado tempo. Essa pirâmide é conhecida por pirâmide de energia e nunca se apresenta invertida, pois mostra uma consequência natural das leis da termodinâmica: parte da energia química é "perdida" ao passar de um nível trófico para o outro. Em cada nível trófico, a energia é transformada e nunca criada; além disso, ela indica os níveis de aproveitamento ou produtividade biológica da cadeia alimentar.

Na pirâmide de energia, o nível do produtor corresponde à quantidade de energia armazenada nos alimentos produzidos pelos autótrofos, em determinada área, em certo intervalo de tempo. Essa energia armazenada no alimento corresponde à **produtividade primária bruta** (PPB), e parte dessa energia é consumida pelos vegetais para crescimento e manutenção da atividade por meio da respiração. A energia não utilizada é armazenada em produtos orgânicos nas células, e pode ser ingerida pelo nível trófico seguinte, no caso, os herbívoros. A energia retida nos produtos orgânicos armazenados nos produtores, disponível para os herbívoros, corresponde à **produtividade primária líquida** (PPL).

A produtividade primária bruta ou líquida é medida, preferencialmente, em kcal/m² ao ano (kcal = quilocaloria = 1 000 calorias).

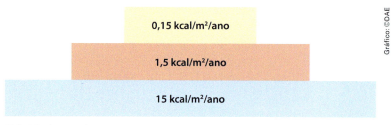

Pirâmide de energia.

▶ Fluxo unidirecional de energia na cadeia alimentar

A cada dia, a atmosfera terrestre recebe cerca de 10^{22} joules de radiação solar, suficiente para suprir as demandas de toda a população humana por aproximadamente 25 anos, considerando os níveis de consumo de 2009. Porém, nem toda essa radiação solar é aproveitada pelos autótrofos. A maior parte é absorvida, espalhada ou refletida por nuvens e partículas atmosféricas. A parte da radiação solar que chega à superfície da Terra não é totalmente aproveitada pelos produtores, pois grande parte dela incide em estruturas não fotossintetizantes, como solo e gelo. Além disso, apenas alguns comprimentos de onda são aproveitados por esses organismos, e cerca de 1% da luz visível que alcança os fotossintetizantes é convertida em energia química. Apesar de parecer pouco, essa energia permite criar cerca de $1,5 \times 10^{14}$ kg de matéria orgânica anualmente.

Do total de energia armazenada pelos autótrofos na matéria orgânica produzida pela fotossíntese, parte é consumida por eles mesmos na respiração, mantendo-os vivos. Portanto, só é passado para o nível trófico seguinte o que o produtor não consumiu.

Do alimento que os herbívoros consomem, parte é eliminada nos excrementos (fezes) e excreção (urina), enquanto parte é utilizada na respiração desses organismos para a manutenção de sua atividade e crescimento. Outra parte é perdida na forma de calor. A energia excedente é incorporada pelos organismos na forma de gorduras, proteínas ou açúcares, podendo passar ao nível trófico seguinte.

Assim, cada nível trófico perde e consome parte da energia que adquiriu na forma de alimento. Essa energia flui de um nível trófico para outro, sem possibilidade de retrocesso, em uma única direção. A transferência de energia de um nível trófico a outro, sem retorno, é denominada fluxo unidirecional de energia. Em razão da perda de energia em cada nível trófico, conclui-se que, quanto menor for a cadeia alimentar, maior será a quantidade de energia disponível para o nível trófico mais elevado.

As características do fluxo de energia nos ecossistemas se relacionam com o comportamento humano. Alimentar-se de carne é uma maneira pouco eficiente de aproveitar energia fotossintética, por causa das perdas de energia durante a cadeia alimentar. Geralmente, a mesma massa de proteína que alguém come em um punhado de soja gera 20% dessa massa de proteína quando serve de alimento ao gado. Assim, podemos nos alimentar mais eficientemente em termos energéticos se consumirmos maior quantidade de plantas.

▶ Ciclos da matéria

Diferente do que ocorre com a energia, a matéria disposta pelos seres vivos no ambiente na forma de fezes, urina, fragmentos – folhas, ramos, frutos, unhas, garras – e cadáveres é decomposta, podendo ser reaproveitada. A matéria apresenta um fluxo cíclico no ecossistema, ou seja, é degradada e reaproveitada, em vez de seguir um fluxo unidirecional.

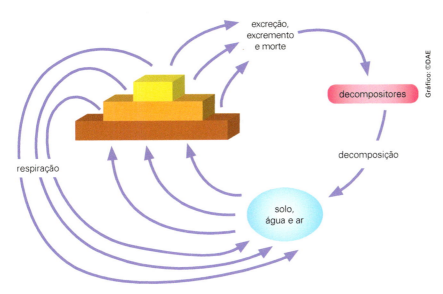

Representação do fluxo cíclico da matéria.

Os ciclos da matéria no ecossistema são conhecidos como ciclos biogeoquímicos, pois envolvem os seres vivos (bio), o nosso planeta (geo) e os produtos materiais circulantes (químico).

Ciclo da água

A água na natureza pode ser encontrada em três estados físicos, porém com diferentes condições de salinidade. No estado líquido, pode ser tanto doce quanto salgada.

Os oceanos e mares (água salgada) constituem cerca de 97,5% de toda a água do planeta. Dos 3% restantes, constituídos de água doce, 2,25% estão no estado sólido (geleiras e polos) e 0,75% na forma líquida nos rios, lagos e lençóis freáticos. Percebe-se que a porcentagem de água líquida e potável (0,75%), apropriada para o consumo humano, é reduzida e, lamentavelmente, é a que mais se polui.

Para explorar

Os dados mostram que existe uma pequena quantidade de água apropriada disponível para o consumo humano. Alguns países como o Brasil possuem grandes reservatórios de água doce, mas outros possuem apenas pequenas reservas. Formem duplas e façam uma pesquisa para responder às seguintes questões: Existe alguma maneira de aumentar a quantidade de água doce potável disponível para consumo humano? Qual a importância disso?

Conexões

Existem cinco estados conhecidos da matéria: sólido, líquido, gasoso, plasma e Bose-Einstein. Em Biologia, apenas os três primeiros estados da matéria citados (sólido, líquido e gasoso) são trabalhados. Os outros dois geralmente são vistos em Química e Física.

A quantidade de água na forma de vapor da atmosfera é bastante reduzida quando comparada às quantidades encontradas nos outros estados físicos. Apesar dessa pequena quantidade, ela é fundamental para determinar as condições climáticas e de importância vital para os seres vivos.

A água encontrada na atmosfera é proveniente da evapotranspiração, que compreende a transpiração dos seres vivos e a evaporação da água líquida. A evapotranspiração exige energia para ser realizada. Em última análise, pode-se afirmar que essa energia provém do Sol, atuando diretamente na evaporação e indiretamente na transpiração.

A água gasosa da atmosfera condensa-se e pode precipitar na forma de chuva (líquida) ou, se o resfriamento for mais intenso, na forma sólida, como neve ou granizo. Nos continentes e ilhas, a evapotranspiração é menor do que a precipitação, o que possibilita a formação dos rios, lagos e lençóis freáticos.

O inverso ocorre nos oceanos e mares, em que a precipitação é menor do que a evapotranspiração. Nessas condições, os mares e oceanos, com o passar do tempo, deveriam secar. Isso não ocorre porque a água dos continentes é conduzida aos mares e oceanos pelos rios. Percebe-se, assim, que a maior parte das nuvens do nosso planeta forma-se a partir da água evaporada dos mares e oceanos.

Representação do ciclo da água.

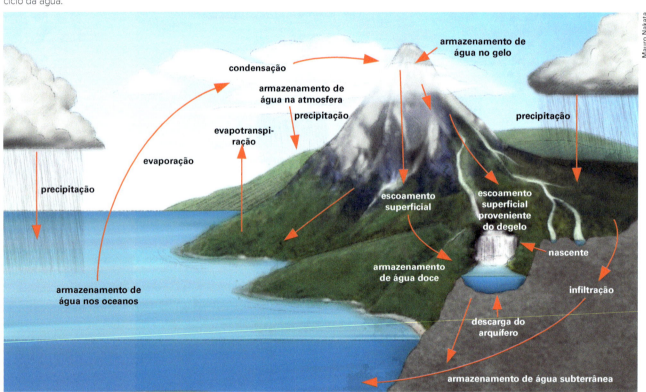

Ilustração sem escala; cores-fantasia.

Fonte: REECE, J. B. et al. *Biologia de Campbell*. 10. ed. Porto Alegre: Artmed, 2015.

Ciclo do carbono

O elemento carbono sempre é encontrado ligado a outros elementos, principalmente com o oxigênio, formando o gás carbônico ou dióxido de carbono (CO_2), e com o hidrogênio, formando o gás metano (CH_4). A atmosfera é a maior fonte de carbono para os seres vivos, já que alguns podem assimilar gás carbônico. É por isso que analisamos o ciclo desse gás ao nos referirmos ao ciclo do carbono.

O gás carbônico encontra-se na atmosfera em baixa concentração, em torno de 0,03%. Removido da atmosfera pela fotossíntese, o carbono do CO_2 é incorporado aos seres vivos em compostos orgânicos, como a glicose, ao mesmo tempo em que a energia luminosa, proveniente do Sol, é armazenada.

A respiração e a fermentação liberam a energia desses compostos orgânicos e devolvem o dióxido de carbono para a atmosfera. A decomposição da matéria orgânica, realizada pelos fungos e bactérias, também libera esse gás para a atmosfera.

Outra forma de se adicionar gás carbônico na atmosfera é mediante a combustão, queimando-se combustíveis fósseis como carvão e petróleo e seus derivados (gasolina, *diesel*, gás natural) ou lenha. Incêndios e queimadas, principalmente nas florestas e campos, também liberam CO_2 na atmosfera.

> **Veja também**
>
> Neste endereço, você encontra uma simulação do ciclo do carbono interativa. Disponível em: <www.ecoanimateca.com.br/?page=animacao&file=YWRtaW4vYXBwL3dlYnJvb3QvYXJxdWl2b3NfZGV tby9kZW1vXzE2Mi5zd2Y=&idanima=MTYy>. Acesso em: 28 nov. 2015.

Ilustração sem escala; cores-fantasia.

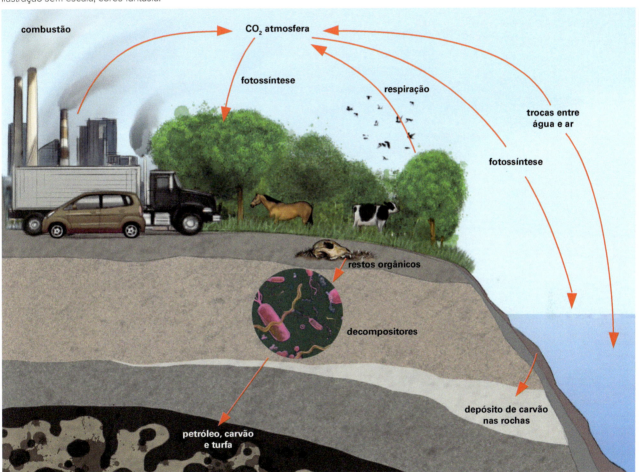

Fonte: REECE, J. B. et al. *Biologia de Campbell*. 10. ed. Porto Alegre: Artmed, 2015.

Representação do ciclo do carbono.

Ciclo do nitrogênio

O nitrogênio é um elemento químico fundamental para os seres vivos, presente em aminoácidos, proteínas, bases nitrogenadas e no ATP. Ele existe na forma gasosa na atmosfera (N_2), compondo cerca de 79% dessa camada. Portanto, os seres vivos terrestres encontram-se mergulhados em um "mar gasoso de nitrogênio". E, apesar dessa fartura, poucos são os organismos que conseguem aproveitá-lo.

O nitrogênio utilizável pela maioria dos seres vivos é o combinado com o hidrogênio na forma de amônia (NH_3). A transformação de N_2 atmosférico em NH_3 é chamada de **fixação**. Fenômenos físicos como relâmpagos e faíscas elétricas são processos fixadores de nitrogênio. A produção de amônia por esses fenômenos atmosféricos é baixíssima, sendo praticamente desprezível em face das necessidades dos seres vivos. A fixação do nitrogênio por esses meios é denominada fixação física.

Outra forma de fixação do nitrogênio é a fixação industrial, realizada pelas indústrias de fertilizantes. A quantidade de nitrogênio fixada por esse meio é elevada. De modo geral, os componentes básicos dos fertilizantes artificiais são nitrogênio, fósforo e potássio (N, P e K).

A fixação do nitrogênio realizada pelas bactérias, cianobactérias e fungos, que vivem livres no solo ou associados a plantas, é denominada fixação biológica ou biofixação. Ela é a principal responsável pela disponibilização de amônia para os seres vivos.

Bactérias do gênero *Rhizobium* são organismos fixadores de nitrogênio e vivem associados a plantas, principalmente leguminosas. Esses microrganismos, conhecidos genericamente por radicícolas, vivem em nódulos das raízes das plantas. Eles recebem proteção e alimento da planta e, em troca, fornecem um farto suprimento de nitrogênio aproveitável na forma de amônia. A gimnosperma *Araucaria*, planta não leguminosa, apresenta nódulos em suas raízes com fungos fixadores de nitrogênio.

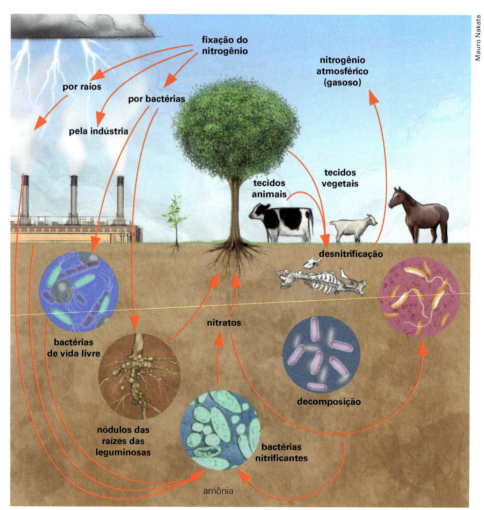

Ilustração sem escala; cores-fantasia.

Representação do ciclo do nitrogênio.

Fonte: REECE, J. B. et al. *Biologia de Campbell*. 10. ed. Porto Alegre: Artmed, 2015.

A amônia produzida pelos biofixadores de vida livre – bactérias dos gêneros *Azotobacter* e *Clostridium* – no solo ou na água é transformada em nitrito (NO_2^-) e, posteriormente, em nitrato (NO_3^-), pela ação das bactérias **nitrificantes** dos gêneros *Nitrosomonas*, *Nitrosococcus* e *Nitrobacter*. A transformação de amônia em nitrato é chamada de **nitrificação**. As bactérias nitrificantes são quimioautótrofas e utilizam a energia liberada na nitrificação para sintetizar as suas substâncias orgânicas.

Os produtos nitrogenados dos organismos são devolvidos ao meio ambiente por meio da excreção ou da decomposição. As excretas nitrogenadas eliminadas para o ambiente, como ureia e ácido úrico, são transformadas em amônia pela ação de bactérias e fungos decompositores. O mesmo ocorre com outros compostos nitrogenados, como proteínas. A decomposição que apresenta como produto final a amônia denomina-se **amonificação**.

A amônia produzida pelos fixadores ou pela amonificação pode ser aproveitada por bactérias ou pode ser transformada em gás nitrogênio, devolvendo-o para a atmosfera. Essa devolução é conhecida por **desnitrificação** e é realizada pelas bactérias desnitrificantes, que também podem formar gás nitrogênio a partir de nitratos. Aparentemente indesejável, a desnitrificação é necessária pois impede que a concentração de nitratos no solo aumente e torne-se tóxica aos seres vivos.

Ciclo do oxigênio

O ciclo do gás oxigênio (O_2) consiste basicamente na troca entre os seres vivos e suas fontes, como a atmosfera.

Os organismos capturam o O_2 livre presente na atmosfera. Esse gás geralmente é transformado em água nos seres vivos. Por meio da fotossíntese, ocorre a devolução do gás oxigênio para a atmosfera.

Atividades

1. Classifique os seguintes níveis de organização, do menos abrangente para o mais abrangente: comunidade, ecossistema, biosfera, população.

2. A cidade em que você vive pode ser considerada uma biocenose? Explique.

3. Monte uma cadeia alimentar com seres vivos existentes em sua cidade.

4. Alguns organismos, como o ser humano, não possuem predador natural. Eles são chamados "organismos de topo de cadeia". Justifique essa nomeação.

5. Por que praticamente não existem cadeias alimentares com consumidores de oitava ordem ou ordens superiores?

6. Por que um leão não sobreviveria se tivesse de caçar, a céu aberto, somente camundongos?

7. Qual a importância da fotossíntese para o ciclo do carbono?

8. O ciclo do nitrogênio apresentado nesta obra é igual ao que existia antes do surgimento da humanidade? Explique.

CAPÍTULO 12

RELAÇÕES ECOLÓGICAS

Os indivíduos que convivem em uma comunidade estabelecem relações entre si. Relações intraespecíficas são aquelas que ocorrem entre seres da mesma espécie, enquanto as interespecíficas são realizadas entre organismos de espécies diferentes.

As relações ecológicas podem ser classificadas em **harmônicas** ou **desarmônicas**. Relações harmônicas ou interações positivas são aquelas nas quais os indivíduos envolvidos não sofrem prejuízos, e podem até trazer benefícios para um deles ou para ambos. Relações desarmônicas ou interações negativas são aquelas em que há pelo menos um prejudicado.

O conceito de relação harmônica e desarmônica é válido somente ao analisar os resultados instantâneos decorrentes da interação, levando-se em conta apenas os indivíduos envolvidos. Uma análise mais ampla, efetuada durante um período prolongado e que envolva todos os indivíduos da espécie, pode mudar o conceito de uma relação, principalmente a respeito de sua influência na seleção natural das espécies participantes.

▶ Relações intraespecíficas

As relações intraespecíficas podem ser de cooperação (sociedade e colônia) ou competição intraespecífica. As relações de cooperação são harmônicas, e as de competição, desarmônicas.`

Sociedade

Uma sociedade compreende um grupo de organismos da mesma espécie que vive junto e apresenta interdependência comportamental, ou seja, os componentes da sociedade apresentam uma nítida divisão de trabalho. Como exemplos de animais sociais, podemos citar abelhas, formigas e cupins.

Formigas (*Atta sexdens*) transportando folhas. Em uma sociedade, há divisão de funções, e os integrantes dessa sociedade trabalham para o seu desenvolvimento. As operárias chegam a 2 cm de comprimento.

Unidade 4 Ecologia

Entre as abelhas, por exemplo, encontram-se três categorias sociais: operárias, fêmeas estéreis que realizam os trabalhos de manutenção da colmeia, de coleta de alimento, de produção do mel e de favos e de cuidados às larvas; rainha, fêmea fértil encarregada de coordenar as atividades das colmeias e da reprodução; e zangões, machos férteis com a função de fecundar a abelha rainha. Outros animais também apresentam categorias sociais.

Em uma sociedade de cupins (ordem Isoptera) existem seres com diferentes características, o que reflete seu comportamento na sociedade.

Colônia

Se entre os indivíduos de uma população houver uma ligação anatômica, ela é denominada colônia. De modo geral, as colônias formam-se pela reprodução assexuada (brotamento) e os descendentes não se desligam do ancestral. São exemplos de colônias: recifes de corais, caravelas e algas filamentosas.

Colônias formadas por protozoários e algas apresentam todos os indivíduos iguais e não têm divisão de trabalho. Neste caso, a colônia é **isomórfica**.

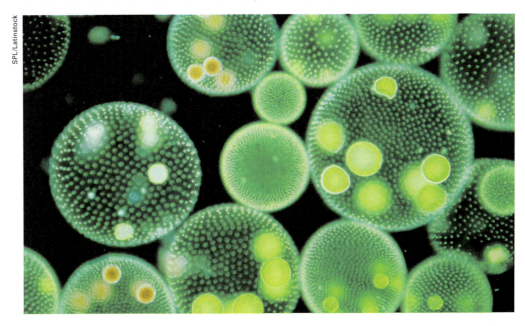

As algas do gênero *Volvox* vivem em colônias isomórficas. Micrografia óptica; ampliada cerca de 25 vezes.

Em colônias de cnidários, como a caravela, os indivíduos são morfológica e fisiologicamente diferenciados e desempenham funções diversas, havendo uma nítida divisão de trabalho. Neste caso, a colônia é denominada **heteromórfica**.

Na caravela portuguesa (*Physalia physalis*) os integrantes da colônia têm diferentes formas e funções. Os tentáculos dessa colônia podem chegar a 2 m de comprimento.

Competição intraespecífica

É a disputa por recursos ambientais entre seres da mesma espécie. Plantas competem por luz, sais minerais e água. Animais competem por alimento e por espaço, entre outros recursos. Essa competição é essencial para a evolução da espécie, pois favorece os mais bem-adaptados.

Topis (*Damaliscus korrigum*) lutando. Animais da mesma espécie competem por recursos no ambiente. Eles podem ter 2,1 m de comprimento.

Uma forma de competição intraespecífica é a **territorialidade**, isto é, a delimitação de um espaço em que um ser vivo, ou um grupo deles, domina e aproveita seus recursos. Geralmente o território é demarcado por um macho e de diversas maneiras: cães, lobos e coelhos, com a urina; os insetos, com substâncias odoríferas denominadas feromônios; e alguns pássaros, com o canto. Geralmente, os outros animais aceitam a demarcação do território, mas o controle de um animal sobre seu território pode ser desafiado, gerando conflitos em alguns casos. Quando há luta, o que é raro, o perdedor simplesmente se afasta. Assim, os recursos disponíveis na área são utilizados pelo animal que a demarcou.

As plantas também delimitam seus territórios. As araucárias, por exemplo, eliminam produtos para o meio (decomposição de suas folhas e pela raiz), que dificultam ao máximo a germinação de sementes de plantas de outras espécies ao seu redor.

▶ Relações interespecíficas

As relações interespecíficas harmônicas são: mutualismo, protocooperação, inquilinismo, epifitismo e comensalismo. As desarmônicas são: amensalismo, esclavagismo, predatismo, parasitismo e competição interespecífica.

Mutualismo

É a associação entre seres de duas espécies em que ambos se beneficiam. A união entre eles é obrigatória, e a interdependência é tão intensa que os indivíduos não conseguem sobreviver separadamente.

O líquen, associação íntima entre algas verdes ou bactérias fotossintetizantes e certos fungos, é um exemplo de mutualismo. Por meio da fotossíntese, a alga ou a bactéria produz matéria orgânica, que é utilizada também pelo fungo. Este, por sua vez, absorve os nutrientes que seus parceiros fotossintetizantes aproveitam. Devido a essa relação, um líquen sobrevive em locais em que nenhuma das duas espécies que o formam poderia sobreviver isoladamente.

Devido ao mutualismo das espécies que os formam, os líquens são organismos que podem sobreviver em vários locais inóspitos.

Outro exemplo é a associação entre mamíferos herbívoros, principalmente ruminantes, com bactérias que vivem em seu tubo digestivo e produzem celulase – enzima que digere a celulose. A associação entre insetos que se alimentam de madeira, como o cupim, com protozoários (da ordem Polymastigina) produtores de celulase que vivem em seus intestinos, também é mutualística.

Tanto os mamíferos herbívoros como os cupins apresentam uma dieta rica em celulose e, no entanto, não produzem a enzima para digeri-la. A celulase produzida pelas bactérias e protozoários garante a digestão da celulose. Assim, os mamíferos herbívoros e os cupins são beneficiados, enquanto as bactérias e os protozoários recebem abrigo, proteção e alimento constante.

Outro exemplo de mutualismo é a associação entre certos fungos, denominados micorrizas – do grego, *mukes* = fungo; *riza* = raiz – e raízes de plantas como samambaias, orquídeas e pinheiros. Os fungos aumentam a superfície de absorção, além de facilitar a absorção de determinados sais minerais, recebendo em troca o alimento necessário à sua sobrevivência.

As bactérias do gênero *Rhizobium* que vivem em nódulos de raízes (bacteriorrizas) de leguminosas representam, também, uma relação mutualística.

Protocooperação

Outro tipo de associação entre duas espécies em que ambas se beneficiam é a protocooperação. Ela diferencia-se do mutualismo porque as espécies associadas, se necessário, conseguem viver separadamente. A associação não é obrigatória.

Um exemplo de protocooperação é a associação entre o crustáceo conhecido por ermitão ou paguro com a anêmona-do-mar. O paguro tem corpo mole e desprotegido. Para se proteger, abriga-se no interior de conchas de gastrópodes abandonadas. Sobre a concha fixam-se uma ou mais anêmonas-do-mar, que apresentam células urticantes (cnidócitos) que auxiliam a defesa contra predadores. De outro lado, o paguro, ao se deslocar, aumenta as chances de a anêmona conseguir alimento. Se essa associação não ocorre, tanto o paguro quanto as anêmonas-do-mar sobrevivem, porém com menos benefícios.

Outro exemplo são pássaros que podem viver em protocooperação com bois, búfalos, rinocerontes e elefantes, alimentando-se dos carrapatos desses animais, que, por outro lado, ficam livres dos carrapatos. Porém, a ausência dessa relação não causa a morte dos organismos.

O pássaro-palito e o crocodilo desenvolvem interessante relação de protocooperação. O pássaro entra na boca aberta do crocodilo e aproveita para catar os restos de comida e vermes, limpando os dentes do crocodilo e trazendo-lhe benefícios. O pássaro, *Pluvianus aegyptius*, costuma ter até 22 cm de comprimento.

Inquilinismo

É uma associação entre duas espécies diferentes em que há benefício para uma delas e é indiferente para a outra. O motivo da aproximação é a busca de proteção ou abrigo. Um exemplo de inquilinismo ocorre no abrigo que várias espécies de peixes buscam em colônias de corais, pepinos-do-mar e esponjas. Um pequeno peixe conhecido como fierasfer abriga-se no interior do corpo do pepino-do-mar, protegendo-se de predadores. Esse comportamento é indiferente para o pepino-do-mar.

Epifitismo

Epifitismo ou epizoísmo é um tipo de relação entre duas espécies distintas, correspondendo a uma variação do inquilinismo. A espécie beneficiada é denominada epífita. A diferença está no motivo da aproximação entre as espécies. No epifitismo, a espécie beneficiada procura suporte ou apoio físico em outras espécies. Ocorre principalmente entre plantas, em que a espécie epífita apoia-se em plantas de maior porte, adquirindo, desse modo, posição favorável de obtenção de luz. Para a planta de maior porte a presença da epífita é indiferente. Como exemplos de plantas epífitas podem ser citadas as orquídeas e as bromélias.

As bromélias são plantas baixas que tendem a ficar cobertas por plantas mais altas e a receber menos luz solar. Devido ao epifitismo, elas podem ficar em locais mais altos e ter maior acesso a esse recurso.

Comensalismo

Do mesmo modo que no inquilinismo e no epifitismo, no comensalismo também uma espécie é beneficiada enquanto, para a outra, a relação é neutra. A espécie beneficiada é denominada comensal e se aproxima da outra em razão da alimentação. Um exemplo clássico de comensalismo é a associação entre o tubarão e o peixe-piloto, também conhecido como rêmora. Os peixes-pilotos apresentam uma ventosa dorsal por onde se prendem ao corpo ou vivem junto do tubarão, alimentando-se dos restos de caça que escapam de suas mandíbulas. O nome peixe-piloto resulta da crença de que o peixe orientava o tubarão em sua natação. Tal fato nunca se comprovou cientificamente.

Amensalismo

Também conhecida como antibiose, é uma relação entre espécies diferentes em que uma (beneficiada) secreta uma substância que inibe ou impede o desenvolvimento de outras espécies. Entre as substâncias secretadas que apresentam esse efeito estão os antibióticos. Um exemplo de antibiótico é a penicilina, produzida pelo fungo *Penicillium notatum*. Esse antibiótico impede o desenvolvimento de certas bactérias, deixando mais recursos disponíveis para o fungo.

Outro exemplo de amensalismo é o pinheiro-do-paraná, que secreta substâncias químicas que impedem a germinação de sementes de outras plantas no solo ao seu redor.

A maré vermelha é um fenômeno no qual há uma grande proliferação de algas que produzem toxinas capazes de prejudicar a vida dos seres aquáticos. Assim, essas algas conseguem maior acesso a recursos. China, em 2012.

Foco em saúde

A descoberta da penicilina e o conselho ignorado de seu criador

O gesto era quase automático entre bacteriologistas. Ao perceber que as placas com culturas se apresentavam com mofo, simplesmente as descartavam. Mas um bendito acaso levou o biólogo escocês Alexander Fleming a esquecer lâminas com micro-organismos em seu laboratório londrino. Quando retornou, o cientista viu que uma cultura de estafilococos tinha sido contaminada por bolor, e que, ao redor destas colônias, não havia mais bactérias. Começava ali a descoberta do primeiro antibiótico, a penicilina, responsável por salvar incontáveis vidas ao redor do mundo desde então. Ora, se Fleming tivesse procedido como sempre, uma "grande e humanitária descoberta" teria sido postergada "indefinitivamente" [...].

"É deveras admirável que, em minutos apenas, um germe, caído não se sabe donde, em um lugar onde era o menos desejado, viesse a apresentar tão extraordinários resultados", disse o escocês, segundo o depoimento publicado na edição do jornal de 71 anos atrás. A distração que levou à grande revelação aconteceu em 1928, só que mais de dez anos foram necessários até o medicamento chegar ao mercado em larga escala, no início dos anos 40, e revolucionar a indústria de remédios. A partir de então, durante algumas das muitas entrevistas que concedeu sobre o assunto, Fleming destacou que as pessoas não deveriam abusar da penicilina, sob o risco de torná-la ineficaz. Hoje, décadas mais tarde, cientistas dão conta de que a humanidade não seguiu esse conselho.

O uso exagerado de antibióticos, derivados ou não da penicilina, causou o surgimento das chamadas superbactérias, microrganismos resistentes a todas as drogas disponíveis no mercado que são uma das maiores ameaças ao futuro da espécie humana, segundo especialistas. No início do mês passado [maio de 2015], um relatório britânico estimou que será preciso investir cerca de US$ 37 bilhões para criar uma nova geração de antibióticos capazes de parar o avanço das superbactérias. Elas podem, de acordo com o documento, matar no futuro cerca de 10 milhões de pessoas por ano. Na semana passada [junho de 2015], a Organização Mundial da Saúde (OMS) aprovou a criação de um plano de ação para enfrentar o perigo.

Descoberta em um momento oportuno

Mas, décadas atrás, o problema era outro. Não havia armas químicas eficazes contra bactérias e outros microrganismos. O fungo que apareceu nas placas de Fleming foi identificado como do gênero *Penicillium*, e daí o nome da substância. Fleming passou, então, a empregá-la em seu laboratório para selecionar bactérias e eliminar das culturas as espécies sensíveis a sua ação. Mas, dada a peculiaridade das características ambientais que levaram ao surgimento do bolor, só no início dos anos 40 os cientistas conseguiram produzir com fins terapêuticos e em escala industrial. Foi um momento oportuno.

– O mundo estava em plena Segunda Guerra. O antibiótico era, então, muito devotado para o tratamento dos feridos, pacientes que chegavam com algum fragmento de bala, de bomba, de explosivo, com amputação de membros – explica o infectologista Carlos Kiffer, pesquisador do Laboratório Especial de Microbiologia Clínica da Universidade Federal de São Paulo (Unifesp). – Havia uma dificuldade de produção naquela época. O processo era lento e demorado, e as quantidades produzidas eram pequenas.

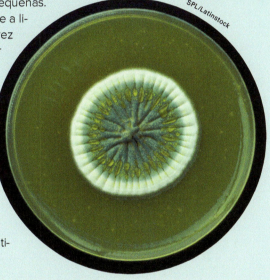

Placa com *Penicillium notatum*. A partir da observação de uma placa semelhante a essa, foi possível desenvolver remédios que salvaram milhões de vidas.

SPL/Latinstock

Por sua conhecida e revolucionária eficácia, a penicilina, e a linha de antibióticos desenvolvidos a partir dela, foram cada vez mais utilizados, até chegar ao que, hoje, cientistas ao redor do mundo chamam de exagero. A infectologista Marisa Gomes, do Laboratório de Pesquisa em Infecção Hospitalar do Instituto Oswaldo Cruz (Fiocruz), conta que, atualmente, médicos receitam antibióticos como a amoxicilina, por exemplo, para curar infecções simples ou mesmo se na dúvida sobre a causa da enfermidade. Além disso, antibióticos também estão presentes na agricultura e na pecuária.

– Com o uso indiscriminado dos antibióticos, as bactérias passam a apresentar resistência, e há necessidade de usar ainda mais antibióticos nos tratamentos – diz Marisa. – O resultado é que precisamos voltar a utilizar drogas que já tinham saído do mercado. [...]

ZUGLIANI, Antonella. A descoberta da penicilina e o conselho ignorado de seu criador. *O Globo*. Rio de Janeiro, 01 jun. 2016. Sociedade. Disponível em: <http://oglobo.globo.com/sociedade/saude/a-descoberta-da-penicilina-o-conselho-ignorado-de-seu-criador-16318337>. Acesso em: 26 abr. 2016.

1. Que tipo de relação ecológica os fungos do gênero *Penicillium* mantêm com as bactérias?

Esclavagismo

Nessa relação, também chamada escravagismo ou sinfilia, determinada espécie transforma a outra em "escrava", beneficiando-se desse fato. Como exemplo pode-se citar o que ocorre entre certas espécies de formigas e os pulgões de plantas. Os pulgões sugam a seiva orgânica da planta. A alimentação deles é tão intensa que grande quantidade de carboidratos, não digeridos, é encontrada em suas fezes. Esse material é muito apreciado por formigas que mantêm pulgões em seus formigueiros e os protegem durante sua alimentação. Depois, elas estimulam esses animais, por meio de toques com as antenas, a eliminar as fezes açucaradas, das quais se alimentam.

Predatismo

É a relação entre espécies diferentes, em que uma mata a outra para se alimentar. A espécie beneficiada é denominada predadora, e a prejudicada, presa. Os carnívoros predadores, como o leão, a onça, o tigre, caçam presas como zebras, veados, lebres e outros animais. Um lagarto, quando ataca um ninho de galinha e come os ovos, também está praticando predatismo, pois devora embriões inteiros.

Quando um predador é herbívoro e devora uma planta inteira, a relação é chamada herbivorismo. Os bandos de gafanhotos que devoram plantações inteiras e os animais que comem sementes praticam o herbivorismo, pois a semente contém um ou mais embriões de novas plantas.

Uma nuvem de gafanhotos geralmente consome plantações inteiras, sendo muito temida por agricultores. Na fotografia, registro do fenômeno em Madagascar, em 2013.

Uma das maneiras de as presas se protegerem dos predadores consiste em confundirem-se com o ambiente, imitando-o, em um fenômeno denominado camuflagem. O bicho-pau, que tem o corpo similar a um graveto, é um exemplo de animal que usa esse recurso. Esse fenômeno também pode auxiliar predadores, já que ele pode se disfarçar no ambiente e atacar a presa sem ser detectado.

Bicho-pau (*Phibalosoma phyllinum*) se camuflando. Essa espécie pode chegar a 22 cm de comprimento.

Outras espécies utilizam o mimetismo para enganar predadores ou presas. Nesse fenômeno, espécies distintas compartilham alguma semelhança reconhecida por outras espécies. A cobra-coral verdadeira, por exemplo, é uma espécie de cobra peçonhenta. Já a cobra-coral falsa não apresenta peçonha, mas se parece muito com a espécie peçonhenta. Isso faz com que vários animais a evitem.

Parasitismo

É a relação entre seres de duas espécies diferentes em que o beneficiado (parasita) vive às custas do outro (hospedeiro). O parasita absorve seu alimento do hospedeiro, sem o qual ele não pode se desenvolver.

Se o parasita viver dentro do corpo do hospedeiro, ele é denominado **endoparasita**. É o que ocorre, por exemplo, com os vírus. Se o parasita se aloja fora do corpo do hospedeiro, é denominado **ectoparasita**, como o piolho, o carrapato e a sarna.

Entre os vegetais, um exemplo típico de parasitismo é o do cipó-chumbo, um vegetal aclorofilado, de cor amarelada, que fixa-se sobre uma planta, produz raízes chamadas haustórios que penetram até o floema da planta hospedeira e dela absorve a seiva orgânica.

Por não realizar fotossíntese, o cipó-chumbo depende integralmente da planta hospedeira para conseguir alimento. Por isso é considerado um tipo de **holoparasita** (*holo* = total), isto é, totalmente parasita.

Já a erva-de-passarinho, uma planta insuficientemente clorofilada, é considerada **hemiparasita** (*hemi* = = metade), pois completa as suas necessidades de material orgânico absorvendo a seiva elaborada da planta hospedeira.

Um caso raro de vertebrado parasita é o peixe lampreia (*Lampetra planeri*), que apresenta ventosa na região da boca, utilizada para fixar-se no corpo de um peixe e dele sugar o sangue do qual se alimenta. Ele pode ter 16 cm de comprimento.

Relações ecológicas **Capítulo 12** 159

Competição interespecífica

Compreende a disputa entre duas ou mais espécies por nichos ecológicos iguais ou semelhantes. Os recursos do ambiente são insuficientes para ambas e isso desencadeia uma disputa que gera diversas consequências, como o controle do tamanho das duas populações ou extinção de uma delas.

Veja também

No endereço abaixo há um exemplo de comportamento animal em que ocorrem várias relações ecológicas. Disponível em: <viajeaqui.abril.com.br/national-geographic/blog/curiosidade-animal/verme-faz-caracol-cometer-suicidio-para-perpetuar-a-especie/>. Acesso em: 25 nov. 2015.

As competições, tanto intra como interespecífica, sempre trazem resultados positivos em relação à seleção natural, pois tendem a favorecer os mais adaptados em prejuízo dos menos adaptados. Na foto, águia dourada (*Chrysaetos* sp.) luta com raposa vermelha (*Vulpes vulpes*) por alimento. A raposa tem cerca de 90 cm de comprimento.

▶ Princípio da exclusão competitiva

Em 1934, o ecólogo russo G. F. Gause (1910-1986) realizou experimentos para descobrir o que acontece quando duas espécies competem por recursos limitados no ambiente. Para isso, ele usou duas espécies de protistas ciliados, *Paramecium aurelia* e *Paramecium caudatum*, que foram cultivadas em condições estáveis e recebiam uma determinada quantidade de comida a cada dia. Quando cultivadas separadamente, cada população cresceu rapidamente até atingir um limite, que representa o número de indivíduos que o ambiente que elas estavam pode suportar.

Quando as duas espécies foram cultivadas juntas, *P. caudatum* foi extinta do ambiente. Com esses resultados, Gause concluiu que *P. aurelia* possuía uma vantagem para obter alimento ao competir com a outra espécie, e que duas espécies competindo por recursos limitados no mesmo ambiente não coexistem permanentemente. Se não ocorrerem alterações ou interferências, uma espécie usará esse recurso mais eficientemente e se reproduzirá mais rapidamente que a outra, levando à eliminação dessa espécie. Essa conclusão ficou conhecida como o Princípio da Exclusão Competitiva.

Por extensão do Princípio de Gause, temos que se duas espécies, além de viver nos mesmos lugares, utilizam os mesmos recursos ambientais, isto é, competem pelo mesmo *habitat* e nicho ecológico, haverá extinção de uma delas naquele ambiente ou adaptação a outro nicho e *habitat* desse mesmo ambiente.

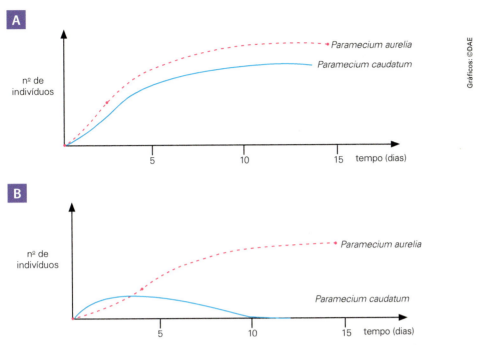

Fonte: REECE, J. B. et al. Biologia de Campbell. 10. ed. Porto Alegre: Artmed, 2015.

O gráfico (**A**) representa o crescimento de duas populações de paramécios crescidas separadamente, enquanto o gráfico (**B**) representa o crescimento delas no mesmo ambiente. A competição interespecífica reflete-se na redução do crescimento de ambas as espécies, mas com acentuado prejuízo do *P. Caudatum*, que acabou por extinguir-se do ambiente.

Em estudos com duas espécies de cracas que possuem distribuição estratificada em rochas – *Chthamalus stellatus* e *Balanus balanoides* –, o ecólogo estadunidense Joseph Connel (1923) mostrou efeitos da competição interespecífica nessas espécies. *C. stellatus* é geralmente encontrada aderida em locais mais altos do que *B. balanoides* e, para determinar se esse comportamento é resultado de competição interespecífica, ele removeu *B. balanoides* de diversas rochas. Após isso, *C. stellatus* se espalhou, ocupando os locais onde originalmente estavam representantes de *B. balanoides*. Isso mostra que a competição pode interferir no nicho dos seres vivos, fazendo com que eles explorem outros recursos para evitar a extinção.

Atividades

1. O texto afirma que tanto a competição intraespecífica como a interespecífica podem ser positivas quando estudadas a longo prazo. Justifique essa afirmação.

2. Alguns endoparasitas vivem em ambientes inóspitos, como tubo digestório humano. Cite algumas adaptações que um organismo desses precisa para sobreviver nesse ambiente.

3. Cite duas relações ecológicas que envolvem os seres humanos, explicando a participação deles em cada uma.

4. É possível estabelecer conexões entre relações ecológicas e a seleção natural? Justifique.

CAPÍTULO 13
FATORES ABIÓTICOS, POPULAÇÕES E COMUNIDADES

A vida existente no planeta Terra relaciona-se com diversos fatores abióticos, dos quais necessita para existir. Devido a essa relação intensa, as variações que esses fatores têm nos diferentes ambientes influenciam na adaptação dos seres vivos.

▶ Fatores abióticos e vida

Luz

Se não houvesse a luz do Sol, não haveria vida na Terra do jeito que a conhecemos, já que, a partir da energia luminosa, os seres fotossintetizantes produzem matéria orgânica para a grande maioria dos seres vivos do nosso planeta. A energia luminosa é captada principalmente pelo fitoplâncton, conjunto de organismos responsável pela produção de cerca de 80% do gás oxigênio da nossa atmosfera.

Para que um organismo realize fotossíntese, ele precisa de acesso à luz. Próximo à superfície do solo em alguns tipos de floresta, vegetais têm dificuldade em obter luz devido a **estratos** formados pelas plantas, que são estruturas formadas pelas copas de vegetais que se assimilam a tetos e retêm grande parte da luz disponível. No mar, lagos e rios, a luz penetra até certa profundidade. A parte iluminada, conhecida como zona **eufótica**, tem condições de desenvolver seres clorofilados fotossintetizantes. A profundidade da zona eufótica depende da quantidade e qualidade do material suspenso na água. Em água turva, a luz penetra poucos centímetros, diferentemente da água límpida. A zona **afótica**, mais profunda, não recebe luz, o que torna impossível a sobrevivência de fotossintetizantes. Entre as zonas eufótica e afótica há uma zona de transição, com pouca luminosidade, denominada zona **disfótica**.

Vista aérea do Monte Roraima (RR), 2014. As plantas mais altas bloqueiam a entrada de luz para organismos mais baixos na floresta, formando camadas que retêm a luz.

Uma mesma floresta pode ter diversos estratos, sendo que, quanto mais baixo o estrato, menor a disponibilidade de luz.

162 Unidade 4 Ecologia

Estratos de luminosidade em oceanos

Ilustração sem escala; cores-fantasia.

Fonte: REECE, J. B. et al. *Biologia de Campbell*. 10. ed. Porto Alegre: Artmed, 2015.

Representação das zonas do oceano. A presença de luz e a temperatura diminuem conforme aumenta a profundidade.

Para a maioria dos seres vivos, até mesmo os humanos, a luz é uma das principais fontes de informação sobre o ambiente e é percebida por meio de fotorreceptores, células que são estimuladas pela luz. Algumas atividades, como o florescimento de certas plantas, a migração de determinados animais e a troca de penas de algumas espécies são reguladas pela relação entre a duração do período iluminado do dia e a do período escuro. Essa relação entre período iluminado e não iluminado durante um dia é denominada **fotoperiodismo**.

Algumas sementes, como as da alface, apresentam baixo poder de germinação na ausência de luz, enquanto as da abóbora germinam mais facilmente se forem enterradas, permanecendo no escuro.

Conforme o período do dia em que apresentam maior atividade, os animais podem ser classificados em três grupos. Os de hábitos diurnos, como a maioria das aves, apresentam atividade durante o período iluminado do dia; já os crepusculares, como grande parte dos insetos, principalmente os mosquitos, têm maior atividade em períodos ainda iluminados, mas com menor incidência luminosa, ao entardecer ou amanhecer. Já os noturnos, como muitos mamíferos, entre eles os morcegos e as raposas, têm maior atividade no período não iluminado.

Um dos estímulos para a germinação de uma semente é a luz. Tanto a duração do período iluminado quanto a do período não iluminado do dia influem nesse fenômeno.

Para explorar

Alguns organismos, como os de cavernas ou de fundo dos oceanos, vivem em ambientes sem luz. Sem esse fator, a visão e diversos outros estímulos fotodependentes ficam prejudicados. Em dupla com um colega, pesquise quais adaptações esses organismos apresentam para esse tipo de ambiente.

Temperatura

Um dos fatores ambientais que limita a distribuição da vida na Terra é a temperatura, já que a sobrevivência dos organismos depende essencialmente de enzimas que têm seu funcionamento afetado diretamente por esse fator.

Animais ectotérmicos apresentam distribuição geográfica limitada pela temperatura do ambiente. Assim, não encontramos anfíbios e répteis nos polos ou em ambientes com médias muito baixas de temperatura. Esses animais procuram abrigos nas épocas frias, sendo que alguns se enterram no solo, reduzindo ao mínimo as suas atividades. Nesse caso, com a temperatura corporal quase igual à do ambiente, conseguem suportar e superar o período de frio. Eles também podem apresentar adaptações comportamentais para diminuir a temperatura corpórea nos períodos de calor, como se esconderem em sombras ou mesmo se enterrar no solo.

Aves e mamíferos são animais endotérmicos, isto é, mantêm a temperatura corpórea constante, apesar de variações ambientais. Essa capacidade permite que a distribuição geográfica desses grupos seja menos dependente da temperatura ambiental.

As penas nas aves, os pelos nos mamíferos e os tecidos adiposos que esses animais apresentam constituem estruturas importantes na manutenção da temperatura corpórea em ambientes frios. Aves e mamíferos, para manterem a temperatura corpórea em ambientes muito quentes, apresentam adaptações para a perda de calor, como a dilatação dos vasos sanguíneos junto à pele, transpiração e ofegação.

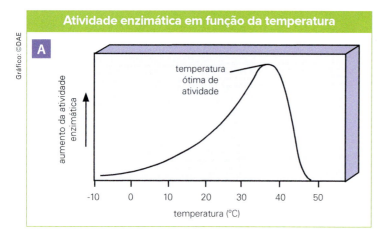

(**A**) Gráfico que mostra a atividade enzimática em função da temperatura. Animais pecilotérmicos precisam se manter próximos à temperatura ideal de funcionamento de certas enzimas, como as envolvidas em processos de obtenção de energia, ou adequar seu metabolismo a uma atividade enzimática muito menor. (**B**) Macacos japoneses (*Macaca fuscata*) se agrupando para conservar temperatura. Eles chegam a 57 cm de comprimento.

Animais como os ursos, por exemplo, vivem em ambientes onde o inverno é rigoroso. Durante o inverno, o alimento à disposição desaparece ou escasseia. Nesse período, eles entram em um estado de repouso profundo, vivendo de suas reservas acumuladas durante as estações com fartura de alimento (primavera e verão). Durante esse período, denominado torpor, sua temperatura corpórea cai. Outros animais, como beija-flor, morcego e esquilo, apresentam comportamento similar, com queda acentuada de temperatura corpórea, mas ficam em um estado de inatividade mais profundo do que os ursos, conhecido por hibernação.

Outro fenômeno importante em relação à temperatura ambiental é a ressurgência, que ocorre em ambientes aquáticos. Ela acontece, por exemplo, em lagos profundos de regiões temperadas. Durante o outono e a primavera, a temperatura da superfície do lago é menor do que a das regiões profundas. Nessa condição, a água das profundidades, mais aquecida, desloca-se para cima, arrastando sais minerais, e a superficial, mais fria e carregada de gás oxigênio, desloca-se para baixo. Esse movimento torna a região profunda mais oxigenada, favorecendo a proliferação de organismos heterótrofos aeróbios, e a superfície com mais sais minerais, favorecendo a proliferação de autótrofos, principalmente algas. Esse fenômeno deixa os lagos de regiões temperadas ricos em seres vivos.

De modo geral, os ambientes aquáticos, especialmente o marinho, apresentam menores variações de temperatura quando comparados aos diversos ambientes terrestres. Essa estabilidade é maior conforme a profundidade aumenta. Porém, isso não impede que esses ambientes, principalmente nos polos, apresentem temperaturas muito baixas.

Água

Para os organismos terrestres, conseguir água e evitar sua perda constituem grandes problemas. Os animais, para obterem esse recurso, locomovem-se à procura de rios, lagos ou outras fontes de água doce. Geralmente aproveitam a água disponível no alimento de modo bem eficiente. Animais que vivem em ambientes secos apresentam adaptações para obterem água.

O rato-canguru, por exemplo, vive em desertos e não dispõe de água livre no ambiente. Sua alimentação é de sementes secas, com cerca de 4% de umidade. A água é obtida pela metabolização das sementes, já que esse processo gera substratos para a respiração, que, além do gás carbônico, gera água. Essa água fabricada no organismo é conhecida como água metabólica. No interior de tocas, onde vive, ao fazer trocas gasosas (expirar o ar dos pulmões) e transpirar, o rato-canguru perde água para o ambiente. Parte dessa água é recuperada através das sementes secas armazenadas, que a absorve. Outra parte da água expirada mantém elevada a umidade do ar na toca (de 30% a 50%), o que contribui para reduzir a transpiração.

O rato-canguru (*Dipodomys spectabilis*) utiliza apenas a água contida nos alimentos para sobreviver. Ele tem 3,5 cm de comprimento.

Já um camelo, além da água que bebe, metaboliza a gordura acumulada em sua corcova, o que gera água. Ele possui mecanismos e estruturas que reduzem ao máximo a perda de água pela urina e pela respiração. Junto às narinas, apresenta estruturas que absorvem grande quantidade de vapor do ar que é expirado. O camelo consegue suportar uma elevação de 6 °C na temperatura corpórea durante o dia, sem transpirar. Seu organismo tolera essa elevação de temperatura até a noite, período em que a temperatura ambiente cai e ele perde calor rapidamente, reduzindo a sua temperatura.

Para obterem água, alguns vegetais desenvolvem raízes profundas e ramificadas que a retiram do solo. Para evitar a perda de água, apresentam revestimentos impermeáveis como suberina e cutina. Os vegetais podem perder água pelos estômatos que se encontram nas folhas. Alguns mecanismos para minimizar essa perda são: folhas pequenas, queda de folhas em períodos mais secos, folhas transformadas em espinhos. Em plantas de regiões semiáridas, os estômatos encontram-se "escondidos" e só se abrem durante a noite. Plantas adaptadas às regiões secas são chamadas xerófitas e apresentam algumas dessas adaptações.

Cactos apresentam diversas adaptações ao ambiente seco em que vivem. Suas folhas, por exemplo, estão adaptadas na forma de espinhos, o que diminui a transpiração. A fotossíntese ocorre no caule e a água gerada concentra-se nessa parte da planta, que não apresenta estômatos (PE), 2015.

Com a finalidade de reduzir as perdas de água, os animais apresentam revestimentos impermeáveis, como quitina (artrópodes) ou queratina (répteis, aves e mamíferos). Apesar disso algumas regiões, como a língua dos mamíferos, perdem água rapidamente, e dificilmente ficam expostas em ambientes secos.

Salinidade

A salinidade se refere à quantidade, em massa, de sais dissolvidos. O mar é um ambiente de elevada concentração de sais, com concentração média de 3,5%, levando os peixes a perderem grande quantidade de água por osmose. Para compensar essa perda, animais desse ambiente geralmente apresentam revestimento impermeável (escamas), produzem pouca urina, bebem muita água e suas brânquias eliminam ativamente o excesso de sais ingeridos. O inverso ocorre com o peixe de água doce, que elimina bastante água durante seus processos fisiológicos.

A maior parte dos peixes não suporta a variação de salinidade entre a água doce e a marinha. Assim, um peixe marinho, ao ser colocado em ambiente de água doce, morre, e o mesmo acontece com o peixe de água doce que é colocado no mar. No entanto, alguns peixes, como o salmão, toleram a variabilidade de salinidade a ponto de, na época da desova, migrar do mar para um rio de água doce.

Animais que toleram grandes variações de salinidade do meio são conhecidos como **eurialinos**. Os que não suportam variações de salinidade são os **estenoalinos**.

Embora consideradas popularmente de água salgada, algumas espécies de tubarão conseguem sobreviver em água doce e podem ser encontradas em rios. Austrália, 2007.

▶ Ecossistemas aquáticos

Os grandes ecossistemas aquáticos são considerados ambientes estáveis porque são menos influenciados pelo clima do que os ambientes terrestres. Neles, os principais fatores determinantes são a quantidade de sais minerais, especialmente o cloreto de sódio (salinidade), a disponibilidade de nutrientes, a temperatura, a profundidade, a quantidade de luz (luminosidade) e a velocidade de deslocamento da água (correntes e correntezas).

Utilizando a salinidade como critério podemos classificar os ecossistemas aquáticos em marinho ou de água salgada e de água doce.

Foco na sociedade

Como é extraído o sal do mar?

O sal de cozinha pode ser extraído da água do mar. Isso é feito de uma maneira simples, deixando o líquido evaporar e recolhendo o sal no final do processo. Entretanto, não basta deixar a água virar vapor em dezenas de tanques e depois reunir o tempero. Se os fabricantes fizessem somente isso, tudo o que obteriam seria uma lama cinzenta, de gosto amargo, com apenas 78% de cloreto de sódio, o popular sal de cozinha. Isso porque a água do mar, além de conter muito sal, também possui compostos de cálcio e magnésio, que precisam ser retirados do produto final. A tarefa das salinas é justamente fazer essa separação. O trabalho começa quando o líquido é bombeado de lagoas salgadas litorâneas, que têm pelo menos o dobro da quantidade de sal que o oceano – também dá para fazer o processo direto com água do mar, mas o rendimento é bem menor. Ao evaporar em tanques debaixo do sol, a água vai ficando cada vez mais pastosa. Nessa hora, a tendência é que os elementos sólidos comecem a se separar do líquido e concentrem-se no fundo do tanque.

O segredo é que cada composto vai para o fundo em um momento diferente, conforme aumenta a densidade desse caldo. Primeiro, vão os compostos de cálcio, que são excluídos da mistura. Depois, é o sal de cozinha propriamente dito, que pode ser retirado dos tanques na forma de sal grosso ou seguir para uma série de máquinas que fabricam sal refinado. [...]

VERSIGNASSI, Alexandre. Como o sal é extraído do Mar? *Mundo Estranho*. São Paulo, 01 ago. 2003, n. 18, p.30-31. Abril Comunicações S.A. Disponível em: <http://mundoestranho.abril.com.br/materia/como-o-sal-e-extraido-do-mar>. Acesso em: 18 nov. 2015.

1. De que outras formas a humanidade usa ambientes aquáticos? Como isso se relaciona com sua preservação?

Ecossistemas marinhos

Os oceanos constituem o ambiente mais vasto do planeta, pois cobrem 70% – quase três quartos – da superfície terrestre, e se caracterizam pela grande quantidade de sais minerais dissolvidos em suas águas, cerca de 3,5 g/L. Eles são de grande importância para os biomas terrestres por vários motivos. Aquecidos pelo Sol que evapora suas águas, eles se tornam os maiores responsáveis pelas chuvas da Terra. A temperatura dos oceanos também exerce grande influência no clima. Quando os ventos alísios que sopram sobre o oceano Pacífico tornam-se mais fracos e não deslocam a corrente de água quente da superfície, por exemplo, a água fria e rica em nutrientes não consegue subir até perto da superfície (ressurgência). Logo, a temperatura na região fica mais alta. Esse fenômeno altera o clima aumentando, por exemplo, a temperatura média do verão na Europa.

Os oceanos estão ligados entre si, formando um todo. Essa massa de água do planeta possui movimento causado pelos ventos, pelo movimento de rotação da Terra e pelas diferenças de temperatura e densidade da água.

168 Unidade 4 Ecologia

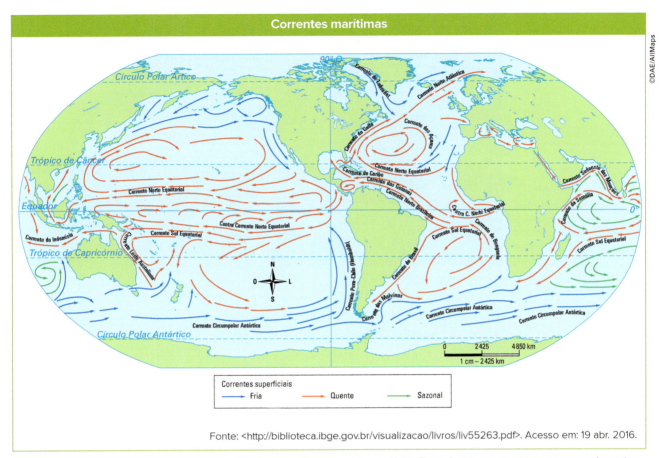

Fonte: <http://biblioteca.ibge.gov.br/visualizacao/livros/liv55263.pdf>. Acesso em: 19 abr. 2016.

As correntes marítimas transportam grande quantidade de matéria e energia pela Terra. Elas influenciam a temperatura com a chegada de ventos frios ou quentes a determinadas regiões, por exemplo.

Zonas oceânicas

As zonas oceânicas podem ser classificadas utilizando-se o critério luminosidade ou profundidade. Quando o critério é a luminosidade distinguem-se duas zonas: até 200 m de profundidade, onde a luz do Sol penetra, é a zona fótica ou zona fotossintética; abaixo de 200 m, fica a zona afótica, onde geralmente não há luz.

Quando o critério é o afastamento da praia e a profundidade, distinguem-se três zonas: zona das marés, que está sujeita ao avanço e recuo diário das águas; zona nerítica, que começa acima da plataforma continental e vai até 200 m de profundidade; e zona oceânica, que fica além da plataforma continental, com profundidades muito grandes. Na zona oceânica, em até 2 000 m de profundidade, temos a região batial; depois, a região abissal, a grandes profundidades de até 6 000 m; e, a partir daí, a região hadal.

Na zona de marés, sujeita ao avanço e recuo diário das águas, as algas ficam presas às rochas assim como ostras, mariscos, cracas, anêmonas, ouriços-do-mar, estrelas-do-mar etc. Esse animais são expostos à dessecação e ao aquecimento pelo Sol. Os animais, como os pequenos peixes que ficam nas poças de água, sobrevivem apenas porque possuem maior nível de tolerância à salinidade, que aumenta devido à evaporação da água.

Organismos que ficam na zona intermarés (SP), 2013. Eles necessitam sobreviver em ambientes secos e aquáticos.

Os componentes das comunidades marinhas podem ser agrupados em: plâncton (do grego, *plágchton* = errante), nécton (do grego, *nectón* = que nada) e bentos (do grego, *bénthos* = profundidade).

O plâncton é um conjunto dos organismos que vivem em suspensão na água, carregados passivamente pelas correntes. Na sua maioria, são microscópicos. O plâncton compreende o fitoplâncton e o zooplâncton.

O nécton compreende o conjunto de organismos que consegue nadar ativamente, superando a força da correnteza. Fazem parte desse grupo os peixes, os mamíferos aquáticos, como baleias, golfinhos e focas, os répteis, como as tartarugas, moluscos, como polvos, sépias e lulas, e aves, como os pinguins.

Os bentos compreendem o conjunto de organismos que vivem fixos em algum substrato, denominados sésseis, ou movem-se no fundo dos oceanos, ou permanecem a maior parte da vida enterrados no assoalho oceânico.

No domínio pelágico, o principal fator limitante é a luz, essencial para os organismos fotossintetizantes. Desse modo, no domínio pelágico sobre a plataforma continental (zona nerítica) é maior a produtividade, enquanto a produtividade da zona oceânica é baixa, comparável à de desertos ou da tundra.

Animais que vivem no fundo dos oceanos não têm acesso à luz, porém apresentam adaptações a essa ausência. A *Cranchia scabra*, por exemplo, emite luz. Ela chega a 15 cm de comprimento.

170 Unidade 4 Ecologia

Ecossistemas de água doce

Os ecossistemas de água doce são assim chamados devido à baixa quantidade de sais minerais dissolvidos na água de riachos e cursos d'água, onde há correntezas, ou de lagos, lagoas e charcos, onde as correntezas são muito lentas e a água é quase parada.

Entre camadas de rocha e solo há uma vasta rede de fendas e cavidades por onde a água da superfície escoa. Essa rede funciona como uma esponja gigante, absorvendo a água da chuva e da neve, formando os lençóis freáticos que vão liberando-a lentamente.

É essa água, denominada água subterrânea, que alimenta os oásis no deserto e as plantas do cerrado brasileiro, por exemplo. Por milênios foram escavados poços em busca da água dos lençóis freáticos para beber ou irrigar as plantações. Hoje sabemos que essa água pode se esgotar ou ser facilmente contaminada, causando a morte de plantas e animais que dela dependem.

Ilustração sem escala; cores-fantasia.

os poros contêm água e ar

os poros estão saturados de água

A água pode ficar presa entre as rochas do solo e se acumular formatando depósitos de água subterrânea.

Um **lago** é uma depressão natural do terreno que pode acumular quantidades variáveis de água doce proveniente da chuva, de uma fonte, de um rio, de um curso d'água ou de uma geleira. Essa estrutura também pode ser chamada de lagoa ou charco.

Existem também lagos artificiais, produzidos pela ação humana. A construção de represas das usinas hidrelétricas é uma das maneiras bem visíveis de como a humanidade tem alterado a paisagem de regiões, criando corpos de água que não existem naturalmente.

A Barragem do Sobradinho, no Rio São Francisco, é um exemplo de modificação ambiental. Sob as suas águas ficaram cidades inteiras, e seus moradores foram removidos para novas cidades construídas com esse fim. O filme *Narradores de Javé*, dirigido por Eliane Caffé (2003) e a música *Sobradinho* (1977), de Sá e Guarabira, eternizaram esse momento. Bahia, 2014.

Nos lagos, lagoas e charcos, os organismos produtores são as plantas, que vivem parcial ou totalmente submersas, e o fitoplâncton, que se localiza principalmente na região superficial, mas pode ser encontrado até a profundidade, onde há luz suficiente para a fotossíntese. Os consumidores primários constituem o zooplâncton, e os microrganismos típicos são os rotíferos, copépodos, além de larvas de muitos animais. Os demais animais são moluscos como caramujos, insetos e peixes.

Rios são volumosas massas de água corrente com menor quantidade de sais minerais que os mares. Eles se deslocam por canais permanentes, denominados leitos, com um rumo definido, de áreas mais elevadas para áreas menos elevadas, desembocando em outro rio, lago, pântano ou, ainda, no mar.

Do ponto de vista energético, por apresentarem plâncton em pequena quantidade, os rios são sustentados por matéria orgânica proveniente da margem como galhos, folhas ou materiais transportados pelo vento e pela chuva. Em geral, a quantidade de sedimentos aumenta em direção à foz, o local onde o rio deságua em outro corpo d'água.

Na foz, com águas mais lentas e ricas em sedimentos e nutrientes, pode ocorrer a reprodução de peixes. Se o rio deságua no mar é formado um mangue, bioma conhecido por ser local de reprodução de várias espécies.

Os rios são muito diferentes entre si devido à velocidade da água, responsável pelo transporte de nutrientes e pela retirada de resíduos. Em rios com maior velocidade, a quantidade de gás oxigênio dissolvido é maior, enquanto em rios mais lentos a quantidade do gás oxigênio diminui. Essa demanda menor de oxigênio sustenta menor quantidade e variedade de seres vivos em rios lentos quando comparados com rios mais rápidos. As águas dos rios também apresentam origens diversificadas. Elas podem ser oriundas do derretimento de geleiras e de lençóis freáticos.

Rios são muito diferentes também devido à quantidade de nutrientes dissolvidos. Os mais escuros, como o Rio Negro na Bacia Amazônica, são mais ácidos e contêm menos nutrientes dissolvidos, apresentando menor diversidade em espécies. Já rios menos ácidos e mais ricos em nutrientes da mesma bacia são mais favoráveis à sobrevivência das espécies e apresentam maior diversidade.

Os rios Negro (mais escuro) e Solimões, na Bacia Amazônica, possuem águas diferentes que abrigam organismos diferentes. O encontro dessas águas dá origem ao Rio Amazonas (AM), 2015.

A temperatura de um rio pode ser bastante variável, e isso limita o tipo de ser vivo que pode sobreviver ali. Tudo isso nos mostra que cada tipo de curso d'água apresenta sua flora e fauna características, por exemplo, as trutas vivem em rios de correnteza rápida (corredeiras) e água fria, enquanto as carpas, em rios de correnteza lenta e água quente.

Ecossistemas aquáticos também apresentam aves, que podem habitar zonas aquáticas continentais como rios, lagos, pântanos ou **corixos**, como no Pantanal. Dentre elas podem-se citar os patos, os gansos, os biguás, as garças, os pelicanos, os flamingos e os pinguins.

Corixos: canal de água que liga lagos e lagoas entre si e com rios próximos.

Essas aves apresentam algumas adaptações ao ambiente aquático, como patas modificadas pela presença de membranas entre os dedos que funcionam como nadadeiras dentro da água ou que evitam que afundem ao andar sobre a vegetação aquática. O bico dos patos e gansos formam uma estrutura semelhante a uma peneira, e, com a ajuda de uma língua áspera, coam da água os crustáceos, pequenos peixes e plantas dos quais se alimentam. As penas são lubrificadas por um óleo produzido pela glândula uropigiana, localizada na cauda. Com o bico, eles espalham o óleo sobre as penas que, assim, ficam impermeáveis à água. Deste modo as penas não encharcam.

▶ Dinâmica das populações

Cada população evolui e se adapta ao ambiente como uma unidade no ecossistema, ou seja, interagindo com os fatores bióticos e abióticos. Ao longo do tempo populações surgem, crescem e se estabilizam, mantendo um equilíbrio com os demais componentes do ecossistema; porém, elas podem também diminuir ou se extinguir.

A dinâmica das populações estuda as variações, no tempo e no espaço, do comportamento das populações, associando pesquisa de campo e modelos matemáticos. Esse tipo de estudo visa a monitorar a variação do número de indivíduos de determinada população e, também, dos fatores que influenciam essas variações. Para isso, é necessário o conhecimento das taxas em que se verificam perdas e ganhos de indivíduos e identificar os processos que regulam a variação da população.

Os seres humanos de uma cidade constituem uma população, em uma determinada época. O estudo dessa população permite, por exemplo, escolher políticas públicas para transporte e saúde, São Paulo (SP), 2012.

Densidade e distribuição espacial

O conhecimento da ocupação de um território pode ser identificado conhecendo-se as variáveis densidade populacional e distribuição espacial. A **densidade populacional** refere-se ao número de indivíduos em determinada área. É obtida pela divisão do número de indivíduos ou a quantidade de biomassa pela unidade de área ou volume do ambiente que ocupam.

A **distribuição espacial** indica como os indivíduos se distribuem no território. Existem basicamente três padrões de distribuição: o homogêneo, o agregado (mais comum na natureza) e o aleatório.

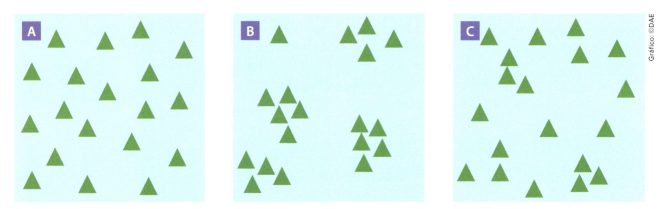

Representação dos diferentes padrões de distribuição de populações. (**A**) homogêneo, (**B**) agregado, (**C**) aleatório.

Tamanho de uma população

O tamanho de uma população depende dos nascimentos (natalidade), dos óbitos (mortalidade) e da movimentação de indivíduos dentro da população, seja por saída (emigração) ou pela entrada de indivíduos na população (imigração). Esses fatores podem ser definidos como:

- **Taxa de natalidade**: número de nascimentos na população em determinado período.
- **Taxa de mortalidade**: número de óbitos na população em determinado período.
- **Frequência de imigração**: número de indivíduos que entram na população em determinado período.
- **Frequência de emigração**: número de indivíduos que deixam a população em determinado período.

Isoladamente, esses fatores pouco informam a respeito da população. Quando combinados, podem fornecer o índice de crescimento da população.

Quando a imigração e a natalidade são maiores que a emigração e a mortalidade, a população está em crescimento. No caso contrário, a população está em declínio.

Diversos fatores afetam a imigração, a natalidade, a emigração e a mortalidade. O hábito de lavar as mãos antes de procedimentos médicos, por exemplo, diminuiu muito a taxa de mortalidade nesses casos.

Outra variável populacional importante é a distribuição etária que compreende o número de indivíduos nas diferentes faixas de idade ou períodos de vida em uma população.

A distribuição etária de uma população pode ser representada por um gráfico denominado **pirâmide etária** ou de idade. Nele, é possível visualizar quantos indivíduos existem em cada faixa etária para cada sexo.

Quando a pirâmide etária apresenta base larga e se estreita rapidamente em direção ao ápice, a população tem alta porcentagem de jovens e está crescendo. Quando ela apresenta uma base que se estreita lentamente em direção ao ápice, a população se encontra em equilíbrio. Quando a base é estreita, com menor proporção de jovens do que de adultos, a população está em declínio.

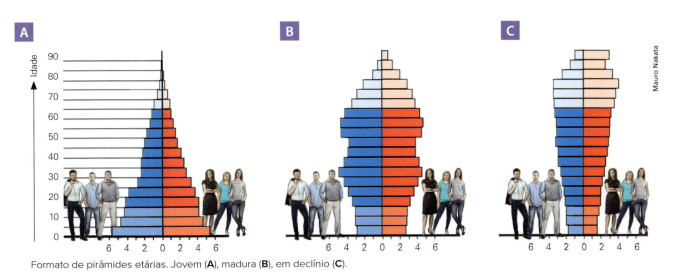

Formato de pirâmides etárias. Jovem (**A**), madura (**B**), em declínio (**C**).

Fonte: REECE, J. B. et al. *Biologia de Campbell*. 10. ed. Porto Alegre: Artmed, 2015.

Foco na sociedade

A pirâmide populacional brasileira

No Brasil, o Instituto Brasileiro de Geografia e Estatística (IBGE) realiza Censo populacional a cada dez anos constituindo-se na base sobre a qual deverá se assentar todo o planejamento público e privado da próxima década.

No ano 2000, o IBGE realizou o XI Censo Demográfico, que se constituiu no grande retrato em extensão e profundidade da população brasileira e das suas características socioeconômicas.

O XII Censo Demográfico (2010) é um retrato de corpo inteiro do país com o perfil da população e as características de seus domicílios, ou seja, ele nos diz como somos, onde estamos e como vivemos. As pirâmides etárias mostram como a população brasileira evoluiu em dez anos (2000 a 2010).

A pirâmide de 2000 possui base mais larga indicando, com isso, elevado número de jovens entre 10 e 19 anos, ponto onde a pirâmide inicia um significativo estreitamento. No Censo de 2010 a pirâmide assume contorno mais arredondado, com aumento significativo da população com até 34 anos. Ou seja, a população brasileira está vivendo mais, está envelhecendo.

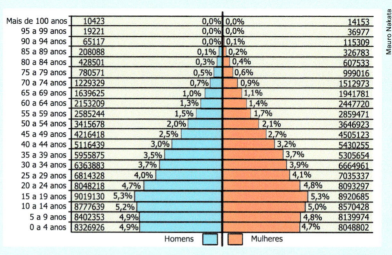

Disponível em: <www.censo2010.ibge.gov.br/sinopse/webservice/frm_piramide.php?ano=2000&codigo=0&corhomem=88C2E6&cormulher=F9C189&wmaxbarra=180>.
Acesso em: 18 nov. 2015.

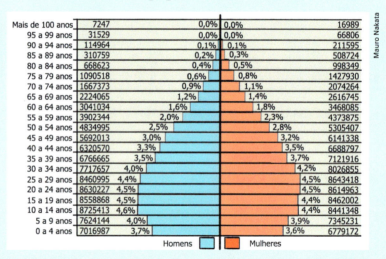

Disponível em: <www.censo2010.ibge.gov.br/sinopse/webservice/frm_piramide.php?ano=2010&codigo=0&corhomem=88C2E6&cormulher=F9C189&wmaxbarra=180>.
Acesso em: 18 nov. 2015.

1. Aponte diferenças entre as duas pirâmides populacionais mostradas.

Curvas de crescimento de uma população

O **potencial biótico** de uma população é a sua capacidade de aumentar o número de indivíduos em condições ideais. Entretanto, verifica-se na natureza que os tamanhos das populações atingem um patamar e não crescem mais após certo tempo. Isso se deve a um conjunto de fatores que se opõem ao potencial biótico, chamados de **resistência ambiental**.

O crescimento populacional pode ser representado em gráfico. De modo geral, quando uma população inicia a colonização de um ambiente propício, tende a crescer em forma de "S" ou curva sigmoide. O crescimento inicial é lento porque há um número pequeno de indivíduos. Em uma segunda fase, o crescimento é intenso, exponencial, devido à alta taxa de reprodução. Esse crescimento perdura até se aproximar dos limites impostos pelo meio, quando a resistência ambiental passa a ser fator decisivo no tamanho da população. A partir daí a população entra em equilíbrio, apresentando pequenas oscilações em torno de uma média.

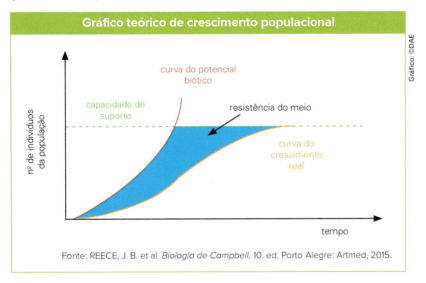

Fonte: REECE, J. B. et al. *Biologia de Campbell*. 10. ed. Porto Alegre: Artmed, 2015.

Fatores que controlam o crescimento de uma população

Relações ecológicas, como a competição interespecífica e intraespecífica ajudam a controlar o crescimento das populações. A relação predador-presa é um exemplo de controle populacional mútuo. A população de predadores determina o tamanho da população de presas e vice-versa.

Onça (*Panthera onca*) caçando jacaré. A caça influencia o tamanho das populações. Geralmente, apenas animais que conseguem caçar ou fugir sobrevivem. Os que não podem mais realizar essas atividades, por diversos motivos, acabam morrendo e diminuem o tamanho da população. A onça chega a 2 m de comprimento.

A relação parasita-hospedeiro também se constitui em um meio de controle populacional mútuo. Essa relação é **endêmica** quando o número de hospedeiros parasitados numa população é estável, podendo se fazer uma previsão do número de futuros hospedeiros parasitados, ou, no caso do ser humano, do número de enfermos ou contaminados na população.

A relação passa a ser de surto ou **epidêmica** quando o número de hospedeiros parasitados ultrapassa exageradamente o número previsto. Ela se torna **pandêmica** quando surgem vários focos epidêmicos em áreas diferentes e ao mesmo tempo.

O controle biológico em lavouras pode usar a relação parasita-hospedeiro no controle das pragas, uma vez que o parasita tende a ser específico em relação ao hospedeiro. Usando-se um parasita específico consegue-se controlar a praga e evita-se a utilização de agrotóxicos. Além disso, extinguindo-se o hospedeiro, extingue-se também o parasita.

Para efeito de controle biológico, a relação predador-presa não é recomendável, pois o predador não apresenta especialização nos hábitos alimentares. Na falta de determinada espécie de presa, ele passa a se alimentar de outra. A partir desse momento, o que era uma solução contra determinada praga pode se tornar uma nova praga.

Fatores abióticos também regulam o crescimento populacional, como o alimento, o espaço e o clima.

A disponibilidade de alimento é fator limitante para o crescimento da população. Geralmente, quando há baixa disponibilidade alimentar, os animais tendem a migrar e as populações diminuem.

Quando o espaço não é suficiente para a população e a densidade populacional torna-se elevada, acima de certos limites, os animais alteram os seus comportamentos, geralmente com o aumento da violência entre eles; as fêmeas tendem a abandonar os filhotes, chegando inclusive a praticar o canibalismo.

Variações climáticas violentas, como um inverno rigoroso, uma seca prolongada, inundações ou calor intenso podem dizimar populações inteiras.

Outra forma de se analisar a população é por meio das curvas de sobrevivência. Nela está relacionado o número de sobreviventes em função da idade.

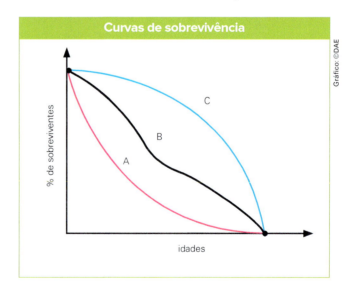

Na curva A percebe-se uma alta taxa de mortalidade (menor porcentagem de sobreviventes) entre jovens. Os que superam essa fase inicial tendem a ter elevada expectativa de vida. Essa curva se aplica a animais que apresentam fase larval, pois as larvas são intensamente predadas, apresentando alta taxa de mortalidade. Vencida essa fase, na fase adulta conseguem ter melhores condições de sobrevivência.

Na curva B, a taxa de mortalidade é estável e igual nas diferentes idades. É uma curva teórica de sobrevivência de população em equilíbrio porque não foi encontrada em populações naturais e nem nas de laboratório.

Na curva C observa-se que a taxa de mortalidade é baixa (maior porcentagem de sobreviventes) entre os jovens e só aumenta a partir de certa idade, próxima do fim da vida. Ela é típica de animais que vivem em grupo e protegem e cuidam das suas crias.

▶ Características das comunidades

Comunidade é o conjunto de todos os seres vivos de determinada região, incluindo as interações existentes entre eles. Cada comunidade apresenta características específicas, como abundância e fidelidade das espécies.

A **abundância** de espécies compreende o número de espécies no espaço considerado da comunidade. Em um hectare da Floresta Amazônica, por exemplo, são encontradas cerca de 300 espécies de árvores, enquanto que, para a mesma área, em uma floresta temperada, geralmente existem 20 espécies.

A **fidelidade** das espécies refere-se ao fato de ela ser encontrada em uma única comunidade ou em várias. Assim, uma espécie endêmica, também chamada de característica ou restrita, é encontrada em apenas uma comunidade. Um exemplo de espécie característica é o mico-leão-dourado, endêmico da Mata Atlântica.

Uma espécie **preferente** é aquela encontrada em diversas comunidades, mas que se desenvolve melhor em apenas uma delas. Já uma espécie **indiferente** é aquela que vive em várias comunidades, adaptando-se bem a todas elas. Nossa espécie é um bom exemplo de espécie indiferente.

Espécie **exótica** é aquela que não estava na comunidade e foi introduzida, geralmente, pelo ser humano. O eucalipto no Brasil, por exemplo, é uma espécie exótica, trazida da Austrália.

A introdução de uma espécie exótica em uma comunidade pode causar verdadeiros desastres ecológicos. Um exemplo disso foi o que ocorreu com a introdução de uma variedade de lebre americana, *Lepus campestris*, na Austrália. Nesse novo ambiente as lebres não encontraram inimigos naturais (predadores ou parasitas), procriando-se excessivamente e formando enormes populações. Isso provocou estragos na vegetação nativa e nas pastagens, afetando organismos que dependiam delas para sobreviver.

A utilização do eucalipto em programas de reflorestamento no Brasil em substituição à vegetação nativa também gerou problemas. Por formar menor número de galhos e ramos, essa árvore dificultou a construção de ninhos pelos pássaros, o que praticamente dizimou algumas espécies de pássaros nessas áreas de reflorestamento.

O mexilhão-dourado, (*Limnoperna fortunei*) espécie exótica vinda da Ásia é um molusco capaz de aderir às paredes de tubulações, turbinas e embarcações, causando diversos problemas no funcionamento dessas estruturas. Exemplares dessa espécie podem atingir até 4 cm de comprimento.

▶ Sucessão ecológica

Um fenômeno comum na natureza consiste na ocupação de um ambiente desabitado por seres vivos. A ocupação, neste caso, é feita de maneira gradual. Primeiramente, aparecem espécies pioneiras, organismos que conseguem sobreviver nas difíceis condições de um ambiente inóspito.

As espécies pioneiras colonizam o novo ambiente e o modificam, tornando-o menos hostil. Isso pode ser feito por deposição de matéria orgânica, aumento da umidade etc. Assim, novas espécies podem chegar a esse novo ambiente.

A comunidade local cresce e se altera ao longo da ocupação, numa sucessão de comunidades diferentes. Isso ocorre porque a chegada de novas espécies pode causar o desaparecimento de espécies que já estavam no ambiente. Essas mudanças sempre tendem a levar a uma condição de estabilidade e equilíbrio, mantidas as condições microclimáticas. Quando se estabelece uma comunidade estável e autossuficiente no ambiente, esse processo se estabiliza e a comunidade é denominada **comunidade clímax**.

O processo de ocupação de um ambiente até o estabelecimento de uma comunidade clímax é denominado sucessão ecológica.

Liquens são exemplos de espécies pioneiras. Alguns desses organismos vivem em condições muito inóspitas, já que conseguem sobreviver com pouca umidade e matéria orgânica no ambiente.

Sucessão primária

A sucessão ecológica é considerada primária quando o início da ocupação ocorre em um ambiente não habitado. Esses ambientes geralmente são adversos e inóspitos, como superfície de rochas nuas, dunas e lavas vulcânicas.

Na sucessão primária, ocorre a transformação da região inóspita. Por exemplo, um ambiente quente e com alta incidência solar, pouca ou nenhuma água e sais minerais escassos não apresenta seres vivos. Com o passar do tempo, a intensa incidência de radiação solar sobre as rochas nuas provoca seu aquecimento e consequente dilatação. As águas das chuvas em contato com as rochas aquecidas vão, ao longo do tempo, provocando o resfriamento da rocha com a consequente contração, o que pode provocar pequenas rachaduras que favoreçam a infiltração da água e a fragmentação da rocha-mãe.

Todo esse intemperismo torna o ambiente menos inóspito a ponto de abrigar uma comunidade pioneira como os liquens, que são trazidos pelo vento, chuva e animais que estão de passagem. A principal função ecológica das espécies pioneiras é criar condições para que novas espécies se instalem nesse ambiente.

Esses liquens produzem ácidos orgânicos que favorecem a fragmentação da rocha-mãe, produzindo uma pequena camada de solo em que a água da chuva e os restos de liquens mortos se infiltram, propiciando condições favoráveis à posterior instalação de vegetais. A comunidade pioneira participa da formação dos solos.

A presença das espécies pioneiras facilita a retenção da umidade, diminui a temperatura da superfície, protege-a contra a ação do vento e fornece matéria orgânica.

À medida que as espécies pioneiras se reproduzem, o ambiente torna-se lentamente adequado à instalação de outras espécies, menos resistentes às adversidades do ambiente inicial.

Musgos e gramíneas começam a se desenvolver dando continuidade às alterações do meio físico, que se torna cada vez mais apto a receber outros organismos. A comunidade pioneira também fornece uma cobertura que pode ser utilizada como esconderijo para pequenos insetos.

A partir de determinado momento existe uma comunidade nesse ambiente, denominada comunidade intermediária. Ela é constituída por estratos vegetais mais altos e que também alteram as propriedades do ambiente, favorecendo a instalação das populações compostas de indivíduos que necessitam de mais recursos ambientais.

Esse processo continua até o momento em que o ambiente forma um ecossistema com alta diversidade de espécies, teias alimentares complexas, alta resistência a distúrbios externos e maior estabilidade entre o que é produzido e consumido pelas populações. Essa é a comunidade clímax.

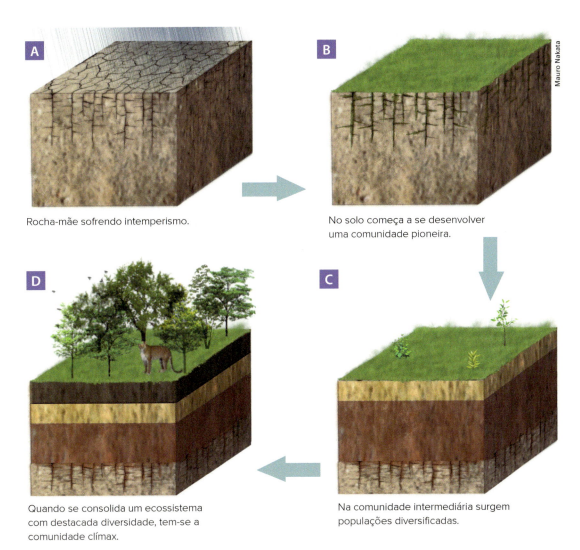

A. Rocha-mãe sofrendo intemperismo.

B. No solo começa a se desenvolver uma comunidade pioneira.

C. Na comunidade intermediária surgem populações diversificadas.

D. Quando se consolida um ecossistema com destacada diversidade, tem-se a comunidade clímax.

Fonte: REECE, J. B. et al. *Biologia de Campbell*. 10. ed. Porto Alegre: Artmed, 2015.

Esquema das etapas de uma sucessão primária. Com o passar do tempo, diversas espécies passam a habitar o ambiente. Ilustração sem escala; cores-fantasia.

Sucessão secundária

A sucessão é secundária quando seres vivos instalam-se em um ambiente que anteriormente havia sido habitado. É o que ocorre, por exemplo, em uma área desmatada e em um terreno qualquer que foi "limpo" e posteriormente abandonado.

A mineração é uma atividade que degrada profundamente um ambiente, podendo torná-lo irreconhecível após anos de atividade. Nesse tipo de ambiente, pode ocorrer a sucessão ecológica secundária. Foto aérea de região do Paraná, em 2013.

Enquanto uma sucessão primária pode levar até mil anos para se completar, a secundária pode levar muito menos até atingir uma nova comunidade clímax, mas ainda assim esse tempo é avaliado em até cem anos. Essa diferença ocorre basicamente pela presença do solo já constituído.

O terreno abandonado pouco a pouco é ocupado por seres vivos. Primeiramente surgem plantas dispersas, principalmente gramíneas e raríssimos animais. À medida que as gramíneas cobrem a área, surgem entre elas outros vegetais de maior porte, geralmente herbáceas. O desenvolvimento das herbáceas produz sombra sobre as gramíneas que, por não resistir, reduzem-se ou se extinguem. Agora, com predomínio das herbáceas, há a possibilidade de se instalar grande número de animais, principalmente artrópodes.

Decorrido mais algum tempo, as herbáceas são substituídas por plantas arbustivas e, com elas, outros tipos de animais chegam ao ambiente, como pássaros, ratos e serpentes. O processo continua até se atingir a comunidade clímax.

Até atingir o clímax, cada etapa da sucessão ecológica é denominada estágio seral ou série. A primeira comunidade a se instalar é conhecida como comunidade pioneira ou ecese, a intermediária, como sere, e a última, como comunidade clímax. De modo geral, no estágio inicial a biodiversidade é baixa, com grande predomínio de autótrofos e com produtividade líquida alta.

Analisando-se as tendências observadas durante a sucessão ecológica, percebe-se que:

1. no início as espécies se alteram rapidamente;
2. a diversidade de espécies aumenta ao longo da sucessão;
3. a biomassa aumenta;
4. as teias alimentares tornam-se cada vez mais complexas;
5. a produtividade líquida (PPL) se reduz.

Na comunidade clímax a produtividade líquida é nula, portanto, tudo que nela é produzido, nela mesma é consumido. A Amazônia, por exemplo, é uma comunidade clímax. Assim, todo o gás oxigênio produzido na fotossíntese das plantas dessa floresta é consumido pelos organismos dessa comunidade e absorve todo gás carbônico proveniente dos seres que nela habitam. Esse fato mostra que a Amazônia não é o "pulmão" do mundo, como é popularmente considerada, já que não libera gás oxigênio e nem capta gás carbônico de outros lugares.

> **Veja também**
>
>
>
> No endereço a seguir, você encontra uma animação e explicações sobre a sucessão ecológica: Disponível em: <www.bdc.ib.unicamp.br/bdc/visualizarMaterial.php?idMaterial=1407#.VkcWAvlViko>. Acesso em: 25 nov. 2015.

Atividades

1. Justifique a afirmação a seguir: "Sem a luz e o calor provenientes do Sol não haveria a vida como conhecemos na Terra".
2. O principal grupo de organismos fotossintetizantes aquáticos, o fitoplâncton, localiza-se próximo à superfície das águas. Como essa localização se relaciona com sua atividade?
3. Imagine que, em uma ilha, vive uma população de macacos. Essa população recebe alimentos de locais externos, recebendo sempre mais do que o necessário para se sustentar. Como deve ocorrer o crescimento dessa população?
4. A curva ao lado representa crescimento de uma população A em um ambiente propício. Suponha que uma espécie exótica E seja introduzida nesse ambiente e se adapte como predadora da população A. Desenhe em seu caderno o comportamento das curvas de crescimento após determinado tempo. Justifique sua resposta.

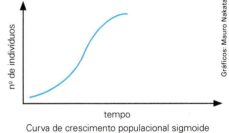

Curva de crescimento populacional sigmoide

5. Qual das curvas abaixo é mais adequada para representar a sobrevivência da espécie humana? Justifique sua resposta.

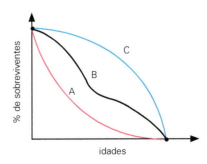

6. Que características uma espécie deve apresentar para ser considerada pioneira?

CAPÍTULO 14

BIOMAS

Existem diversos ambientes na Terra. Porém, eles podem ser classificados, o que auxilia seu estudo e manejo. Esses ambientes são típicos de regiões do planeta e apresentam características distintas entre si.

▶ Principais biomas da Terra

Biomas são áreas identificáveis em escala regional onde ocorre uma fauna e uma flora típicas em condições geoclimáticas próprias. A ocorrência da vegetação característica dos biomas depende principalmente do clima.

Existem muitas maneiras de se classificar os biomas e os climas. Assim, dependendo da classificação adotada, existem mais ou menos biomas na Terra. Nesta obra, os biomas terrestres são divididos em: Tundra, Taiga, Florestas temperadas, Florestas tropicais, Campos e Desertos.

Tundra

A Tundra é encontrada em altas latitudes, como ao redor das regiões polares, no Alasca, no norte do Canadá e da Groenlândia, na Escandinávia, na Rússia e na Antártida, e em grandes altitudes, nas cadeias de montanhas como Alpes, Himalaia e Montanhas Rochosas.

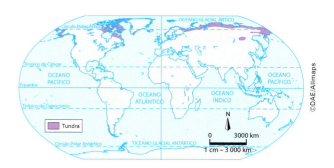

Fonte: IBGE. *Atlas geográfico escolar:* 6. ed. Rio de Janeiro: 2010. p. 106.

O mapa indica a localização da Tundra, que apresenta clima frio e seco. A imagem mostra a tundra no verão. Alasca, 2014.

O clima polar ou subpolar dessas regiões é extremamente frio e seco, com duas estações bem definidas, inverno e verão. O verão dura aproximadamente três meses, com temperaturas que geralmente não ultrapassam 10 °C. A precipitação pluviométrica é baixa e geralmente em forma de neve.

O solo permanece constantemente congelado, com derretimento do gelo somente na superfície, durante o verão. Mesmo nesse período, o subsolo permanece congelado. Desta forma, a drenagem do solo é baixa, assim como a evaporação, o que faz com que a Tundra seja úmida e que se formem lagos e poças de água sobre o gelo no verão.

A Tundra não apresenta árvores. As plantas características são as herbáceas, como capim e junco. O ciclo de vida desses vegetais é rápido e curto, pois a germinação, o desenvolvimento, a floração e a formação de novas sementes devem ocorrer durante os três meses de verão, quando existe maior disponibilidade de água no estado líquido. Quanto mais ao norte da Tundra, maior é o predomínio de musgos e liquens.

Entre os animais que podem ser encontrados na tundra, podemos citar caribus, renas, ursos, lemingues, raposas, bois almiscarados, lebres, lobos e aves migratórias.

A rena selvagem (*Rangifer tarandus*), que chega a 2,3 m de comprimento, migra cerca de 5 000 km por ano para escapar das baixas temperaturas.

Taiga

Também conhecida como Floresta de Coníferas ou Floresta Boreal, ocorre em uma larga faixa ao sul da tundra, em latitudes elevadas, apenas no hemisfério Norte, e ocupa grandes extensões na Rússia, Alasca, Noruega, Suécia, Finlândia e Canadá.

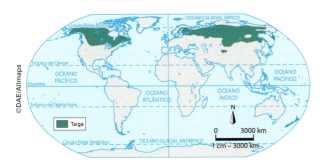

Fonte: IBGE. *Atlas geográfico escolar*. 6. ed. Rio de Janeiro: 2010. p. 106.

O mapa indica a localização da Taiga, que apresenta clima frio e seco. A imagem mostra aspecto geral da Taiga. Canadá, 2015.

Biomas Capítulo 14 185

No inverno, apresenta temperaturas tão baixas quanto a Tundra, porém apresenta verão bem mais quente e prolongado (de 3 a 6 meses), favorecendo o crescimento de árvores.

A vegetação da Taiga é bastante homogênea, com predominância dos pinheiros, ciprestes e abetos.

A árvore do pinheiro (*Picea abies*), muito usada como decoração de Natal, tem forma cônica, com galhos menores em cima que aumentam em direção ao solo. Os seus galhos vergam com a neve que cai e isso impede que se quebrem com o acúmulo dela. Além disso, as folhas são duras e possuem a forma de agulhas, que, além de dificultar o acúmulo de neve nas copas, diminui a evapotranspiração, o que representa economia de água para a árvore em um lugar em que as chuvas são escassas. As sementes dos pinheiros estão agrupadas em estruturas conhecidas por cones. O termo Floresta de Coníferas vem dessa característica. As árvores ultrapassam os 50 m de altura.

Entre os animais que podem ser encontrados na Taiga podem-se citar alces, ursos pardos, lobos, martas, linces, muitos roedores e aves migratórias.

Florestas Temperadas

As Florestas Temperadas ocorrem na zona de clima temperado dos Estados Unidos da América, Reino Unido, Europa Central, China e sudeste da Sibéria.

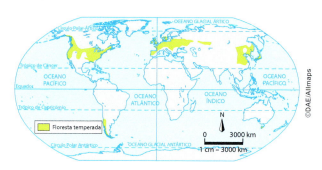

Fonte: IBGE. *Atlas geográfico escolar*. 6. ed. Rio de Janeiro. 2010. p. 106.

O mapa indica a localização da Floresta Temperada.
Na fotografia observa-se o aspecto geral dessa floresta.
Estados Unidos, 2015.

186 Unidade 4 Ecologia

São regiões em que as chuvas são moderadas, mas bem distribuídas, com grandes variações de temperatura, invernos frios e verões quentes. São comuns nessas florestas vegetais como faia, carvalho, bordo, plátano, assim como arbustos e herbáceas e animais como cervos, porcos-do-mato, leões-da-montanha, esquilos, pumas, raposas, lobos e várias espécies de pássaros.

O urso-negro (*Ursus americanus*), que chega a 2,4 m de comprimento, é um animal típico da Floresta Temperada.

As Florestas Temperadas foram bastante devastadas, sendo substituídas por áreas agrícolas. Hoje em dia esse bioma está restrito, de maneira geral, a parques e reservas. Nesse tipo de bioma, e em outros como Florestas Tropicais e Savanas, ocorre a presença da **serrapilheira**. Ela compreende o material precipitado ao solo pelos seres vivos, como folhas, galhos, frutos, flores, raízes e resíduos animais. Ao se decompor, esse material libera para o solo elementos minerais que as plantas utilizam, desempenhando um papel fundamental na circulação de nutrientes e nas transferências de energia entre os níveis tróficos.

Florestas Tropicais

Ocorrem ao norte e ao sul do Equador, ocupando a América Central, norte da América do Sul, parte central da África, sul da Ásia, ilhas do Pacífico Sul e norte da Austrália. Apresentam alto teor de umidade, chuvas contínuas e temperatura elevada geralmente entre 21 °C e 32 °C, que são condições climáticas favoráveis ao desenvolvimento de florestas exuberantes.

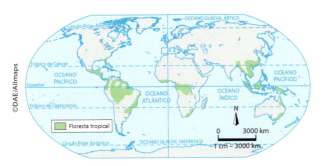

Fonte: IBGE. *Atlas geográfico escolar*. 6. ed. Rio de Janeiro. 2010. p. 106.

O mapa indica a localização da Floresta Tropical. A imagem mostra o aspecto geral desse bioma. São Paulo, 2015.

A vegetação é abundante, de crescimento rápido e sempre verde. Sobre as árvores existem trepadeiras, cipós e epífitas (orquídeas, samambaias e bromeliáceas).

A maioria das árvores desse bioma possui alturas similares, havendo contato entre as copas no alto, onde as folhas e galhos tocam-se e se entrelaçam, formando uma cobertura contínua chamada **dossel**, que diminui a penetração dos raios solares na floresta. Nessas copas, a fotossíntese é intensa, com abundância de folhas e frutos. Já o chão da floresta é escuro mesmo durante o dia.

Abaixo da cobertura vegetal existem vários estratos de vegetação, tais como estrato arbóreo, estrato arbustivo, estrato herbáceo, estrato de solo e estrato subterrâneo. As árvores formam raízes pouco profundas.

A fauna é rica, com grande diversidade de mamíferos arborícolas (macacos, lêmures e preguiças) e terrícolas (cotias, capivaras, onças e tapires). A diversidade de aves, répteis, anfíbios e invertebrados é muito grande. Esse bioma também apresenta serrapilheira no solo.

Diversos macacos, como o macaco-barrigudo (*Lagothrix lagotricha*), habitam as Florestas Tropicais. Essa espécie pode alcançar 70 cm de comprimento.

Campos

Campos são formações abertas, com vegetação predominantemente rasteira, muita claridade, chuvas irregulares e baixa pluviosidade. O solo é poroso, retendo pouca água.

Savanas são campos onde estão presentes gramíneas, alguns arbustos e árvores. Há Savanas na América do Norte, na América do Sul, na Ásia, na África e na Austrália. No Brasil, elas compreendem os Campos e o Cerrado.

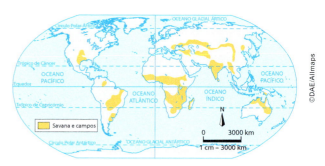

Fonte: IBGE. *Atlas geográfico escolar*. 6. ed. Rio de Janeiro, 2010. p. 106.

O mapa indica a localização dos Campos. A imagem mostra o aspecto desse bioma. Rio Grande do Sul, 2015.

Estepes são Campos com gramíneas e poucas plantas herbáceas. São exemplos de Estepes as Pradarias da América do Norte e os Pampas da Argentina, Uruguai e sul do Brasil.

Desertos

Caracterizam-se pela aridez. As chuvas são raras e a umidade é reduzida. A temperatura durante o dia é elevada, podendo chegar próxima a 50 °C, e cai durante a noite, podendo chegar a cerca de –10 °C.

Os maiores Desertos do mundo são o Saara, na África, e o Deserto de Gobi, na Ásia. Existem outros Desertos na África, Austrália, Estados Unidos, Chile, Bolívia e Tibete.

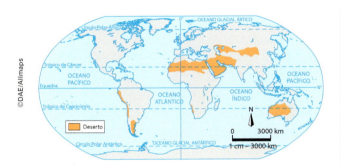

Fonte: IBGE. *Atlas geográfico escolar.* 6. ed. Rio de Janeiro, 2010. p. 106.

O mapa indica a localização dos Desertos. A imagem mostra o Deserto do Atacama, Chile, 2014.

A vegetação é esparsa, composta de gramíneas e plantas de pequeno porte, como as cactáceas. Esses vegetais são adaptados ao ambiente seco, com folhas transformadas em espinhos e caules suculentos que armazenam água. Eles podem apresentar sistemas de raízes profundos, que chegam a atingir o lençol freático.

A fauna tem pouca diversidade, constituindo-se principalmente de pequenos roedores, serpentes, lagartos, lacraias, escorpiões e insetos.

O camaleão é um animal típico do Deserto.

Biomas   Capítulo 14

▶ Biomas brasileiros

Segundo o Instituto Brasileiro de Geografia e Estatística (IBGE), os biomas continentais brasileiros são: Bioma Amazônia, com área aproximada de 4 196 943 km²; Bioma Cerrado, com área aproximada de 2 036 448 km²; Bioma Mata Atlântica, com área aproximada de 1 110 182 km²; Bioma Caatinga, com área aproximada de 844 453 km²; Bioma Pantanal, com área aproximada de 150 355 km²; Bioma Pampa, com área aproximada de 176 495 km²; e Bioma Manguezal, com cerca de 25 000 km².

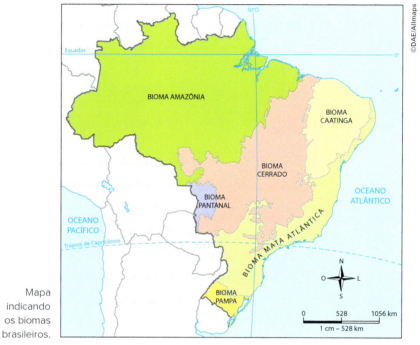

Mapa indicando os biomas brasileiros.

Fonte: Disponível em: <www.mma.gov.br/estruturas/sbf_chm_rbbio/_arquivos/mapas_cobertura_vegetal.pdf>. Acesso em: 19 abr. 2016.

Floresta Amazônica

A Amazônia corresponde ao conjunto Floresta Amazônica, Mangue, Cerrado e Várzea que forma a Bacia Amazônica. Está presente em nove países da América do Sul: Bolívia, Brasil, Colômbia, Equador, Guiana, Guiana Francesa, Peru, Suriname e Venezuela. Ocupa cerca de 40% da superfície do Brasil e é encontrada nos estados do Pará, Amazonas, Acre, Roraima, Amapá e Rondônia. Ao norte de Mato Grosso, Tocantins e Goiás, acompanha as margens dos rios Tapajós, Madeira e Xingu, constituindo o que se chama de Amazônia Legal, possibilitando a esses estados se beneficiarem dos incentivos fiscais para a região.

A Floresta Amazônica apresenta diversos rios que transportam parte da precipitação local. Amazonas, 2015.

190 Unidade 4 Ecologia

A Floresta Amazônica apresenta três tipos de vegetação: mata de igapós, mata de várzeas e mata de terra firme. A mata de igapós ocupa cerca de 4% da Amazônia e ocorre em áreas planas, perto dos rios, sobre solos permanentemente alagados. A vitória-régia pode ser encontrada na mata de igapós.

A mata de várzea ocupa cerca de 36% da Floresta Amazônica e localiza-se sobre solo periodicamente alagado, nos períodos em que os rios elevam os seus níveis (período das cheias). A seringueira pode ser encontrada na mata de várzea.

A mata pluvial ocupa 38% desse bioma e localiza-se sobre o solo que não sofre inundação de rios. Apresenta as maiores árvores, com cerca de 50 m de altura, que dão o perfil da vegetação. A castanheira pode ser encontrada em mata de terra firme.

Determinados trechos da Floresta Amazônica ficam cobertos na época de cheia dos rios. Amazonas, 2014.

A Floresta Amazônica apresenta características do bioma de Floresta Tropical, temperatura estável o ano todo entre 25 °C e 28 °C e alto índice pluviométrico, entre 1 800 mm e 3 600 mm por ano. É muito rica em epífitas, entre as quais destacam-se as bromélias, em cipós e em trepadeiras. Nela, vivem e se reproduzem cerca de um terço das espécies identificadas do planeta, por isso ele é conhecida por sua biodiversidade. Além disso, esse bioma apresenta diversas espécies endêmicas.

A Floresta Amazônica está intimamente relacionada com a estabilidade ambiental do planeta por pelo menos dois motivos. Primeiro porque, dos 3 bilhões de toneladas de carbono retirados do ar pelos ecossistemas terrestres, ela é responsável pela absorção de cerca de 10%. Desse modo, contribui para evitar o aumento da temperatura global gerado pela intensificação do efeito estufa. Segundo, sua massa vegetal composta de árvores de até 50 m de altura, com copas frondosas, é responsável pela liberação de 7 trilhões de toneladas de água por evapotranspiração.

> **Veja também**
>
>
>
> No *site* do museu Goeldi você pode encontrar diversas informações sobre a Amazônia, inclusive sobre aspectos sociais da região. Disponível em: <www.museu-goeldi.br/portal/>. Acesso em: 27 nov. 2015.

Cerrado

O Cerrado localiza-se no Brasil central e abrange 12 estados: Maranhão, Piauí, Bahia, Minas Gerais, Tocantins, Goiás, Mato Grosso, Mato Grosso do Sul, São Paulo, Paraná, Pará e Rondônia, além do Distrito Federal. Ocupa cerca de 25% da superfície do Brasil. Apresenta temperatura média de 26 °C, índice pluviométrico anual de 1 100 mm a 2 000 mm, com chuvas concentradas no verão.

A fisionomia dos arbustos e árvores com galhos tortuosos, caule com casca grossa e folhas coriáceas sugere adaptações à seca. No entanto, no Cerrado não há falta de água no solo, mesmo no inverno seco. Ela se acumula sobre camadas de rocha impermeável, formando lençóis subterrâneos de onde as raízes das árvores retiram a água. A água não é o fator que limita o desenvolvimento de uma flora mais exuberante. O solo arenoso, ácido e com altas taxas de alumínio é que limita o desenvolvimento vegetal do Cerrado. Devido a esse tipo de solo, o Cerrado brasileiro é uma extensa região de recarga do Aquífero Guarani, já que o solo arenoso, com relevo de planície, facilita a infiltração da água da chuva.

Aspecto geral do Cerrado. Goiás, 2014.

Entre os vegetais comuns do Cerrado podem-se citar marmelinho, barba-de-bode, indaiá, guabiroba, pequi, caviúna, pitanga, barbatimão, ipê, jacarandá-do-campo e capim-gordura. Entre os animais que povoam a região estão onça-pintada, onça-parda, anta, lobo-guará, tatu, caititu, queixada, pato-mergulhão, tamanduá-bandeira, seriema e outros. Assim, é possível perceber que, embora tenha aparência árida, existe grande biodiversidade no Cerrado.

Os vegetais do Cerrado costumam apresentar troncos e galhos retorcidos. Uma hipótese para explicar isso evoca a ocorrência de incêndios, que ocorrem naturalmente e artificialmente nesse bioma. Após a passagem do fogo, as folhas e gemas sofrem necrose e morrem. As gemas que ficam nas extremidades dos galhos são substituídas por gemas internas, que nascem em outros locais, quebrando a linearidade do crescimento.

Atualmente, no Cerrado, restam aproximadamente 20% da vegetação nativa. A área degradada é ocupada pelas fazendas de soja que respondem por 42% da soja plantada no país e pela produção de 50% dessa safra, além da produção de 20% do milho, 15% do arroz e 11% do feijão.

> **Veja também**
>
>
>
> O Cerrado é um bioma importantíssimo e muito diversificado. O endereço a seguir ajuda a compreender suas características e importância.
> Disponível em: <cienciahoje.uol.com.br/noticias/2009/11/a-historia-do-cerrado>.
> Acesso em: 28 nov. 2015.

A pecuária dessa região detém um terço do rebanho bovino nacional e 20% dos suínos. Pensar em conciliar o agronegócio com áreas de preservação e conservação e com a qualidade de vida das populações locais é um desafio para os brasileiros, assim como a preservação do patrimônio genético da nossa diversidade.

Plantação de soja em área de Cerrado. O Cerrado é um dos biomas mais degradados por causa do aumento da área agricultável no país. Minas Gerais, 2015.

Mata Atlântica

As matas costeiras brasileiras são também chamadas, em conjunto, de Mata Atlântica. Isso se deve ao fato de elas se estenderem, originalmente, ao longo da costa brasileira desde o Rio Grande do Norte até o Rio Grande do Sul, acompanhando a cadeia de montanhas do litoral, ao longo do oceano Atlântico. Atualmente a maior parte da Mata Atlântica está na Serra do Mar e na Serra da Mantiqueira. Atualmente, esse bioma ocupa menos de 8% da cobertura original.

Em destaque, a Rodovia dos Imigrantes, que liga São Paulo ao litoral. Esse tipo de empreendimento é um dos fatores responsáveis pela degradação da Mata Atlântica, mas traz benefícios aos usuários. São Paulo, 2014.

Biomas Capítulo 14 193

A biodiversidade é semelhante à da Floresta Amazônica, com vegetação exuberante e diversas espécies endêmicas (pau-brasil, peroba, canelas e ipês). Muitos animais conhecidos são típicos dessa floresta, como o mico-leão-dourado, a onça-pintada, o bicho-preguiça e a capivara.

Aspecto geral da Mata Atlântica. Alagoas, 2015.

A Mata Atlântica é sempre muito úmida (índice de pluviosidade entre 1 800 mm e 3 600 mm/ano, temperatura média de 22 °C), pois o vento que sopra do mar em direção ao continente está cheio de vapor de água e, ao encontrar a cadeia de montanhas, esfria e se condensa, formando neblina, nevoeiros e chuva.

A alta umidade favorece o crescimento de árvores altas, com até 30 m de altura e cujas copas se tocam formando um dossel. Abaixo dessas árvores cresce uma vegetação típica de áreas sombreadas, árvores com troncos finos e, entre elas, as palmeiras, de onde se obtém o palmito.

A umidade e a falta de luz favorecem o trabalho dos organismos decompositores sobre as folhas que caem das árvores e sobre todos os demais restos orgânicos, em um processo contínuo que libera nutrientes que irão sustentar a floresta.

Sobre os troncos dessas árvores crescem bromélias, orquídeas e samambaias, aproveitando a luz que consegue penetrar e retirando umidade do ar ou armazenando-a em suas folhas.

A vegetação distribuída em camadas de diferentes alturas vai segurando a chuva em suas folhas. Desse modo, dentro da floresta, a chuva cai lentamente sobre o solo sem causar impactos, como erosão. Além disso, a água da chuva alimenta os lençóis freáticos que abastecem os rios da região. A vegetação também diminui a ação erosiva dos ventos.

Manguezal

O Manguezal é um bioma no qual ocorre o encontro de água doce de rios com a água salgada do mar. O solo é escuro e encharcado, com consistência similar à lama, tornando difícil a locomoção e a sustentação. Esse bioma é encontrado em diversos estados no Brasil.

Aspecto geral do Mangue. Alagoas, 2015.

Esse bioma é um berçário para várias espécies de peixes, camarões e siris, que nele se reproduzem, geralmente onde se mistura água do mar e dos rios. Além disso, o mangue fornece grande parte dos nutrientes para a comunidade marinha costeira.

O solo encharcado dificulta a fixação e a respiração das raízes. Algumas plantas apresentam raízes respiratórias ou pneumatóforos, ramificações que crescem em direção ao caule, para fora do solo lamacento, e realizam trocas gasosas com o ar. Também podem ser encontradas plantas com raízes que se desenvolvem no caule em direção ao solo, denominadas raízes-escora, que ampliam a base da planta e lhe dão sustentação.

O pneumatóforo auxilia as plantas do mangue a obter gás oxigênio, já que a penetração dessa substância no solo ou na água é baixa.

Biomas **Capítulo 14**

Caatinga

A região de Caatinga recobre aproximadamente 15% do território do Brasil e compreende os seguintes estados: Bahia, Sergipe, Alagoas, Pernambuco, Paraíba, Rio Grande do Norte, Ceará, Piauí, Maranhão e norte de Minas Gerais.

A Caatinga recebe nomes regionais como agreste, sertão, cariri e seridó. Ela apresenta clima semiárido com temperatura elevada, entre 24 °C e 26 °C, e chuva escassa e irregular em torno de 500 mm a 700 mm anuais. Os rios costumam ser intermitentes, isto é, desaparecem nas épocas de seca. O vento apresenta baixa umidade e colabora com a evaporação.

A vegetação é adaptada a ambientes secos, com destaque para as cactáceas, cujas folhas são transformadas em espinhos, o que diminui a evapotranspiração e cujos caules reservam água, adaptações ao clima seco. Diversas plantas germinam no período das chuvas, cobrindo o solo.

(**A**) Caatinga no período de seca. (**B**) Caatinga no período de chuvas. As imagens mostram que, dependendo da época, a Caatinga parece um bioma mais ou menos diverso. Bahia, 2015.

Entre os vegetais encontrados na Caatinga podem-se citar mandacaru, xiquexique, faveleira, marmeleiro, macambira, caroá, barriguda, angico, catingueira, imbuzeiro e juazeiro. O juazeiro não perde suas folhas na seca e destaca-se como planta típica desse bioma. São animais típicos da Caatinga o bode, sapo-cururu, tatu-peba, asa-branca, preá.

Nas serras brasileiras ocorre um tipo único de vegetação tanto em diversidade quanto em distribuição, denominado campo rupestre. Trata-se de um campo de altitude (cerca de 900 m) com plantas que crescem entre pedras em solo arenoso. Ele surge na região de transição entre Caatinga, Cerrado e Mata Atlântica.

Pantanal

Setenta por cento do Pantanal localiza-se nos estados do Mato Grosso do Sul e Mato Grosso, 20% na Bolívia e 10% no Paraguai, onde recebe o nome de Chão.

É uma região plana, com pouco declive, onde a água do rio Paraguai transborda nos meses de cheia, inundando extensas áreas. Localizado entre o Cerrado e a Amazônia, a temperatura média oscila entre 23 °C e 25 °C, e as chuvas estão concentradas de novembro a abril com média de 1 100 mm a 1 500 mm por ano.

Na época de chuvas as águas invadem os terrenos mais baixos, que permanecem inundados. De maio a julho as águas escoam lentamente e formam rios temporários, em uma época conhecida como vazante. De agosto a outubro persistem apenas os grandes rios e cursos de água permanentes, denominados corixos. Assim, nas regiões baixas, há grande variedade de plantas aquáticas, como os aguapés. Nas regiões alagáveis desenvolve-se uma vegetação herbácea exuberante durante a seca, devido aos nutrientes ali deixados pela cheia.

(**A**) Pantanal no período de vazante. Mato Grosso, 2013. (**B**) Pantanal alagado. Mato Grosso, 2014.

Nos terrenos ricos em gramíneas do Pantanal, a principal atividade é a pecuária desenvolvida de maneira extensiva nessas pastagens naturais, em grandes propriedades. Muitos produtores procuram conservar essa tradição de maneira sustentável, sem usar espécies exóticas ou pesticidas.

Nas regiões mais altas, de terra firme, desenvolve-se vegetação de Cerrado e até de mata. Apesar de sua exuberante biodiversidade, são poucas as espécies endêmicas no Pantanal. Entre as plantas encontradas na região podem-se citar aroeira, piúva, angico, jenipapeiro, ingazeiro, embaúba. A fauna aquática, rica em peixes, sustenta aves como o jaburu ou tuiuiú, a garça e o biguá.

Jacaré do Pantanal (*Caiman yacare*), um animal típico da região. Ele pode chegar a 3 m de comprimento e existem programas para preservar essa espécie.

Anualmente, várias espécies de aves realizam um fenômeno espetacular quando saem de seus locais de reprodução em voos migratórios rumo a outras regiões, que podem ser até do outro lado do planeta. Em um ciclo contínuo, elas voltam para seus locais de reprodução. Os maçaricos são exemplos de aves migratórias que utilizam o Pantanal como parada para descanso, quando saem do hemisfério Norte em direção à Argentina, ao Uruguai e à Terra do Fogo.

Campos Sulinos

Também conhecido como Pampa, esse bioma é típico do Rio Grande do Sul, Uruguai e Argentina, caracteriza-se pelas extensas planícies nas quais a temperatura média é de 18 °C e a pluviosidade fica entre 500 mm e 1 000 mm anuais. As planícies são favoráveis à propagação de ventos fortes e gelados, os minuanos. Apresenta vegetação herbácea, com árvores e arbustos esparsos, e gramíneas, como a grama-tapete, a barba-de-bode, a cabelo-de-porco, entre mais de 400 espécies muito utilizadas como pastagem natural na criação de gado.

Aspecto dos Campos Sulinos. Rio Grande do Sul, 2011.

Os animais típicos são quero-quero, joão-de-barro, ema, veado-campeiro e preá.

Atividades

1. Relacione os biomas Floresta Amazônica, Mata Atlântica, Cerrado, Caatinga e Pampa com os tipos de biomas mundiais.

2. O Brasil apresenta todos os biomas mundiais? Justifique.

3. Qual é a importância dos manguezais para os ecossistemas marinhos?

4. Relacione biodiversidade e condições ambientais, como pluviosidade e temperatura.

PARA LER E REFLETIR

Redução do desmatamento no Brasil "melhorou ar e salvou vidas" na América do Sul

A redução do desmatamento da Amazônia promovida de modo intermitente pelo Brasil desde 2004 melhorou a qualidade do ar em toda a América do Sul, indica um estudo publicado nesta quinta-feira na revista *Nature*.

Esse esforço teria resultado, ainda, na prevenção de 400 a 1,7 mil mortes prematuras de adultos a cada ano, de acordo com o trabalho realizado por pesquisadores das universidades de Leeds e Manchester, no Reino Unido, do Massachusets Institute of Technology, nos Estados Unidos, e da Universidade de São Paulo. [...]

Impacto

Entre 1976 e 2010, cerca de 15% da Floresta Amazônica brasileira foi desmatada. Isso representa 750 mil km², o equivalente aos territórios de Portugal, Itália e Alemanha somados.

Mas, entre 2001 e 2012, a taxa anual de desmatamento caiu 40% (de 37,8 mil km² para 22,9 mil km²) no Brasil como um todo. A redução foi ainda maior, de 70%, na Amazônia brasileira.

Usando dados de satélite e simulações feitas com computador, os cientistas conseguiram correlacionar essa queda do desmatamento brasileiro a uma melhora na qualidade do ar da América do Sul como um todo.

Isso porque o fogo usado para desmatar responde por 20% das emissões de partículas na atmosfera feitas por incêndios no mundo, mas, no Brasil, é responsável por 64% das emissões.

Com menos incêndios criados para abrir clareiras na floresta, a quantidade de partículas nocivas liberadas na atmosfera caiu bastante – e, por causa das correntes de ar que circulam pela região, isso gerou uma melhora na qualidade do ar em toda a região. [...]

Alerta

Os pesquisadores ainda se depararam com um achado inesperado em seu trabalho: as emissões de partículas geradas por todos os tipos de incêndios no país caíram, apesar do aumento da ocorrência de queimadas em áreas já usadas pela agricultura.

"Isso nos surpreendeu. A explicação é que os incêndios de desmatamento, por queimarem árvores, produzem de três a cinco vezes mais fumaça do que um incêndio de um cultivo agronômico", afirma Reddington.

Essa fumaça costuma ser levada pelo vento para áreas mais densamente povoadas e causa doenças respiratórias, cardíacas e câncer, levando à morte prematura.

Com menos partículas no ar, os cientistas estimam que entre 400 e 1,7 mil vidas tenham sido salvas por ano.

No entanto, eles fazem dois alertas: para que as políticas de redução do desmatamento gerem o máximo de benefícios, elas precisam se concentrar também na redução dos incêndios em áreas de Floresta Tropical. [...]

A Amazônia é um dos ambientes que teve maior redução do índice de desmatamento nos últimos anos. Pará, 2013.

BARIFOUSE, R. *BBC Brasil*. Disponível em: <www.bbc.com/portuguese/noticias/2015/09/150916_desmatamento_brasil_qualidade_ar_rb>. Acesso em: 19 abr. 2016.

QUESTÕES

1. Esse texto exemplifica como a preservação ambiental ajuda a manter o ambiente saudável. Explique por que isso ocorre.

2. Os benefícios da preservação ambiental são apenas locais ou podem se estender a outras regiões? Justifique.

3. Um dos motivos mais alegados para desmatar uma área é o desenvolvimento econômico. Imagine uma região de mata virgem em uma cidade com problemas de desemprego. Certa empresa faz uma proposta para instalar uma fábrica de tecidos nessa cidade, mas, para isso, precisaria desmatar parte da mata. Você seria contra ou a favor desse projeto? Por quê?

Mãos à obra!

O bioma em que vivo

Nesta atividade serão determinadas algumas condições ambientais da região em torno da escola. Essas condições serão comparadas com condições padrão e vocês determinarão em que bioma estão e se esse bioma está de acordo com as condições descritas no livro.

Material:

- Termômetro
- Garrafa PET de 2 litros
- Tesoura de pontas arredondadas
- Régua de 30 cm
- Pedras ou bolinhas de gude
- Corante alimentício
- Fita adesiva

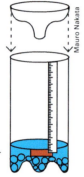
Representação do pluviômetro.

Procedimento:

O professor dividirá a turma em grupos de até 5 alunos. Cada grupo deve ter dois conjuntos dos materiais citados.

Primeiramente, será montado um pluviômetro com alguns dos materiais. Cada grupo montará dois pluviômetros. Para isso, cortem a garrafa PET na altura em que ela deixa de ser curva e fica reta ou então, caso ela seja toda reta, a cerca de 25 cm da base. Preencha cerca de 5 cm da parte maior da garrafa, até cobrir os apoios da base, com as pedras ou bolinhas de gude. Complete com água até cobri-las e acrescente algumas gotas de corante. Cole um pedaço de fita colorida na altura do nível da água fazendo uma marca, e depois fixe a régua na vertical, do lado de fora da garrafa, utilizando a fita adesiva. Faça com que o número zero da régua coincida com o nível da água. Por último, encaixe o bico da garrafa de cabeça para baixo dentro da abertura do pluviômetro.

O grupo fixará um pluviômetro e um termômetro em locais distintos, como a casa de algum aluno ou algum local da escola. Avisem as pessoas que frequentam o local que vocês estão instalando esses equipamentos. O local deve ser aberto para receber chuvas e ventos. Os grupos fixarão dois conjuntos de termômetro e pluviômetro, cada um em um local diferente.

Durante uma semana, o grupo fará medições desses equipamentos três vezes ao dia (de manhã, à tarde e à noite). Organizem os dados em uma tabela como no exemplo:

Dia	Data	Hora	Temperatura (°C)	Pluviosidade (mm)

Após uma semana de observação, os grupos devem levar as tabelas para a classe. Todos calcularão a média de temperatura e a pluviosidade total do período para cada tabela. Os dados serão disponibilizados na lousa e devem ser utilizados para responder às questões a seguir.

QUESTÕES

1. Observe o mapa dos biomas brasileiros desta unidade. Em qual bioma sua escola se localiza?

2. Utilizando os dados de temperatura, você classificaria a sua região como quente ou fria? As médias de temperatura estão adequadas para o bioma em que a escola está, se comparadas com os dados de temperatura fornecidos no livro?

3. Multiplique o valor de pluviosidade obtido por 52, para converter a pluviosidade semanal em anual. Após isso, você diria que ao valor da pluviosidade está dentro do esperado, de acordo com os dados mostrados no livro?

4. Nesta atividade, diversos grupos forneceram dados sobre os mesmos fatores. Você acha que isso é importante? Por quê?

Explorando habilidades e competências

Observe as imagens, que representam seres vivos de determinados biomas brasileiros. Com base nelas, responda às questões a seguir.

1. Que diferenças você pode apontar entre as plantas apresentadas?
2. As adaptações dessas plantas refletem quais características ambientais?
3. Você as considera adaptadas aos mesmos ambientes? Justifique.
4. Alguma dessas plantas está distribuída por todo o território brasileiro? Justifique.
5. Cite uma planta que está bem-adaptada e outra que teria dificuldades para sobreviver na Caatinga.
6. Essas plantas podem ser encontradas no mesmo jardim botânico. Como isso é possível?

Biomas Capítulo 14 201

Para rever e estudar

Questões do Enem

1. (2015) O nitrogênio é essencial para a vida e o maior reservatório global desse elemento, na forma de N_2, é a atmosfera. Os principais responsáveis por sua incorporação na matéria orgânica são microrganismos fixadores de N_2 que ocorrem de forma livre ou simbiontes com plantas.

   ADUAN, R. E. et al. *Os grandes ciclos biogeoquímicos do planeta*. Planaltina: Embrapa, 2004 (adaptado).

   Animais garantem suas necessidades metabólicas desse elemento pela

   a) absorção do gás nitrogênio pela respiração.
   b) ingestão de moléculas de carboidratos vegetais.
   c) incorporação de nitritos dissolvidos na água consumida.
   d) transferência da matéria orgânica pelas cadeias tróficas.
   e) protocooperação com microrganismos fixadores de nitrogênio.

2. (2015) A indústria têxtil utiliza grande quantidade de corantes no processo de tingimento dos tecidos. O escurecimento das águas dos rios causado pelo despejo desses corantes pode desencadear uma série de problemas no ecossistema aquático.

   Considerando esse escurecimento das águas, o impacto negativo inicial que ocorre é o (a)

   a) eutrofização.
   b) proliferação de algas.
   c) inibição da fotossíntese.
   d) fotodegradação da matéria orgânica.
   e) aumento da quantidade de gases dissolvidos.

3. (2014) Os parasitoides (misto de parasitas e predadores) são insetos diminutos que têm hábitos muito peculiares: suas larvas podem se desenvolver dentro do corpo de outros organismos, como mostra a figura. A forma adulta se alimenta de pólen e açúcares. Em geral, cada parasitoide ataca hospedeiros de determinada espécie e, por isso, esses organismos vêm sendo amplamente usados para o controle biológico de pragas agrícolas.

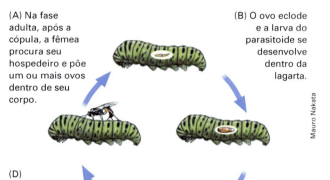

(A) Na fase adulta, após a cópula, a fêmea procura seu hospedeiro e põe um ou mais ovos dentro de seu corpo.

(B) O ovo eclode e a larva do parasitoide se desenvolve dentro da lagarta.

(C) A larva torna-se pupa, levando o hospedeiro à morte.

(D) O parasitoide, após a metamorfose, cava um túnel nos tecidos do hospedeiro e emerge como adulto.

SANTO, M. M. E.; FARIA, M. L. Parasitoides: insetos benéficos e cruéis. *Ciência Hoje*, v. 49, n. 291, abr. 2012 (adaptado).

A forma larval do parasitoide assume qual papel nessa cadeia alimentar?

a) Consumidor primário, pois ataca diretamente uma espécie herbívora.
b) Consumidor secundário, pois se alimenta diretamente dos tecidos da lagarta.
c) Organismo heterótrofo de primeira ordem, pois se alimenta de pólen na fase adulta.
d) Organismo heterótrofo de segunda ordem, pois apresenta o maior nível energético na cadeia.
e) Decompositor, pois se alimenta de tecidos do interior do corpo da lagarta e a leva à morte.

4. (2014) Existem bactérias que inibem o crescimento de um fungo causador de doenças no tomateiro, por consumirem o ferro disponível no meio. As bactérias também fazem fixação de nitrogênio, disponibilizam cálcio e produzem auxinas, substâncias que estimulam diretamente o crescimento do tomateiro.

   PELZER, G. Q. et al. "Mecanismos de controle da murcha-de-esclerócio e promoção de crescimento em tomateiro mediados por rizobactérias". *Tropical Plant Pathology*, v. 36, n. 2, mar. abr. 2011 (adaptado).

   Qual dos processos biológicos mencionados indica uma relação ecológica de competição?

   a) Fixação de nitrogênio para o tomateiro.
   b) Disponibilização de cálcio para o tomateiro.

c) Diminuição da quantidade de ferro disponível para o fungo.

d) Liberação de substâncias que inibem o crescimento do fungo.

e) Liberação de auxinas que estimulam o crescimento do tomateiro.

5. (2013) Plantas terrestres que ainda estão em fase de crescimento fixam grandes quantidades de CO_2, utilizando-o para formar novas moléculas orgânicas, e liberam grande quantidade de O_2. No entanto, em florestas maduras, cujas árvores já atingiram o equilíbrio, o consumo de O_2 pela respiração tende a igualar sua produção pela fotossíntese. A morte natural de árvores nessas florestas afeta temporariamente a concentração de O_2 e de CO_2 próximo à superfície do solo onde elas caíram.

A concentração de O_2 próximo ao solo, no local da queda, será

a) menor, pois haverá consumo de O_2 durante a decomposição dessas árvores.

b) maior, pois haverá economia de O_2 pela ausência das árvores mortas.

c) maior, pois haverá liberação de O_2 durante a fotossíntese das árvores jovens.

d) igual, pois haverá consumo e produção de O_2 pelas árvores maduras restantes.

e) menor, pois haverá redução de O_2 pela falta da fotossíntese realizada pelas árvores mortas.

6. (2013) Estudos de fluxo de energia em ecossistemas demonstram que a alta produtividade nos manguezais está diretamente relacionada às taxas de produção primária líquida e à rápida reciclagem dos nutrientes. Como exemplo de seres vivos encontrados nesse ambiente, temos: aves, caranguejos, insetos, peixes e algas.

Dos grupos de seres vivos citados, os que contribuem diretamente para a manutenção dessa produtividade no referido ecossistema são

a) aves.

b) algas.

c) peixes.

d) insetos.

e) caranguejos.

7. (2013) Apesar de belos e impressionantes, corais exóticos encontrados na Ilha Grande podem ser uma ameaça ao equilíbrio dos ecossistemas do litoral do Rio de Janeiro. Originários do Oceano Pacífico, esses organismos foram trazidos por plataformas de petróleo e outras embarcações, provavelmente na década de 1980, e disputam com as espécies nativas elementos primordiais para a sobrevivência, como espaço e alimento. Organismos invasores são a segunda maior causa de perda de biodiversidade, superados somente pela destruição direta de *habitat* pela ação do homem. As populações de espécies invasoras crescem indefinidamente e ocupam o espaço de organismos nativos.

LEVY, I. Disponível em: <cienciahoje.uol.com.br>. Acesso em: 5 dez. 2011 (adaptado).

As populações de espécies invasoras crescem bastante por terem a vantagem de

a) não apresentarem genes deletérios no seu *pool* gênico.

b) não possuírem parasitas e predadores naturais presentes no ambiente exótico.

c) apresentarem características genéticas para se adaptarem a qualquer clima ou condição ambiental.

d) apresentarem capacidade de consumir toda a variedade de alimentos disponibilizados no ambiente exótico.

e) apresentarem características fisiológicas que lhes conferem maior tamanho corporal que o das espécies nativas.

8. (2012) A figura representa um dos modelos de um sistema de interações entre seres vivos. Ela apresenta duas propriedades, P_1 e P_2, que interagem em I, para afetar uma terceira propriedade, P_3, quando o sistema é alimentado por uma fonte de energia, E. Essa figura pode simular um sistema de campo em que P_1 representa as plantas verdes; P_2 um animal herbívoro e P_2, um animal onívoro.

Biomas **Capítulo 14** 203

Para rever e estudar

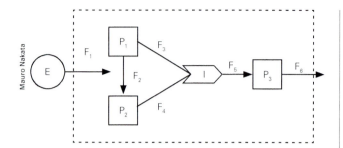

E: função motriz
P: propriedades
F: fluxos
I: interações

ODUM, E. P. *Ecologia*. Rio de Janeiro: Guanabara Koogan, 1988.

A função interativa I representa a proporção de

a) herbivoria entre P_1 e P_2.
b) polinização entre P_1 e P_2.
c) P_3 utilizada na alimentação de P_1 e P_2.
d) P_1 ou P_2 utilizada na alimentação de P_3.
e) energia de P_1 e de P_2 que saem do sistema.

9. (2012) O menor tamanduá do mundo é solitário e tem hábitos noturnos, passa o dia repousando, geralmente em um emaranhado de cipós, com o corpo curvado de tal maneira que forma uma bola. Quando em atividade, se locomove vagarosamente e emite som semelhante a um assobio. A cada gestação, gera um único filhote. A cria é deixada em uma árvore à noite e é amamentada pela mãe até que tenha idade para procurar alimento. As fêmeas adultas têm territórios grandes e o território de um macho inclui o de várias fêmeas, o que significa que ele tem sempre diversas pretendentes à disposição para namorar!

Ciência Hoje das Crianças, ano 19, n. 174, nov. 2006 (adaptado).

Essa descrição sobre o tamanduá diz respeito ao seu

a) habitat.
b) biótopo.
c) nível trófico.
d) nicho ecológico.
e) potencial biótico.

10. (2012) Não é de hoje que o homem cria, artificialmente, variedades de peixes por meio da hibridação. Esta é uma técnica muito usada pelos cientistas e pelos piscicultores porque os híbridos resultantes, em geral, apresentam maior valor comercial do que a média de ambas as espécies parentais, além de reduzir a sobrepesca no ambiente natural.

Terra da Gente, ano 4, n. 47, mar. 2008 (adaptado).

Sem controle, esses animais podem invadir rios e lagos naturais, se reproduzir e

a) originar uma nova espécie poliploide.
b) substituir geneticamente a espécie natural.
c) ocupar o primeiro nível trófico no *habitat* aquático.
d) impedir a interação biológica entre as espécies parentais.
e) produzir descendentes com o código genético modificado.

11. (2013) No Brasil, cerca de 80% da energia elétrica advém de hidrelétricas, cuja construção implica o represamento de rios. A formação de um reservatório para esse fim, por sua vez, pode modificar a ictiofauna local. Um exemplo é o represamento do Rio Paraná, onde se observou o desaparecimento de peixes cascudos quase que simultaneamente ao aumento do número de peixes de espécies exóticas introduzidas, como o mapará e a corvina, as três espécies com nichos ecológicos semelhantes.

PETESSE, M. L.; PETRERE JR., M. *Ciência Hoje*, São Paulo, n. 293, v. 49, jun. 2012 (adaptado).

Nessa modificação da ictiofauna, o desaparecimento de cascudos é explicado pelo(a)

a) redução do fluxo gênico da espécie nativa.
b) diminuição da competição intraespecífica.
c) aumento da competição interespecífica.
d) isolamento geográfico dos peixes.
e) extinção de nichos ecológicos.

12. (2012) Muitas espécies de plantas lenhosas são encontradas no cerrado brasileiro. Para a sobrevivência nas condições de longos períodos de seca e queimadas periódicas, próprias desse ecossistema, essas plantas desenvolveram estruturas muito peculiares. As estruturas adaptativas mais apropriadas para a sobrevivência desse grupo de plantas nas condições ambientais de referido ecossistema são:

a) Cascas finas e sem sulcos ou fendas.
b) Caules estreitos e retilíneos.
c) Folhas estreitas e membranosas.
d) Gemas apicais com densa pilosidade.
e) Raízes superficiais, em geral, aéreas.

Questões de vestibulares

1. (Fuvest-SP – 2016) A cobra-coral *Erythrolamprus aesculapii* tem hábito diurno, alimenta-se de outras cobras e é terrícola, ou seja, caça e se abriga no chão. A jararaca *Bothrops jararaca* tem hábito noturno, alimenta-se de mamíferos e é terrícola. Ambas ocorrem no Brasil, na floresta pluvial costeira.

   Essas serpentes

   a) disputam o mesmo nicho ecológico.
   b) constituem uma população.
   c) compartilham o mesmo *habitat*.
   d) realizam competição intraespecífica.
   e) são comensais.

2. (Uerj – 2016)

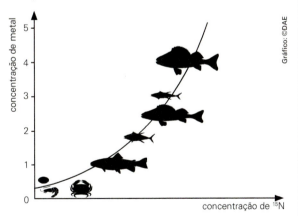

Adaptado de boundless.com

No gráfico, está indicada a concentração de um metal pesado no corpo de vários habitantes de um lago, bem como a concentração do isótopo de nitrogênio ^{15}N, cujos valores mais elevados estão associados a níveis crescentes na cadeia alimentar.

A curva de concentração de metal, nesses seres vivos, pode ser explicada pelo processo de:

a) magnificação trófica
b) eutrofização do lago
c) Interrupção do fluxo de energia
d) retenção de matéria orgânica em consumidores maiores

3. (FGV-SP – 2015) A produtividade primária abastece todas as cadeias alimentares de um ecossistema, sendo diretamente dependente de fatores ambientais abióticos relacionados, principalmente, à disponibilidade de água e luz.

   A produtividade primária bruta em um ecossistema, durante certo período, é essencialmente a

   a) taxa de energia obtida a partir da alimentação dos consumidores primários heterotróficos.
   b) disponibilidade decrescente de energia presente em cada nível trófico da teia alimentar.
   c) energia contida nas moléculas orgânicas sintetizadas pelo metabolismo heterotrófico.
   d) taxa de energia luminosa transformada pelos organismos autotróficos da base da teia alimentar.
   e) energia capturada pelos organismos autotróficos, menos seus gastos energéticos metabólicos.

4. (Fuvest-SP – 2015) Num determinado lago, a quantidade dos organismos do fitoplâncton é controlada por um crustáceo do gênero *Artemia*, presente no zooplâncton. Graças a esse equilíbrio, a água permanece transparente. Depois de um ano muito chuvoso, a salinidade do lago diminuiu, o que permitiu o crescimento do número de insetos do gênero *Trichocorixa*, predadores de *Artemia*. A transparência da água do lago diminuiu.

   Considere as afirmações:

   I. A predação provocou o aumento da população dos produtores.
   II. A predação provocou a diminuição da população dos consumidores secundários.

Para rever e estudar

III. A predação provocou a diminuição da população dos consumidores primários.

Está correto o que se afirma apenas em

a) I.
b) II.
c) III.
d) I e III.
e) II e III.

5. (Unicamp-SP – 2015) A figura a seguir representa relações existentes entre organismos vivos.

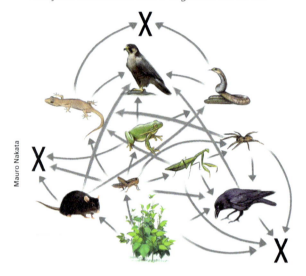

Adaptado de: <http://pseudoartes.blogspot.com.br/2010_12_01_archive.html>.

a) O que é representado na figura? Que tipo de organismo é representado por X?

b) Qual seria a consequência do desaparecimento das aves mostradas na figura acima? Qual seria a consequência do desaparecimento das plantas mostradas na figura acima?

6. (UEM-PR – 2015) Sobre os ciclos biogeoquímicos, assinale o que for correto.

01) Bactérias do gênero *Rhizobium* são importantes para o ciclo do nitrogênio, uma vez que participam do processo de nitrificação.

02) O fósforo é absorvido pelas plantas e animais na forma de íon fosfato.

04) O carbono é incorporado nos seres vivos a partir da fotossíntese e da quimiossíntese, sendo transferido por meio da cadeia alimentar para os consumidores e os decompositores.

08) O ciclo da água está relacionado com processos que ocorrem na litosfera, na atmosfera e na biosfera.

16) O principal reservatório de O_2 para os seres vivos é a estratosfera, onde esse gás se encontra na forma de O_3.

7. (Unicamp-SP – 2015) O nitrogênio é um elemento essencial para as plantas, podendo ser obtido do solo ou da atmosfera. No último caso, verifica-se a associação entre plantas e bactérias, que irão captar moléculas de nitrogênio e convertê-las em compostos nitrogenados usados na nutrição das plantas. Em contrapartida, as bactérias se aproveitam dos produtos oriundos da fotossíntese realizada pelas plantas. Essa associação é denominada

a) mutualismo. O texto se refere a bactérias do gênero *Rhizobium*, que produzem amônio.

b) comensalismo. O texto se refere a bactérias do gênero *Rhizobium*, que produzem amônio.

c) mutualismo. O texto se refere a bactérias do gênero *Nitrosomona*, que produzem proteínas.

d) comensalismo. O texto se refere a bactérias do gênero *Nitrosomona*, que produzem proteínas.

8. (Unesp-SP – 2015) Leia os versos da canção "Carcará", de José Cândido e João do Vale.

Carcará

Carcará
Lá no Sertão
É um bicho que "avoa" que nem avião
É um pássaro malvado
Tem o bico "volteado" que nem gavião
Carcará
Quando vê roça queimada
Sai voando e cantando
Carcará
Vai fazer sua caçada
Carcará
Come "inté" cobra queimada
Mas quando chega o tempo da invernada
No Sertão não tem mais roça queimada
Carcará mesmo assim num passa fome
Os "burrego que nasce" na baixada
Carcará

206

Pega, mata e come
Carcará
Num vai morrer de fome
Carcará
Mais coragem do que homem
Carcará
Pega, mata e come
Carcará é malvado, é valentão
É a águia de lá do meu Sertão
Os "burrego novinho" num pode andar
Ele puxa o "imbigo" "inté" matar
Carcará
Pega, mata e come
Carcará
Num vai morrer de fome
Carcará
Mais coragem do que homem
Carcará
Pega, mata e come

www.radio.uol.com.br

Considerando as relações tróficas encontradas no texto da canção, assinale a alternativa que apresenta a correta correlação entre o trecho selecionado e a afirmação que o sucede.

a) "Carcará / Come 'inté' cobra queimada" e "Os 'burrego que nasce'na baixada / Carcará / Pega, mata e come": as cobras e os borregos ocupam o mesmo nível trófico, uma vez que ambos são presas do carcará.

b) "Ele puxa o 'imbigo' 'inté' matar": os borregos são mamíferos e, portanto, ocupam o topo da cadeia alimentar.

c) "No Sertão não tem mais roça queimada / Carcará mesmo assim num passa fome": os carcarás são decompositores e ocupam o último nível trófico da cadeia alimentar.

d) "Vai fazer sua caçada": os carcarás são predadores e, portanto, consumidores primários no segundo nível trófico.

e) "Carcará / Come 'inté' cobra queimada": os carcarás são consumidores terciários e ocupam o quarto nível trófico.

9. (Uerj – 2015) Observe a cadeia alimentar representada no esquema a seguir.

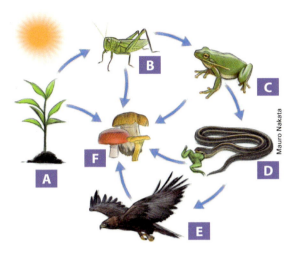

Adaptado de imagensgratis.com.br

Nomeie o nível trófico no qual é encontrada a maior concentração de energia, indique a letra que o representa no esquema e justifique sua resposta.

Nomeie também o nível trófico responsável pela reciclagem da matéria no meio ambiente, indique a letra que o representa no esquema e justifique sua resposta.

10. (UEM-PR – 2015) Analise as seguintes cadeias alimentares, considerando-as em equilíbrio, e assinale a(s) alternativa(s) **correta(s)**.

   I. planta → gafanhoto → pássaro → cobra → gavião
   II. planta → rato → cobra → gavião
   III. planta → boi → carrapato → pássaro
   IV. planta → pássaro → cobra

01) Nenhum dos seres relacionados nas quatro cadeias ocupa o mesmo nível trófico.

02) A cadeia III apresenta maior número de indivíduos no terceiro nível trófico do que no quarto nível.

04) Na cadeia I ocorre o maior aproveitamento de energia pelo gavião do que na cadeia II.

08) Nas cadeias acima são representados produtores, herbívoros, carnívoros, onívoros e decompositores.

16) O pássaro apresenta hábito alimentar do tipo onívoro.

UNIDADE 5

O SER HUMANO E O AMBIENTE

Os seres vivos são capazes de modificar o ambiente em que vivem, sobretudo o ser humano, que interfere mais decisivamente no meio em que habita. De modo geral, os humanos alteram o ambiente visando adaptá-lo às suas conveniências. Como os ecossistemas estão interligados na biosfera terrestre, alterações em um ambiente podem refletir em outros, causando uma série de transformações, nem sempre desejáveis. Algumas delas revelam-se inclusive prejudiciais à sociedade.

Com o desenvolvimento da Biologia e de outras ciências, hoje é possível estimar os efeitos ambientais de uma ação humana, o que ajuda a decidir se ela deve ou não ser realizada.

Área com diversas árvores em Natividade da Serra (SP), em 2014. É possível perceber interferência humana nesse local?

CAPÍTULO 15

IMPACTOS AMBIENTAIS E DESENVOLVIMENTO SUSTENTÁVEL

A história da humanidade é marcada por intervenções na natureza. Por milênios, cidades têm sido construídas, esgotos são despejados em rios, animais são caçados, florestas são derrubadas para a agricultura etc. Estas atividades e diversas outras afetam o ambiente, alterando as relações existentes nele. O efeito de uma atividade no ambiente é denominado **impacto ambiental**.

O impacto ambiental é muito variado. Ele pode ser local, regional ou global; pode **degradar** ou recuperar um ambiente, além de poder ser passageiro ou permanente. É resultado de qualquer ação humana no ambiente.

Durante a maior parte de sua história, a humanidade não se preocupou com os impactos ambientais que causava, já que a natureza era vista como uma fonte inesgotável de recursos e, em alguns casos, até mesmo como "inimiga do progresso", já que era necessário modificá-la para obter conforto, moradia e renda.

Degradar: provocar deterioração, destruir, estragar.

A construção de cidades envolve diversos impactos ambientais. Além da destruição da vegetação nativa, a cidade consome vários recursos e produz muitos dejetos. O manejo desses elementos afeta o ambiente. Construção de Brasília (DF), em área que era ocupada por vegetação de cerrado, 1959.

Ao longo do desenvolvimento da sociedade humana, surgiram estudos sobre os recursos naturais e focos de preocupação com os impactos ambientais. Fenômenos como o Grande Nevoeiro de Londres (*Big Smoke*, em inglês), em 1952, mostraram que a interferência humana no ambiente pode ser nociva. Entre 5 e 9 de dezembro daquele ano, milhares de pessoas morreram e muitas outras ficaram doentes quando os níveis de poluição atmosférica, emitidos por carros e indústrias, ficaram extremamente elevados na cidade.

Por causa da combinação de elevada poluição do ar e condições meteorológicas, milhares de pessoas morreram em Londres em dezembro de 1952. Esse é apenas um dos casos em que o impacto da ação humana custou vidas. Inglaterra, 1952.

Durante o século XX, a sociedade passou a se mobilizar e a cobrar mais intensamente dos governantes medidas de proteção ao ambiente. Os estudos em várias áreas científicas ajudaram a levantar questões e fazer considerações sobre os efeitos da atividade humana no planeta.

Os acontecimentos ligados ao inseticida DDT (dicloro-difenil-tricloroetano) ajudam a exemplificar essa mobilização. Ele foi sintetizado em 1874, na Alemanha, e suas propriedades inseticidas foram descobertas em 1939 pelo químico suíço Paul Hermann Müller (1899-1965). Esse composto foi empregado com muito sucesso no combate a insetos, inclusive alguns transmissores de doenças como malária e febre amarela. Sua aplicação foi considerada um feito muito importante, tanto que rendeu o Nobel de medicina a Müller, em 1948. Depois da Segunda Guerra Mundial, o DDT começou a ser usado no combate aos insetos que atacavam as culturas agrícolas.

Após cerca de uma década de uso, começaram a ser observadas mortes de animais e contaminação da água e do solo com esse inseticida. A situação chegou a tal ponto que, em 1962, a bióloga estadunidense Rachel Carson (1907-1964) publicou o livro *Primavera silenciosa*, retratando os efeitos negativos desse inseticida. O título se refere a pássaros que não mais cantavam na primavera, pois morreram em áreas de pulverização de DDT. Mais tarde, estudos ligaram a ação residual do DDT ao surgimento de câncer em seres humanos.

A bióloga estadunidense Rachel Carson, em foto de 1963.

O impacto desse livro foi grande, tanto que o DDT foi banido de vários países, a começar por Hungria (1968), Noruega e Suécia (1970), e Alemanha e Estados Unidos (1972). Hoje, a Convenção de Estocolmo sobre Poluentes Orgânicos Persistentes, assinada por cerca de 180 países, restringe o uso do composto a casos especiais no controle de vetores de doenças. No Brasil, a fabricação, a importação, a exportação, a manutenção em estoque, a comercialização e o uso do DDT só foram proibidos em 2009.

Apesar desses desdobramentos, a aplicação do DDT ainda é discutida. Segundo alguns cientistas, o uso desse inseticida poderia salvar milhões de vidas em razão do seu efeito contra insetos transmissores de doenças, e os estudos que o ligam a câncer não são conclusivos. Essa história ajuda a ilustrar como é complexo lidar com os impactos ambientais causados pelo ser humano e quão profundos eles podem ser.

▶ Legislação ambiental

Em resposta à pressão social e a dados científicos que mostravam o efeito negativo de vários impactos ambientais, governos começaram a publicar leis específicas sobre o ambiente. Os Estados Unidos e a Europa elaboraram conjuntos de leis ambientais em 1970 e 1973, respectivamente. O Brasil instituiu a Política Nacional do Meio Ambiente em 1981. Essas leis, de maneira geral, visam adequar a exploração dos ambientes com o desenvolvimento econômico e social, além de estabelecer padrões de atuação para indústrias, estabelecimentos comerciais etc. No Brasil, por exemplo, existem leis que especificam como uma área de terra no Cerrado pode ser explorada e quanto da vegetação original deve ser mantida. Com isso, pretende-se equilibrar uma atividade econômica – o plantio – com a preservação ambiental, ajudando a manter a biodiversidade.

Existem leis que abordam diversos aspectos ambientais. O despejo de efluentes líquidos de indústrias em corpos-d'água, por exemplo, é regulamentado. Assim, apenas se o efluente atender a diversas especificações ele pode ser liberado de maneira correta, sem afetar fortemente o corpo-d'água. Na imagem vemos água, resultante de esgoto doméstico, sendo jogada em leito de rio em boas condições após ter sido tratada, Texas, Estados Unidos, 2014.

Alguns ambientes são mais sensíveis que outros, e sua degradação pode gerar impactos negativos em outros ambientes. As **matas ciliares**, por exemplo, são florestas ou outros tipos de coberturas vegetais que ficam às margens de rios, igarapés, lagos, olhos-d'água e represas. Elas são extremamente importantes, pois ajudam a prevenir a erosão que o corpo-d'água causaria nas margens, e esse efeito desencadearia impactos em outros locais mais afastados do corpo-d'água. Assim, esse tipo de ambiente é especificamente protegido pela legislação brasileira. Existem também áreas de preservação ambiental estipuladas por lei, que podem ser particulares ou públicas, as quais visam manter os ecossistemas preservados.

Infelizmente, apenas a criação de leis não garante a preservação ambiental. É necessário intensa fiscalização, já que diversas atividades ilegais ocorrem, como extração de madeira em reservas, queimadas irregulares e desmatamento em áreas protegidas. Embora essas atividades proporcionem lucro em curto prazo a quem as pratica, ao longo do tempo elas causam degradação ambiental, que se reflete na piora da qualidade de vida da população e na extinção de recursos naturais que poderiam ser explorados.

O palmito-juçara (*Eutherpes edulis*) é uma espécie de palmeira ameaçada de extinção, cujos frutos servem de alimento para diversos animais, como tucanos, arapongas, jacuaçus, sucuruás, esquilos e outros pequenos roedores. A extração indiscriminada dessa palmeira diminui a oferta de frutos, podendo alterar toda a cadeia alimentar do ecossistema e, com o tempo, extinguir espécies. A palmeira pode atingir 20 m de altura. Linhares (ES), 2014.

Impactos ambientais e desenvolvimento sustentável **Capítulo 15** 213

▶ Desenvolvimento sustentável

Mesmo com pressão social e legislações ambientais, a natureza continua a ser degradada. Com o passar dos anos, foi ficando claro que a atividade humana predatória acabaria arruinando diversos ambientes e recursos naturais, e extinguindo várias espécies e biomas. Porém, apenas preservar a natureza e impedir a modificação desses ambientes diminuiria a atividade econômica e afastaria o ser humano da natureza. Isso poderia aumentar problemas sociais como o desemprego e a pobreza.

Para conciliar todos esses aspectos, atualmente se prega o **desenvolvimento sustentável**, ou seja, o ser humano pode interferir na natureza e explorá-la, desde que garanta que ela possa se recuperar dos impactos sofridos. Assim, os recursos naturais e os ambientes seriam preservados para as próximas gerações, que teriam a possibilidade de conhecê-los e usufrui-los.

O desenvolvimento sustentável ajuda a pôr fim em uma falsa dicotomia: a de que a atividade econômica e a preservação ambiental são contraditórias. Existem diversos modelos, projetos e estudos que indicam que as duas atividades podem ser conciliadas e que, quando isso ocorre, há múltiplos benefícios para a sociedade.

Para obter o desenvolvimento sustentável, em geral são utilizadas novas tecnologias de produção, que impactam o ambiente de modo menos intenso. Também influem nesse processo outros fatores, como o transporte do produto desde seu local de origem até o consumidor e o tipo de embalagem na qual ele é comercializado.

O deslocamento de produtos gera grande impacto ambiental, visto que podem ser necessários caminhões para o transporte, refrigeração para conservá-los etc. Desse modo, o consumo de produtos locais, que geralmente são encontrados em mercados e feiras, ajuda a reduzir os impactos gerados pelo transporte. Bagé (RS), 2014.

> **Para explorar**
>
> Produtos desenvolvidos de maneira sustentável, por terem cuidados ambientais, podem custar mais caro que produtos que não têm esses cuidados. Você pagaria mais por um produto da mesma qualidade, porém obtido de modo sustentável, do que por um produto cujo fabricante não toma esses cuidados? Elabore três argumentos para defender sua opinião e depois discuta-os com a turma e com o professor.

Acordos internacionais

Para estimular o desenvolvimento sustentável, diversos acordos internacionais estão em vigência e outros sendo estabelecidos. Nesse tipo de acordo, um país geralmente se compromete a atingir determinados objetivos ambientais em um prazo definido, mesmo que esses objetivos não estejam em sua legislação ambiental. Em troca, ele pode ter acesso a financiamentos, direito a vender para determinados grupos que só compram de produtores que assumiram tal compromisso, obter selos e certificados de responsabilidade ambiental etc.

Esses acordos podem ser feitos diretamente entre um país e outro ou em reuniões com representantes de diversos países. Em alguns encontros de líderes mundiais, como a Eco-92 e a Conferência das Partes, os debates dão origem a documentos em que se estabelece esse tipo de acordo.

É necessário frisar que, nessas conferências, diversos fatores, além dos ambientais, são considerados. Portanto, para se obter um acordo, são necessárias sucessivas e complexas negociações, considerando aspectos comerciais, econômicos, sociais etc. Também é comum, quando um acordo é alcançado, que alguns países se neguem a assiná-lo, por se sentirem prejudicados pelos termos que o compõem.

A Eco-92 foi uma reunião marcante realizada no Brasil, em 1992, para debater problemas ambientais. Esses encontros se tornaram mais comuns e, atualmente, a Conferência das Partes é realizada a cada dois anos, para debater questões ambientais, e, em 2012, ocorreu a Rio+20, outra reunião internacional para discutir o tema no Brasil. Nesses eventos ocorrem negociações, discussões e tentativas de acordo para solucionar problemas ambientais. Rio de Janeiro, 1992.

Impactos ambientais e desenvolvimento sustentável   Capítulo 15   215

Foco na sociedade

A Agenda 21

A Agenda 21 foi um resultado prático da conferência Eco-92 ou Rio-92. Ela pode ser definida como um instrumento de planejamento para a construção de sociedades sustentáveis, em diferentes locais, que concilia métodos de proteção ambiental, justiça social e produção econômica. Cada país desenvolve a própria Agenda 21, considerando suas características, seu grau de desenvolvimento e seus problemas ambientais.

A Agenda 21 brasileira prioriza programas de inclusão social (com o acesso de toda a população à educação, saúde e distribuição de renda), de sustentabilidade urbana e rural, de preservação dos recursos naturais e de ética política para o planejamento rumo ao desenvolvimento sustentável. Foi coordenado pela Comissão de Políticas de Desenvolvimento Sustentável e Agenda 21 (CPDS); construído com base nas diretrizes da Agenda 21 Global; e entregue à sociedade em 2002.

Entre os processos feitos para promover a Agenda 21 brasileira estão o favorecimento e o estímulo ao emprego de tecnologias limpas, a utilização racional dos recursos naturais, a redução da geração de resíduos e o incentivo à certificação da cadeia produtiva a partir da adoção de princípios e critérios socioambientais; esta última ajuda a garantir que as matérias-primas utilizadas em algum processo têm origem legal e não são provenientes de desmatamento ilegal, por exemplo. Um efeito prático da aplicação da Agenda 21 foi o estímulo à pesquisa e à criação de biocombustíveis, com o intuito de diminuir o impacto ambiental gerado por combustíveis fósseis.

Também existe a Agenda 21 local, que possui um fórum formado por governo e sociedade civil e visa ao desenvolvimento sustentável de um território. Nela, são encontrados objetivos, medidas e procedimentos de como realizar esse desenvolvimento. Você pode ver como desenvolver a Agenda 21 no local onde mora em: <www.mma.gov.br/responsabilidade-socioambiental/agenda-21>. Acesso em: 6 jan. 2016.

1. Você acha vantajoso desenvolver uma agenda 21 local? Justifique.

Atividades

1. Os impactos ambientais são necessariamente negativos? Justifique.

2. Cite três impactos ambientais que você gera no ambiente em sua rotina diária.

3. Existem algumas leis que especificam as características de um efluente para poder ser despejado em um rio, como teor máximo de matéria orgânica, ausência de microrganismos patogênicos e limites de concentração para metais pesados. Como é possível saber se uma empresa está seguindo esse tipo de legislação?

4. Grande parte da Mata Atlântica brasileira original foi destruída, restando apenas cerca de 8% da cobertura original desse bioma. Como o uso sustentável do restante desse bioma pode garantir sua sobrevivência?

216 **Unidade 5** O ser humano e o ambiente

POLUIÇÃO E MUDANÇAS CLIMÁTICAS

CAPÍTULO 16

Grande parte dos impactos que o ser humano causa nos ambientes ocorre por meio de **poluentes**, compostos que, quando se encontram em determinada concentração específica para cada poluente, são prejudiciais a seres vivos ou a processos ambientais. Isso significa que um gás poluente, por exemplo, só degrada o ambiente se estiver acima de determinada concentração; abaixo dela, não afeta de maneira significativa os componentes ambientais. De acordo com o *Novo Dicionário da Língua Portuguesa*, de Aurélio Buarque de Holanda Ferreira (2. ed., Rio de Janeiro, Nova Fronteira, 1986), poluição "é o ato ou efeito de poluir(-se)" e poluir significa "1. Sujar, corromper, tornando prejudicial à saúde [...] 2. Sujar, manchar [...]".

Os poluentes podem ser gerados por fontes humanas ou naturais. Entre as fontes humanas, podem-se destacar as emissões industriais, os esgotos caseiros, a queima de combustíveis fósseis, a produção de lixo e outros resíduos de processos de maneira geral. Algumas atividades naturais, como erupções vulcânicas, lançam grandes quantidades de poluentes no meio ambiente.

Parte da poluição ambiental é gerada por lixo residencial descartado em locais inadequados e esgoto doméstico lançado sem tratamento em córregos. Esse tipo de efeito é consequência, entre outros fatores, da ineficácia do poder público, que deve fiscalizar e garantir o tratamento adequado desses resíduos. Jacareí (SP), 2014.

Poluentes possuem diferentes características. Eles podem ser encontrados nos estados sólido, líquido e gasoso, demorar muito ou pouco tempo para se degradar no ambiente, possuir baixa ou elevada toxicidade etc. Ou seja, existem diversos tipos de poluentes com variadas características, e a melhor maneira de evitar sua produção ou tratar seus efeitos vai depender do poluente que se está analisando.

Uma característica importante dos poluentes é que seu local de ação não é necessariamente o mesmo do seu local de emissão. Eles podem ser transportados pelos ventos, correntes de água, animais e outros vetores para locais distantes de onde foram produzidos, aumentando a área de atuação de um fenômeno local. Também é importante lembrar que eles afetam todos os organismos, não apenas os seres humanos.

Os poluentes podem ser transportados por agentes naturais. Os ventos, por exemplo, carregam poluentes lançados na atmosfera, podendo se espalhar por grandes áreas. Taiwan (China), 2015.

O estudo da poluição será dividido em: poluição do ar, das águas e do solo. A ação e o efeito dos poluentes, porém, não se restringem a essa classificação: um poluente do ar, por exemplo, pode causar efeitos também nas águas e no solo.

▶ Poluição do ar

Os poluentes do ar, ou atmosféricos, são gases, vapores e materiais particulados que ficam em suspensão no ar. Dentre eles, os poluentes gasosos podem ser classificados como primários e secundários. Os primários são aqueles liberados diretamente das fontes de emissão, como o monóxido de carbono (CO), o dióxido de carbono (CO_2), o dióxido de enxofre (SO_2) e os óxidos de nitrogênio (NO_x).

O CO é originário da combustão incompleta de combustíveis fósseis e está presente na fumaça gerada por cigarros. Quando inalado, se liga à hemoglobina de modo não reversível, impedindo o transporte dos gases oxigênio e dióxido de carbono. Em excesso, pode levar à morte. Já os dióxidos de carbono e óxidos de enxofre e nitrogênio estão ligados, entre outros efeitos, à chuva ácida.

Os poluentes secundários, como o ozônio (O_3), são aqueles formados na atmosfera por meio de reações químicas entre os poluentes primários. Em baixas altitudes, esse gás é tóxico para os seres vivos.

O material particulado, por sua vez, é formado por poeiras, fumaças e vários tipos de sólidos e líquidos que se encontram suspensos no ar. Esses poluentes, quando inalados, podem causar problemas respiratórios, visto que as partículas podem se depositar nos alvéolos pulmonares, danificando-os.

Parte da fumaça emitida pelo escapamento de veículos é composta de partículas sólidas. Essas partículas, ao serem inaladas e se alojarem nos pulmões, podem causar sérios problemas respiratórios.

Entre as fontes de poluentes atmosféricos, podemos citar o consumo de combustíveis fósseis, as queimadas e as atividades industriais. Diminuir essas ações e seus efeitos, com o uso consciente de automóveis, instalação de filtros em chaminés e controle das queimadas, ajuda a evitar esse tipo de poluição.

A qualidade do ar é um importante indicativo da degradação ambiental. Mesmo parecendo limpo, o ar pode conter substâncias tóxicas, e o uso de máscaras de papel não evita a inalação de grande parte da poluição. Alguns relógios de rua indicam os níveis de poluição ou a qualidade do ar, como o mostrado na imagem, indicando que a qualidade do ar esta regular. São Paulo (SP), em 2013.

Poluição e mudanças climáticas   Capítulo 16   219

Efeito estufa

Nem toda a radiação solar que se dirige à Terra a atinge. Parte dela é retida pelas gotículas de água que formam as nuvens, pela camada de ozônio e por partículas em suspensão na atmosfera. A energia solar acaba se transformando em calor quando atinge a superfície terrestre.

O calor irradiado pela superfície da Terra deveria voltar para o espaço, mas parte dele fica retida por materiais atmosféricos. Esse fenômeno é chamado **efeito estufa** e sem ele nosso planeta teria temperaturas médias em torno de −15 °C, sem condições de sustentar a vida tal como a conhecemos. O efeito estufa permitiu o desenvolvimento da vida no planeta, mantendo com alguma estabilidade a temperatura em sua superfície e na atmosfera.

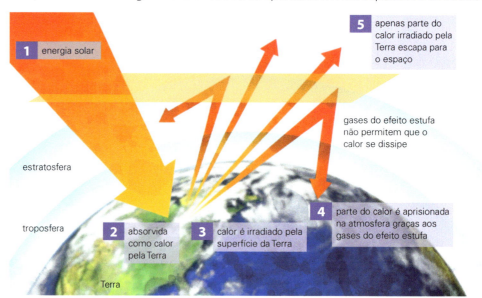

Ilustração sem escala; cores-fantasia.

Esquema representando o efeito estufa.

Fonte: EPA. Disponível em: <www3.epa.gov/climatechange/kids/basics/today/greenhouse-effect.html>. Acesso em: 31 mar. 2016.

Embora o gás carbônico seja um dos principais gases com capacidade de impedir que a energia solar refletida pela Terra escape, ele não é o único. Ele contribui com cerca de 53% do total dos gases do efeito estufa, conhecidos como GEEs. Entre eles estão outros gases produzidos pelas atividades humanas, como metano, CFCs (clorofluorcarbonos) e óxido nitroso.

A quantidade de CO_2 na atmosfera tem aumentado de modo significativo nas últimas décadas, em decorrência, principalmente, da queima de combustíveis fósseis (petróleo, carvão mineral e gás natural). A concentração de CO_2 na atmosfera em 1920 era de 260 ppm (partes por milhão) e, em 1980, de 340 ppm. À medida que se acelera o consumo de combustíveis fósseis, a quantidade de gás carbônico atmosférico aumenta, tendo chegado a 400 ppm em 2012. A liberação de outros GEEs para a atmosfera também aumentou nos últimos anos, e isso tem intensificado o efeito estufa.

A intensificação do efeito estufa tende a aumentar a temperatura média da Terra, em um fenômeno conhecido como **mudança climática**, também chamado de aquecimento global. Este último nome dá a impressão de que toda a Terra se aquecerá uniformemente, o que é incorreto. Embora a temperatura média aumente, algumas regiões podem esfriar, enquanto outras podem esquentar muito. A intensificação desse fenômeno, que é gerada principalmente pela ação humana, pode causar diversos problemas.

Estudos indicam que a temperatura média da Terra pode subir até 4 °C até 2100. Mesmo que o aumento da temperatura média seja menor, isso pode levar ao derretimento de calotas polares, alteração do nível dos oceanos, mudanças de correntes marinhas, mudanças nas correntes atmosféricas e outros efeitos. Como consequência pode haver a submersão de regiões costeiras e alterações nos regimes de ventos e chuvas, o que afetaria biomas e o rendimento da agricultura e da pecuária, podendo gerar crises alimentares. O estudo das mudanças climáticas é complexo e possui diversas variáveis e modelos; assim, nem sempre os resultados de estudos independentes são iguais. Contudo, vários deles são preocupantes e unânimes em indicar que, para evitar grandes problemas, deve-se prevenir a intensificação exagerada do efeito estufa.

Nos últimos anos, a taxa de derretimento das geleiras dos polos terrestres aumentou. Isso significa que o volume dos oceanos tende a aumentar e a sua temperatura pode ser alterada. Svalbard (Noruega), 2014.

Foco em ambiente

Protocolo de Quioto

O Protocolo de Quioto constitui um tratado complementar à Convenção-Quadro das Nações Unidas sobre Mudança do Clima. Criado em 1997, definiu metas de redução de emissões para os países desenvolvidos, responsáveis históricos pela mudança atual do clima.

Os países desenvolvidos, ou Partes do Anexo I, se comprometeram a reduzir suas emissões totais de gases de efeito estufa a, no mínimo, 5% abaixo dos níveis de 1990, no período compreendido entre 2008 e 2012 – também chamado de primeiro período de compromisso. Cada Parte do Anexo I negociou a sua meta de redução ou limitação de emissões sob o Protocolo, em função da sua visão sobre a capacidade de atingi-la no período considerado.

Para os países não listados no Anexo I, chamados de Países do Não Anexo I, incluindo o Brasil, foram estabelecidas medidas para que o crescimento necessário de suas emissões fosse limitado pela introdução de medidas apropriadas, contando, para isso, com recursos financeiros e acesso à tecnologia dos países industrializados. [...]

O Protocolo entrou em vigor no dia 16 de fevereiro de 2005, logo após o atendimento às condições, que exigiam a ratificação por, no mínimo, 55% do total de países-membros da Convenção e que fossem responsáveis por, pelo menos, 55% do total das emissões de 1990.

O Brasil ratificou o documento em 23 de agosto de 2002, tendo sua aprovação interna se dado por meio do Decreto Legislativo n. 144, de 2002. Dentre os principais emissores de gases de efeito estufa, somente os EUA não ratificaram o Protocolo. No entanto, continuam tendo responsabilidades e obrigações definidas pela Convenção.

Essa primeira etapa do Protocolo ocorreu entre 2008 e 2012, ano em que os países decidiram estendê-lo até 2020. Depois disso, deverá começar a valer um novo compromisso de corte de emissões.

MINISTÉRIO DO MEIO AMBIENTE. Disponível em: <www.mma.gov.br/clima/convencao-das-nacoes-unidas/protocolo-de-quioto>. Acesso em: 7 jan. 2016.

1. Que iniciativas podem ser tomadas para diminuir as emissões de GEEs?

Destruição da camada de ozônio

O gás oxigênio liberado na fotossíntese pode atingir altas camadas da atmosfera, onde, sob efeito da radiação solar, transforma-se em O_3, formando, assim, a camada de ozônio.

A camada de ozônio é importante para os seres vivos, porque atua como filtro das radiações ultravioletas, provenientes do Sol. Essas radiações são úteis em baixas intensidades, mas extremamente nocivas em altas doses, podendo provocar câncer de pele e mutações genéticas.

O gás CFC (clorofluorcarbono), também conhecido como gás freon, utilizado em sprays, aerossóis, geladeiras, condicionadores de ar, espuma plástica e outros produtos, quando liberado na atmosfera, atinge a camada de ozônio e transforma esse gás em oxigênio, desse modo reduzindo a quantidade de ozônio. Isso permite maior incidência de radiação ultravioleta na superfície terrestre, o que prejudica a sobrevivência dos seres vivos.

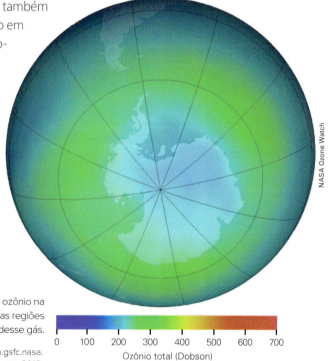

Esquema mostrando a quantidade de ozônio na atmosfera. A escala de cores permite saber as regiões com maior ou menor quantidade desse gás.

Fonte: Nasa. Disponível em: <http://ozonewatch.gsfc.nasa.gov/>. Acesso em: 31 mar. 2016.

Ozônio total (Dobson)

Atualmente, o uso do CFC diminuiu muito, e ele foi proibido em diversas aplicações. No entanto, como apresenta vida útil em torno de 75 anos, no decorrer de sua existência uma única molécula dessa substância pode destruir cerca de 100 000 (cem mil) moléculas de ozônio. Assim, mesmo que sua produção tenha diminuído, seu efeito ainda demorará a passar.

Chuva ácida

A chuva, mesmo em ambientes não poluídos, é ácida, já que a reação da água com o gás carbônico, presente naturalmente na atmosfera, gera ácido carbônico, H_2CO_3. Desse modo, a chuva tem pH em torno de 5,6.

$$CO_2 + H_2O \longrightarrow H_2CO_3$$

No entanto, outros gases, ou mesmo uma grande quantidade de CO_2 na atmosfera, podem reagir com água e baixar esse pH. Nesse caso, ocorre a chuva ácida. Gases como o dióxido de enxofre ou óxidos de nitrogênio também reagem com gás oxigênio e água das chuvas, formando ácidos que se precipitam, como HNO_3 (ácido nítrico) e H_2SO_4 (ácido sulfúrico).

$$2\,SO_2 + O_2 \longrightarrow 2\,SO_3$$
$$SO_3 + H_2O \longrightarrow H_2SO_4$$

$$2\,NO + O_2 \longrightarrow 2\,NO_2$$
$$2\,NO_2 + H_2O \longrightarrow HNO_2 + HNO_3$$
$$2\,HNO_2 + O_2 \longrightarrow 2\,HNO_3$$

Esses ácidos causam degradação em florestas, afetando o crescimento das folhas; acidificação de corpos-d'água, que pode matar organismos aquáticos; destruição de calcário, o que afeta construções de mármore e organismos como corais e moluscos; corrosão de metais e pedras, entre outros efeitos. Assim, tanto construções humanas como ambientes naturais são degradados pela chuva ácida.

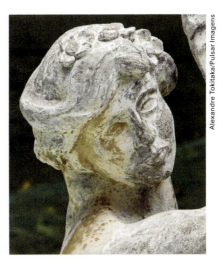

A chuva ácida corrói o mármore, degradando estruturas. São Paulo (SP), 2011.

▶ Poluição das águas

Reservas de água podem ser encontradas em águas superficiais, como rios, oceanos e lagos, ou subterrâneas, como lençóis freáticos e aquíferos. Elas podem ser poluídas por dejetos industriais, agrícolas ou domésticos, e carregar essa contaminação ao longo de seu curso.

Um dos poluentes das águas é o lixo, que é carregado por corpos-d'água e geralmente chega aos oceanos, onde forma ilhas de lixo com quilômetros de extensão. Alguns componentes do lixo podem machucar organismos aquáticos e dificultar sua reprodução. Outros, como pedaços de plástico, começam a fazer parte da alimentação de peixes e podem causar danos a esses organismos.

> **Veja também**
>
> Para saber mais sobre as ilhas de lixo, leia a reportagem disponível em:
> <www.pensamentoverde.com.br/meio-ambiente/voce-conhece-a-ilha-de-lixo-no-oceano-pacifico/>. Acesso em: 22 dez. 2015.

Atualmente, é possível encontrar nos oceanos algumas ilhas formadas por lixo aglomerado, com quilômetros de extensão. Mas tal acúmulo também é presente em rios e orlas das praias, como na imagem acima, Bandung (Indonésia), 2010.

Dejetos industriais e domésticos, sem tratamento ou com tratamento inadequado, também são poluentes. Esgotos carregam grande quantidade de matéria orgânica e microrganismos, inclusive patogênicos, que podem contaminar a água. Alguns dejetos industriais contêm substâncias tóxicas para organismos aquáticos ou que interferem em seus ciclos de vida; alguns poluentes podem até alterar o sexo de certos organismos.

Ao se despejar um dejeto líquido escuro em um rio claro, por exemplo, pode-se alterar a penetração de luz nesse rio, o que afeta os organismos produtores, base das cadeias alimentares. Assim, toda a **biota** do rio fica comprometida.

> **Biota:** conjunto de organismos vivos.

A poluição das águas tem um grande custo ambiental e econômico, pois torna o processo de potabilização da água mais difícil e caro. Existem grandes preocupações com o comprometimento das reservas de água para o futuro devido à poluição. A construção de estações de tratamento de esgotos e efluentes, bem como a fiscalização do funcionamento delas, é essencial para diminuir a poluição das águas. Também é necessário remover o lixo presente nas águas e impedir a deposição de mais lixo.

Impactos ambientais em um corpo-d´água não são gerados apenas por poluentes. Uma alteração em sua forma, no volume de água, na velocidade de percurso ou nos entornos, entre outras, podem alterar suas características, gerando impactos para os seres vivos que dependem dele e para os ambientes relacionados.

(A) Trecho do Rio Pinheiros em 1929, com diversas curvas. (B) Trecho do Rio Pinheiros atual. São Paulo (SP), 2011. Hoje, os meandros do curso d'água não existem e o que restou corre para o lado oposto ao do início do século XX. Tanto a alteração na forma quanto o despejo de esgotos são impactos ambientais para o rio, comprometendo a biota nativa.

Eutrofização

Sabões, sabonetes, detergentes, dejetos e excreções humanas lançados nos esgotos podem ser posteriormente despejados em rios ou lagos, enriquecendo-os em nitratos e fosfatos. Esse excesso de compostos nitrogenados e fosfatados na água é conhecido como eutroficação ou eutrofização.

Um lago ou rio eutrofizado, no primeiro momento, apresenta elevada proliferação do fitoplâncton, com consequente incremento na produção de matéria orgânica. As algas que compõem o fitoplâncton apresentam ciclo de vida curto e por isso uma grande quantidade de algas morre em um curto espaço de tempo.

Poluição e mudanças climáticas   Capítulo 16   225

O material orgânico proveniente das algas mortas provoca crescimento acelerado da população de organismos decompositores aeróbios, que, ao realizarem a decomposição, esgotam o gás oxigênio dissolvido na água. Esse esgotamento provoca a morte, por asfixia, de outros organismos aeróbios (peixes, por exemplo), contribuindo ainda mais para o aumento da quantidade de matéria orgânica a ser decomposta.

Como não há mais gás oxigênio, são os organismos anaeróbios que passam a se desenvolver, alterando as propriedades do meio aquático e inviabilizando diversas formas de vida.

Rio passando por eutrofização. O aumento rápido do número de algas causa o aspecto esverdeado. Rio Ramapo, em Nova Jersey (Estados Unidos), em 2015.

▶ Derramamento de petróleo

Acidentes em navios petroleiros, oleodutos e plataformas de petróleo têm lançado grande quantidade de petróleo nos oceanos. Certos componentes do petróleo, por serem menos densos, permanecem na superfície do mar, formando grandes manchas e impedindo a entrada de luz na água e as trocas gasosas entre o mar e a atmosfera. Como efeitos, têm-se a redução da atividade fotossintética de organismos aquáticos, além de intoxicação e asfixia de diversos seres, como peixes, mamíferos e aves.

O desastre ecológico do derramamento de petróleo no mar se torna mais grave quando a mancha atinge os manguezais, que são áreas de procriação de um grande número de espécies marinhas. As manchas de petróleo nos manguezais acabam por dizimar populações de várias espécies.

A retirada do petróleo derramado é um processo lento e complexo, que dificilmente evita grandes danos ao ambiente. Ela é feita de forma mecânica e também com bactérias que ajudam a degradar o petróleo. Apesar dessas medidas de remediação, é mais prudente evitar derramamentos do que combatê-los.

Magnificação trófica

Poluentes como o DDT e outros pesticidas organoclorados, que não são **biodegradáveis**, lançados por pulverização na atmosfera e no solo, retornam à superfície terrestre graças às precipitações pluviométricas e são carregados para ambientes distantes do local da aplicação por correntes aéreas ou marítimas. Assim, foi encontrado DDT em algumas geleiras antárticas.

Biodegradável: composto que é degradado por um agente biológico, como as bactérias.

Produtos não biodegradáveis, como o Dieldrin e outros organoclorados, e metais pesados, como chumbo e mercúrio, acumulam-se nos tecidos dos organismos e vão se concentrando ao longo das cadeias alimentares, já que não são metabolizados pelos organismos que os ingerem.

Apesar de proibido, o mercúrio é usado no garimpo para separar ouro de cascalho, poluindo o ambiente, contaminando peixes e, consequentemente, os seres humanos que os consomem. Garimpeiro no Rio Araguari, em Sacramento (MG), em 2010.

Uma hipotética análise do DDT, ao longo dos organismos de uma cadeia alimentar de uma baía, mostrou os seguintes valores:

- água = 0,000003 mg/kg;
- zooplâncton = 0,04 mg/kg;
- sardinha = 0,5 mg/kg;
- peixes carnívoros = 2,0 mg/kg;
- corvos marinhos = 25,0 mg/kg.

Esse aumento de concentração de determinado produto ao longo da cadeia alimentar é conhecido como **magnificação trófica** ou **efeito cumulativo**. Como cada nível trófico superior de uma cadeia alimentar consome diversos organismos do nível trófico anterior, verifica-se o efeito. Esse fenômeno ocorre com diversos inseticidas e metais pesados.

> ### Foco em saúde
>
> #### Mal de Minamata
>
> Em 1956, alguns moradores da cidade de Minamata, no Japão, foram ao hospital apresentando os seguintes sintomas: convulsões severas, surtos de psicose, perda de consciência, entre outros. Os médicos tinham dificuldade para identificar o que causava esses sintomas, até que, anos mais tarde, foi descoberto que eles eram resultado de intoxicação por mercúrio. Os efeitos dessa intoxicação ficaram conhecidos como mal ou doença de Minamata.
>
> A origem dos problemas ocorreu na década de 1930, quando uma indústria local começou a despejar seus rejeitos industriais nas águas que banhavam Minamata. Na década de 1950, os moradores locais começaram a perceber que algo estava ocorrendo. Peixes, camarões e polvos, que eram normalmente pescados naquela região, começaram a rarear. Em 1953, começaram a aparecer peixes mortos boiando nas águas, e os gatos da região apresentavam estranhos sintomas, como deformações e tremedeira.
>
> Desde 1956 houve 2 271 pessoas registradas como portadoras da doença de Minamata, e até o final de março de 2011 foram confirmadas 1739 pessoas falecidas. A contaminação ocorreu por causa do consumo de peixes com alto teor de mercúrio, e as pessoas afetadas passaram a apresentar perda de visão e comprometimentos na coordenação motora e muscular. Com o passar do tempo, o Japão conseguiu enfrentar esse problema graças a tecnologias de descontaminação e controle do uso do mercúrio. Problemas similares, no entanto, ocorreram em diversos outros países, como China, Canadá, Indonésia e Brasil. Na década de 1970, a repercussão gerada por esse tipo de acontecimento incentivou a criação das medidas preventivas e corretivas de combate à poluição ambiental.
>
> 1. Pesquise e elabore um pequeno texto explicando como esse tipo de contaminação ocorreu no Brasil.

▶ Poluição do solo

O solo também recebe poluentes, principalmente sólidos e líquidos, provenientes da atividade humana. O despejo de lixo, matéria orgânica e dejetos industriais e domésticos diretamente no solo causa diversos problemas aos seres que dependem dele, como plantas e microrganismos subterrâneos, mas não só a eles.

Os solos possuem diferentes graus de porosidade. Esses poros permitem que poluentes, principalmente dissolvidos ou líquidos, alcancem camadas profundas do solo ou outras estruturas subterrâneas, como cavernas e lençóis freáticos. Assim, a poluição do solo pode contaminar reservas de água, por exemplo.

Lixo

A deposição de lixo no solo é uma das principais fontes de poluição. A composição do lixo é complexa e variada, dependendo muito de sua origem. Lixos provenientes de hospitais, postos de saúde e centros de saúde são considerados lixos hospitalares, e podem conter sangue e microrganismos patogênicos. Já lixos industriais podem conter diversos agentes tóxicos, dependendo do tipo de indústria da qual se originam. Lixos domésticos contêm matéria orgânica (restos de alimentos, folhas secas, dejetos etc.) e materiais que podem ser reciclados (latas, vidros, plásticos, papéis etc.).

Todos os tipos de lixo devem ser despejados em locais apropriados, para evitar que degradem o ambiente. No Brasil existe legislação específica sobre como fazer esse descarte e, se necessário, tratamento. Partes do lixo hospitalar, por exemplo, devem ser incineradas. Embora esse processo gere poluentes atmosféricos, ele garante a destruição de material que poderia propagar doenças.

Quando a deposição do lixo é feita em locais apropriados, como aterros sanitários, os impactos do lixo no ambiente são minimizados. Quando essa deposição ocorre em lixões a céu aberto, porém, surgem vários problemas. A decomposição do lixo dá origem ao **chorume**, um líquido extremamente rico em matéria orgânica que oferece condições para o desenvolvimento de microrganismos. Ele pode penetrar no solo e atingir corpos-d'água, contaminando-os. Animais como ratos e insetos podem se aproximar do lixo em busca de alimento e se transformar em vetores de doenças.

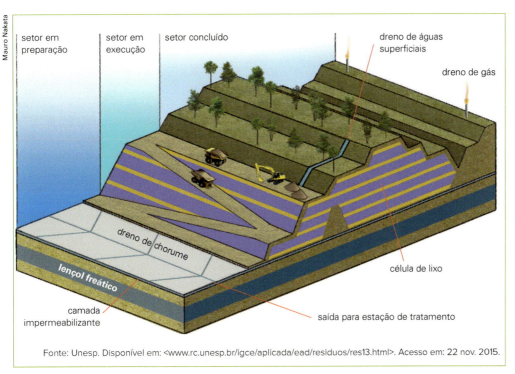

Ilustração sem escala; cores-fantasia.

Esquema de aterro sanitário. Um aterro pode ser construído conforme é gerado lixo, destinando as áreas cheias para outra função. O gás gerado pela decomposição do lixo é incinerado, diminuindo o risco de explosões.

Fonte: Unesp. Disponível em: <www.rc.unesp.br/igce/aplicada/ead/residuos/res13.html>. Acesso em: 22 nov. 2015.

A quantidade de lixo gerada pelo ser humano tem crescido nos últimos anos, e os locais para deposição desse lixo têm ficado lotados. Assim, é extremamente importante diminuir o volume de lixo produzido. Alguns princípios podem ajudar nessa tarefa.

O primeiro deles é reduzir a quantidade de lixo formado. Isso pode ser feito de diversas maneiras, como utilizar embalagens retornáveis, evitar o consumo de produtos descartáveis, diminuir o consumo etc.

Outra atitude é reutilizar tudo o que for possível. Por exemplo, reutilizar garrafas de vidro, sacolas, usar restos de alimentos para produzir adubo etc.

A terceira atitude é reciclar o lixo. Alguns materiais, como vidros, papéis e latas, podem ser enviados a indústrias que os tratam e os transformam em matéria-prima para outros produtos. Para que isso ocorra, é necessário separar e identificar esses materiais em casa, e também que o órgão público responsável faça a coleta seletiva e encaminhe os materiais coletados para os centros de reciclagem.

Veja também

O filme *Ilha das Flores*, dirigido por Jorge Furtado (1989), aborda problemas sociais do lixo e ajuda a expandir a visão sobre os impactos que ele causa.

O material reciclável separado em casa precisa ser encaminhado a centros ou cooperativas de reciclagem, onde será adequadamente manejado. São Paulo (SP), 2014.

Para explorar

A reciclagem é a atitude mais divulgada para tratar lixo. Contudo, se comparada com as atitudes de reduzir e reutilizar, ela é a menos eficiente na diminuição de impactos ambientais.

Você toma alguma atitude para reduzir a geração de lixo ou para reutilizar os materiais em vez de descartá-los? Se sim, quais? Se não, o que você poderia mudar em seus hábitos de consumo? Discuta com os colegas sobre as atitudes coletivas que a sala pode adotar para reduzir a produção de lixo.

Atividades

1. O que são poluentes?

2. Dê dois exemplos de poluentes da atmosfera, explicando seu acúmulo e consequências.

3. A poluição gerada em uma região do Brasil pode ocasionar problemas em outras regiões. Explique como isso é possível.

4. Em um lago contaminado por mercúrio, geralmente os predadores de topo de cadeia são os mais afetados pelo poluente. Explique o motivo.

5. Uma das características que torna um aterro sanitário um local adequado para a deposição de lixo é a impermeabilização do solo. Por que ela é importante?

6. É possível ter um estilo de vida que não produza poluentes? Justifique.

AGRICULTURA

CAPÍTULO 17

Embora não haja consenso sobre os primórdios da agricultura, acredita-se que entre 10 e 12 mil anos atrás os seres humanos começaram a cultivar plantas para usufruir de seus benefícios. Com isso, a humanidade aos poucos deixou de ser predominantemente caçadora/coletora, em constante migração, para se tornar uma espécie fixa, o que permitiu o desenvolvimento de vilas e cidades.

A agricultura permitiu a obtenção constante de mantimentos próximo dos locais de habitação, eliminando a necessidade de migração atrás de fontes naturais de alimento, que deslocava inteiras populações humanas. Na imagem vemos área agrícola desenvolvendo-se ao lado de área urbana em Londrina (PR), em 2014.

Ao longo do tempo, a população humana tem crescido, espécies para plantio são selecionadas, o uso do solo aumenta e técnicas de cultivo são desenvolvidas. Desse modo, a produção agrícola é constantemente estimulada a se expandir.

▶ Organização da agricultura

Atualmente, a agricultura, por sua extensão e importância, levanta uma série de questões, por ser impossível desvinculá-la da manipulação do ambiente. Estudaremos alguns impactos ambientais da agricultura neste Capítulo.

Os plantios costumam ser vistos como formas de combater a intensificação do efeito estufa, visto que as plantas absorvem gás carbônico. Mas vale lembrar que as plantas só retiram gás carbônico da atmosfera quando crescem; após um tempo, as taxas de respiração e fotossíntese se equivalem e não há mais retirada de CO_2 da atmosfera. Além disso, o consumo dos cultivos acaba liberando gás carbônico, como pode ser observado no ciclo do carbono.

Agricultura patronal

De acordo com a FAO (Organização das Nações Unidas para Agricultura e Alimentação) e o Incra (Instituto Nacional de Colonização e Reforma Agrária), esse tipo de agricultura tem como característica uma organização descentralizada e com ênfase na especialização. Geralmente, trata-se de um sistema agrícola que faz uso intensivo dos meios de produção e no qual se visa obter grande quantidade de um único tipo de cultivo. Ela ocupa grandes áreas e possui alto grau de mecanização, ou seja, uso de máquinas como tratores e semeadoras para plantio e colheita, e é a principal consumidora de sementes transgênicas.

Algumas plantações ocupam áreas imensas e o processo produtivo conta com o auxílio de máquinas, como as colheitadeiras. Tangará da Serra (MT), 2012.

Esse tipo de agricultura gera os maiores impactos ambientais. Ela ocupa áreas muito extensas e, em alguns casos, ocorre a destruição de biomas naturais para a expansão das plantações, no processo conhecido como **expansão da fronteira agrícola**. A produção intensa também leva ao uso de agrotóxicos, compostos químicos que eliminam pragas da plantação. Como o próprio nome diz, esses compostos são tóxicos, o que exige diversos cuidados na sua aplicação, como uso de luvas e máscaras. Caso sejam aplicados erroneamente, podem contaminar o cultivo e chegar ao consumidor. Eles também podem contaminar o ambiente, sobretudo corpos-d'água, afetando outros organismos.

Os agrotóxicos podem ser carregados pelo vento e pela água, atingindo outras plantações e áreas. Quando em excesso, podem deixar resíduos prejudiciais nos alimentos. Jataí (GO), 2013.

O plantio intenso e constante retira mais nutrientes do solo do que processos naturais conseguem repor. Assim, para manter o solo produtivo, são utilizados adubos ou fertilizantes, que enriquecem o solo, principalmente com nutrientes derivados de nitrogênio, fósforo e potássio. Assim como os agrotóxicos, os fertilizantes, se utilizados de forma errada, podem degradar o ambiente. Análises de solo ajudam a calcular a quantidade certa de nutriente a ser utilizada.

Foco em ambiente

Água e agricultura

A agricultura geralmente necessita de irrigação para se desenvolver, ou seja, que água seja transportada de outro local para irrigar a plantação. Essa técnica, embora permita o desenvolvimento de vastos plantios, também causa impactos ambientais.

Um possível problema é a salinização dos solos: toda água usada na irrigação contém sais dissolvidos, e parte deles fica no solo após a irrigação. Assim, com o tempo, eles podem se acumular e dificultar a agricultura.

A quantidade de água usada na irrigação agrícola é um fator preocupante. Segundo a Organização das Nações Unidas (ONU), cerca de 70% de toda a água disponível no mundo é utilizada para irrigação. No Brasil, esse índice chega a 72%, o que é confirmado pela Agência Nacional de Águas (ANA). Assim, essa atividade é crítica na questão do desperdício de água. De acordo com a Organização das Nações Unidas para a Alimentação e Agricultura (FAO, na sigla em inglês), aproximadamente 60% da água utilizada em irrigação agrícola é desperdiçada por causa de fenômenos como a evaporação. Se 10% da água desperdiçada na irrigação fosse poupada, essa economia permitiria abastecer o dobro da população mundial nos dias atuais.

1. De que maneira é possível reduzir o uso de água na agricultura?

Existem diversas técnicas para reduzir os impactos ambientais da agricultura. A **rotação de culturas**, por exemplo, consistem em plantar espécies diferentes a cada ano, para haver diversidade nas exigências nutricionais do solo. Outra prática agroecológica é a adubação verde, que consiste em intercalar a cultura usual com o plantio de leguminosas no terreno, já que bactérias fixadoras de nitrogênio vivem em suas raízes e ajudam a restaurar esse nutriente no solo. A técnica de **plantio direto** também pode ser utilizada. Nela, palha e restos vegetais de outras culturas são mantidos na superfície do solo, garantindo sua cobertura e proteção contra processos danosos, como a erosão. Outra técnica agrícola é a de **plantas consorciadas**, praticada principalmente por agricultores familiares. Nesse sistema planta-se, por exemplo, milho e algum tempo depois feijão. Quando o milho está maduro, pronto para colher, o feijão cresce, enrolando-se no caule do milho, que está começando a secar. Com essa prática, o agricultor consegue em pouco tempo dois tipos de grãos: feijão e milho.

O uso de técnicas para diminuir ou recuperar impactos causados pela agricultura é extremamente importante, já que, sem elas, o solo tende a se esgotar com o tempo e ser abandonado, levando diversos anos para se recuperar por meio de processos naturais.

Agricultura familiar

Nesse tipo de agricultura, o cultivo é realizado por pequenos proprietários rurais, geralmente com mão de obra familiar. Apesar de ocorrer em áreas menores e com tecnologias menos avançadas, é responsável por cerca de 70% dos alimentos consumidos por brasileiros.

A agricultura familiar geralmente apresenta maior diversificação de cultivos e uso menos intensivo do solo. Devido a essas características, seu impacto ambiental é menor, embora alguns cuidados iguais aos que são necessários na agricultura patronal, como aplicação adequada de agrotóxicos e fertilizantes, devam ser tomados.

Esse tipo de agricultor geralmente está mais perto do local de venda ao consumidor. Desse modo, o produto necessita de menor deslocamento entre a produção e o consumo, o que ajuda a diminuir o impacto ambiental.

> **Veja também**
>
>
>
> Neste *link*, está uma reportagem e um vídeo sobre como fazer adubo orgânico: Disponível em: <www.embrapa.br/busca-de-noticias/-/noticia/1531818/video-mostra-como-fazer-adubo-organico-100-vegetal>. Acesso em: 7 jan. 2016.

▶ Agricultura orgânica

Agricultura orgânica é um método de cultivo com preocupação ambiental. Nessa técnica agrícola, não são utilizados agrotóxicos, nem fertilizantes sintéticos ou sementes transgênicas. A adubação é feita com fertilizantes naturais, como estrume e adubo feito em **composteira**, e pragas podem ser combatidas com controle biológico, ou seja, com a introdução de um predador da praga que ameaça a plantação.

Em uma composteira, restos de alimentos, vegetais e folhas secas são transformados em adubo, em um processo fácil e barato.

Na agricultura orgânica, o cultivo e o solo são tratados como organismos integrados com a flora e a fauna. Assim, esse tipo de agricultura é mais do que uma troca de insumos químicos por insumos orgânicos. A agricultura orgânica favorece o uso eficiente dos recursos naturais, valorizando os processos biológicos, a manutenção da biodiversidade, a preservação ambiental, o desenvolvimento econômico e a qualidade de vida.

Alimentos orgânicos podem apresentar aspecto diferente dos alimentos cultivados com outras técnicas (menores, disformes etc.), mas têm valor nutritivo igual. Além disso, não possuem resíduos de agrotóxicos sintéticos, como pode ocorrer em outros alimentos. Seu consumo, porém, não é livre de riscos: esses alimentos devem ser higienizados como qualquer alimento retirado do solo.

▶ Hidroponia

A hidroponia é uma técnica de cultivo protegido, na qual o solo é substituído por uma solução aquosa contendo apenas os elementos minerais indispensáveis aos vegetais. O cultivo sem solo proporciona um bom desenvolvimento das plantas, bom estado fitossanitário, além de altas produtividades, quando comparado ao sistema tradicional de cultivo no solo.

Em uma plantação hidropônica, as plantas ficam em uma solução aquosa com nutrientes, sem contato com o solo. São José do Rio Preto (SP), 2013.

A solução aquosa necessária vai depender do vegetal a ser cultivado. Assim, existem variados sistemas para disponibilizar aos vegetais as soluções que contenham os nutrientes específicos que eles precisam para crescer.

Entre as vantagens da hidroponia, podem-se citar menor quantidade de mão de obra, a possibilidade de não realizar rotações de culturas, alta produtividade, menor uso de agrotóxicos e independência do solo. Como as plantas são criadas em solução aquosa e não no solo, uma instalação hidropônica pode ser feita em diversos lugares, mais próximos do mercado consumidor. No entanto, essa técnica também tem desvantagens e causa impactos ambientais: é necessário um elevado investimento em equipamentos e a produção consome grande quantidade de energia elétrica.

Atividades

1. O que é agricultura orgânica?
2. Que impactos podem ser causados por fertilizantes e agrotóxicos?
3. A hidroponia é uma alternativa promissora para evitar a expansão da fronteira agrícola. Por quê?
4. Algumas sementes transgênicas são tolerantes a agrotóxicos específicos. Assim, em vez de utilizar-se grande quantidade de um tipo de agrotóxico, utiliza-se uma quantidade menor de outro, mais potente. Contudo, nem sempre isso reduz a quantidade de agrotóxico consumida. Elabore hipóteses para explicar esse fato.
5. A agricultura, embora possa causar muitos impactos ambientais, é extremamente importante para a população devido à produção de alimentos. Como é possível conciliar o crescimento da agricultura e a preservação ambiental?

CAPÍTULO 18

AMBIENTE E ENERGIA

As atividades sociais e econômicas humanas consomem energia para serem realizadas. Geralmente, é utilizada energia elétrica e, em alguns casos, energia proveniente de combustíveis (gasolina, *diesel*, etanol etc.). Entre essas atividades, podemos citar o funcionamento de lâmpadas, automóveis, hospitais, escolas, a refrigeração de alimentos e remédios, a construção de casas etc. Nossa sociedade atual consome grande quantidade de energia para se manter e para crescer, e teria que ser profundamente modificada, caso não existisse um aporte suficiente de energia.

O consumo de energia elétrica no Brasil tem crescido nos últimos anos, tornando urgente a necessidade de disponibilizar energia abundante e barata para que o país possa continuar a se desenvolver. No entanto, todas as formas de produzir energia causam impactos ambientais, e é necessário considerá-los no momento de planejar o futuro energético brasileiro e mundial.

Conexões

O conceito de energia é utilizado em diversas áreas do conhecimento. Embora a palavra possa assumir diferentes significados, ela geralmente está relacionada à capacidade de realizar trabalho.

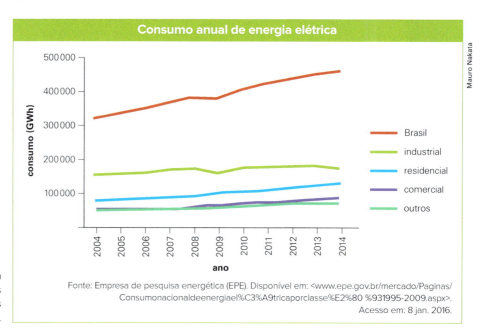

Fonte: Empresa de pesquisa energética (EPE). Disponível em: <www.epe.gov.br/mercado/Paginas/Consumonacionaldeenergiael%C3%A9tricaporclasse%E2%80 %931995-2009.aspx>. Acesso em: 8 jan. 2016.

O consumo de energia elétrica tem crescido no Brasil. Indústrias e residências são os principais consumidores de energia.

▶ Formas de obtenção de energia elétrica

Hidrelétrica

As usinas hidrelétricas geram energia elétrica devido à movimentação de turbinas causada pelo fluxo da água. Como utilizam apenas a movimentação de água, durante muito tempo considerou-se que esse tipo de geração de energia não causava impactos ambientais negativos ao meio ambiente. No entanto, muitas pesquisas demonstraram que esse processo, antes tido como fonte de energia limpa, ocasiona sérios impactos ambientais negativos, desde a construção das usinas, passando pelo seu funcionamento.

Usina de Itaipu. A construção e a formação do reservatório de água de hidrelétricas causam uma série de impactos ambientais severos. Foz do Iguaçu (PR), 2015.

São necessários grandes volumes de água para a geração de energia por usinas hidrelétricas; assim, geralmente constroem-se represas em locais próximos a grandes rios e lagos, inclusive em áreas com vegetação nativa. Nesse processo, ocorre o alagamento dessa área, que pode conter cidades. Na região alagada, diversas características ambientais são alteradas, como a umidade e a vazão de rios. Uma área florestal, por exemplo, se torna um lago, o que altera a quantidade de água que evapora e, consequentemente, outros fatores climáticos: o total de chuvas, a umidade e a temperatura, que sofre variações de até 3 °C. Assim, o ambiente e todos os que habitam nele são afetados de alguma forma.

As árvores submersas apodrecem e geram grande quantidade de matéria orgânica, tornando a represa um local propício para o desenvolvimento de mosquitos, inclusive vetores de doenças. Os animais que viviam em ambiente terrestre migram para outros locais ou morrem. Mesmo os animais que são resgatados e libertados em outros ambientes têm poucas chances de sobreviver. A diversidade de peixes dos rios ligados à represa muda, já que as características da água também se alteram.

O nível do reservatório das hidrelétricas precisa ser mantido em um patamar constante. Assim, trabalhadores dessas usinas abrem ou fecham as comportas, dependendo do regime de chuvas e da quantidade de água. Essa alteração no volume de água interfere nas comunidades da região, principalmente as que vivem às margens de rios que recebem a água desse reservatório, e que enfrentam períodos de seca e inundação.

Nuclear

Usinas nucleares utilizam emissões de elementos radioativos, como urânio-238, para aquecer água e gerar vapor. Esse vapor de água movimenta turbinas que geram eletricidade. Uma vantagem desse tipo de processo é que, assim como nas usinas hidrelétricas, há baixa geração de GEEs. Ainda assim, existem diversos riscos ambientais envolvidos em uma usina nuclear.

O principal impacto é a deposição dos dejetos radioativos produzidos por essas usinas. Eles são extremamente tóxicos e se mantêm radioativos por milhares de anos, podendo contaminar o solo e a água e causar a morte de diversos seres vivos. Ainda não existe uma solução definitiva para a questão de como tratar esses resíduos. Eles geralmente são armazenados em barris e enterrados, aguardando um destino final. No entanto, caso ocorra vazamento nesses depósitos, a região atingida pode se tornar inabitável por um longo período.

Outra fonte de impactos são acidentes que ocorrem nas usinas, como os de Chernobyl (na atual Ucrânia, 1986), Three Mile Island (Estados Unidos, 1979) e Fukushima (Japão, 2011). Esse tipo de acidente pode causar o vazamento de radiação extremamente tóxica para todos os seres vivos, e deixar o ambiente com elevado nível de radiação. Diversas pessoas morreram no decorrer do tempo em consequência de acidentes nas usinas nucleares, apesar das mais rígidas medidas de segurança. Não se sabe os efeitos em longo prazo desse tipo de acidente, já que o uso de energia nuclear começou no século XX, podendo ser considerado relativamente recente para se fazer uma avaliação mais conclusiva.

Veja também

O documentário *As Babushkas de Chernobyl* (2015), dirigido por Holly Morris e Anne Bogart, mostra um grupo de mulheres que sobreviveu na zona de exclusão radioativa do acidente de Chernobyl, e ajuda a compreender os efeitos desse acidente.

Pessoas já podem fazer visitas curtas a Chernobyl e verificar os estragos feitos pelo acidente nuclear que ocorreu na cidade. Existem diversas restrições a essa visita. Não se sabe dos efeitos em longo prazo que o acidente pode gerar nos organismos, solo, água e ar do local. Ucrânia, foto de 2015.

Essas usinas também impactam comunidades aquáticas. Geralmente, elas utilizam águas de rios e lagos para resfriamento, e depois devolvem essas águas aquecidas aos corpos-d'água. Com temperatura mais alta, há menor disponibilidade de gás oxigênio na água, o que pode afetar as comunidades que vivem nesses locais.

Termelétrica

A energia elétrica produzida em usinas termoelétricas ou termelétricas é proveniente da queima de um combustível fóssil, como carvão, óleo ou gás, transformando a água em vapor que alimentará o gerador elétrico.

Esse tipo de usina é muito comum, pois não depende de condições locais, e a disponibilidade de combustível fóssil é, momentaneamente, abundante. O uso de combustíveis fósseis, porém, gera uma série de poluentes, como monóxido de carbono, gás carbônico, metano, óxidos de enxofre e nitrogênio, em grande quantidade. Esses poluentes estão relacionados com a chuva ácida e com a intensificação do efeito estufa, entre outros impactos ambientais.

Por depender de fontes não renováveis para gerar energia, esse tipo de usina tende a se tornar menos importante com o tempo. As usinas térmicas também utilizam água para resfriamento e a devolvem aquecida aos corpos-d'água, gerando impactos similares aos das usinas nucleares nesse aspecto.

Eólica

Esse tipo de energia gera energia elétrica devido à movimentação de turbinas, semelhantes a um ventilador, pelo vento. Para que isso ocorra, é necessário disponibilidade de ventos fortes, o que não acontece em todas as regiões. No Brasil, o litoral das regiões Nordeste e Sul e o norte do estado do Rio de Janeiro são as regiões consideradas mais apropriadas para produção de energia eólica. Também existem áreas montanhosas no interior do país com potencial eólico que pode ser bem aproveitado.

Um problema prático para a produção desse tipo de energia é a disponibilidade de ventos, que é inconstante ao longo do ano em função de variações: anuais (decorrentes de alterações climáticas), sazonais (devidas às diferentes estações do ano), diárias (causadas pelo microclima local), horárias (brisa terrestre e marítima, por exemplo) e de curta duração (rajadas).

Esse método de produção de energia elétrica também gera impactos ambientais. As turbinas de grande porte causam ruído audível significativo, que pode afetar os seres vivos. Elas também afetam a migração e a comunicação de animais voadores, como aves e morcegos. Em fazendas eólicas ocorre mortalidade de aves por impacto com as pás das turbinas; assim, não é recomendável a sua instalação em rotas de migração de aves, locais de reprodução e áreas de proteção ambiental.

As turbinas eólicas produzem energia devido ao deslocamento das pás, movidas pelo vento. Apesar de não emitirem poluentes gasosos, elas causam alguns impactos ambientais. Bom Jardim da Serra (SC), 2015.

Ambiente e energia   Capítulo 18   239

Solar

Esse tipo de geração de energia utiliza a luz do Sol para gerar energia elétrica, em um processo inspirado na fotossíntese. O sistema que faz essa transformação é denominado fotovoltaico, e é composto de células feitas de materiais que convertem a radiação solar diretamente em energia elétrica e podem armazená-la em baterias.

Esse sistema não emite poluentes durante sua operação, mas ainda assim ocasiona impactos ambientais. Na fabricação de seus materiais e construção das células fotovoltaicas, ocorre a emissão de produtos tóxicos, como ácidos, e produtos cancerígenos, além de CO_2, SO_2, NO_x e materiais particulados. Assim como os outros métodos de produção de energia, ele ocupa áreas que podem causar a perda de *habitat* e a interrupção da migração de animais. Também é necessário dispor e reciclar corretamente as baterias (geralmente do tipo chumbo-ácido) e outros materiais tóxicos contidos nos módulos fotovoltaicos.

Conjunto habitacional que utiliza energia solar. A produção de energia elétrica a partir da energia solar não gera poluentes, mas a produção dos painéis que captam a luz envolve substâncias tóxicas. São Sebastião do Paraíso (MG), 2014.

Para explorar

Este capítulo mostra que o consumo de energia elétrica tem aumentado no Brasil e que todos os métodos de obtenção desse tipo de energia apresentam impactos ambientais. Uma maneira de reduzir esse impacto é diminuir o consumo de energia elétrica. Você já pensou sobre quanta energia elétrica cada pessoa consome? Faça uma pesquisa sobre o consumo de energia elétrica envolvido nas atividades cotidianas mais comuns e responda: você pode mudar seus hábitos para diminuir o consumo de energia elétrica? Quais são as vantagens disso?

▶ Combustíveis

O uso de combustíveis para a geração de energia é comum. O nome é derivado do processo de combustão, reação química com gás oxigênio que libera energia, a que essas substâncias são submetidas. Esse processo pode gerar energia elétrica e outros tipos de energia, como a cinética, utilizada no deslocamento dos automóveis.

Combustíveis fósseis

Combustíveis fósseis, como petróleo e seus derivados, o carvão mineral e o gás natural, são formados por processos naturais em organismos mortos e restos orgânicos. Eles possuem alta quantidade de carbono. Apesar de serem formados naturalmente, sua velocidade de formação é lenta, e suas reservas tendem a se tornar escassas ao longo do tempo.

Grande parte dos processos industriais mundiais é baseada no uso desse tipo de combustível. Esse uso produz diversos poluentes, como gás carbônico, monóxido de carbono, óxidos de nitrogênio e enxofre e material particulado.

Além do uso, a extração e o transporte desses combustíveis causam diversos impactos ambientais. O petróleo é geralmente encontrado em grandes profundidades no subsolo e necessita de intensa escavação, que pode levar a vazamentos, especialmente em ambientes marinhos. O carvão exige mineração para ser extraído, o que altera o ambiente onde ele se encontra.

O transporte de petróleo, seja por navios ou por oleodutos, já causou diversos acidentes, que levaram à morte de milhares de animais e à degradação de ambientes aquáticos. Isso também compromete atividades humanas, como pesca e turismo. A remoção de petróleo derramado é muito complexa e lenta, e só termina depois que diversos estragos ocorreram.

O gás natural é de origem fóssil, mistura de hidrocarbonetos leves entre os quais se destaca o metano (CH_4). Ele se localiza no subsolo da terra e é procedente da decomposição da matéria orgânica espalhada entre os extratos rochosos. Também é formado durante a decomposição do lixo.

Além da utilização, a extração e o transporte do petróleo são fontes de impactos ambientais.

A cana-de-açúcar é utilizada na produção de etanol. Durante seu crescimento, ela retira gás carbônico da atmosfera, que depois é reposto com a queima do etanol. Ibiranga (PE), 2015.

Biocombustíveis

Biocombustíveis são combustíveis originados de seres vivos, como o etanol e o biodiesel. Como os combustíveis fósseis, os biocombustíveis contêm carbono, e sua queima emite monóxido de carbono e gás carbônico. Mas parte do CO_2 que eles emitem é assimilada pelo crescimento dos vegetais cultivados para sua produção. Assim, seu impacto ambiental é menor.

Esse tipo de combustível também apresenta outros impactos ambientais. São necessárias áreas extensas para plantar os vegetais utilizados em sua fabricação; assim, pode ocorrer a degradação de vegetação nativa. Outra questão que envolve sua produção é o uso de área que poderia ser utilizada para a produção de alimentos, o que força a expansão da fronteira agrícola. Além disso, para ser produzido, o etanol, por exemplo, consome grandes quantidades de derivados de petróleo. Os tratores e os caminhões usados na cultura da cana e os adubos aplicados envolvem o consumo de petróleo.

Combustíveis alternativos

Esses combustíveis se baseiam em princípios não necessariamente novos, mas podem ser utilizados em veículos e diminuir a emissão de GEEs. Entre eles, podem ser citados a energia elétrica e o gás hidrogênio (H_2), que, na combustão com gás oxigênio (O_2), libera energia e água (H_2O). Veículos que utilizam esses combustíveis já estão em fase de testes ou em uso em alguns países, inclusive no Brasil. Apesar de reduzirem os impactos ambientais, eles não os eliminam completamente, e são necessários estudos adicionais para prever os impactos gerados por sua utilização em larga escala.

Atividades

1. Existe grande chance de morte para animais que ficam na região utilizada para a construção de uma represa. Que fatores tornam essa probabilidade alta?

2. A energia nuclear é considerada uma energia limpa por não contribuir para a intensificação do efeito estufa. Essa ideia é correta? Por quê?

3. Tanto a energia solar quanto a eólica estão sujeitas a variações de ventos e luminosidade, mas o aporte de energia precisa ser constante. Como isso pode ser resolvido?

4. Como os biocombustíveis estão relacionados com a expansão da fronteira agrícola?

5. É possível produzir energia elétrica sem impactar o ambiente? Justifique.

PARA LER E REFLETIR

Uma cidade inteligente e sustentável em plena ilha

Pelo *campus* do Fundão, da Universidade Federal do Rio de Janeiro (UFRJ), na Ilha do Governador, circulam diariamente cerca de 25 mil veículos e 80 mil pessoas. É muito mais do que o número de habitantes de muitas cidades do Estado do Rio. A projeção é que este número chegue a 109 mil pessoas/dia até 2020. Mas os impactos ambientais desta pequena "cidade", com direito a prefeito e tudo, estão sendo minimizados a cada dia. A Cidade Universitária quer se transformar em laboratório para inovação e testar tecnologias sustentáveis que possam ser aplicadas a cidades "de verdade". Uma verdadeira cidade inteligente e sustentável, que sirva de modelo para o país – ou, pelo menos, para outros grandes *campi* universitários.

A proposta é do Fundo Verde de Desenvolvimento e Energia, que há três anos utiliza recursos públicos que vêm da isenção do ICMS cobrado na conta de luz do *campus* – cerca de R$ 1,2 milhão por mês. O dinheiro se reverte em projetos e ideias para melhorar a mobilidade urbana e tornar mais eficiente o uso de recursos de energia e água. Várias ações já reduzem as emissões de carbono do *campus*. A malha cicloviária foi ampliada e criados 100 novos bicicletários. Quatro veículos elétricos, com capacidade para 74 passageiros, já circulam pelo *campus*, além de um ônibus movido a hidrogênio.

Uma novidade agora é o compartilhamento de veículos. Dos 242 veículos da frota oficial da UFRJ, usados para serviços internos, cerca de 20 já são compartilhados, em fase de teste, com ajuda de um aplicativo para *smartphone* que permite gerenciar a demanda de todos os usuários de veículos leves. Também em testes, [um aplicativo] quer incentivar a carona solidária entre os estudantes, para racionalizar o uso de transporte individual.

"Já temos muitas cidades universitárias se interessando nos projetos desenvolvidos aqui. Também fomos procurados pela Fundação Bloomberg Philanthropies (do ex-prefeito de Nova York, Mike Bloomberg) para avaliar de que forma as cidades podem contribuir para a redução de gases do efeito estufa", explica a coordenadora executiva do Fundo Verde da UFRJ, Suzana Kahn. Segundo ela, o *campus* é um laboratório de medidas adotadas para melhorar a gestão de resíduos (esgoto e lixo), transporte e uso eficiente de energia. "Algumas empresas [...] já são parceiras neste tipo de avaliação." [...]

Ônibus movido a hidrogênio em uso na UFRJ.

Energia solar e gestão da água ajudam a economizar

Entre as soluções sustentáveis já implementadas na Cidade Universitária, estão dois sistemas de aquecimento da água por energia solar instalados no grêmio e no bloco I da Ilha do Fundão. O *campus* também inaugurou recentemente um dos maiores estacionamentos solares do país. Os painéis solares fotovoltaicos têm capacidade de gerar o correspondente a 140 MWh por ano, o suficiente para abastecer 70 casas.

Soluções simples para racionalizar o uso de água do Centro de Ciência da Saúde (CCS) também foram tomadas, como a instalação de temporizadores nas torneiras e redutores de fluxo para evitar o desperdício, e a reutilização da água desperdiçada nos destiladores usados nos laboratórios da unidade para tarefas como rega de jardins. [...]

MACEDO, R. *O dia*. Disponível em: <http://odia.ig.com.br/2015-11-22/uma-cidade-inteligente-e-sustentavel-em-plena-ilha.html>. Acesso em: dez. 2015.

QUESTÕES

1. Quais são os benefícios das mudanças que estão sendo testadas no *campus* do Fundão da UFRJ?
2. O texto cita o uso de veículos elétricos como uma forma de diminuir os impactos ambientais. Que impacto esse tipo de veículo reduz? E quais ele pode causar?
3. Você pode adotar algum dos hábitos citados no texto para reduzir impactos ambientais? Em caso positivo, qual(is)?

Mãos à obra!

O impacto ambiental da escola

A escola, assim como qualquer construção, está inserida no ambiente e gera impactos ambientais. Mas quais são esses impactos? Como podemos diminuí-los? Nesta atividade, alguns impactos serão medidos e debatidos para mostrar como a escola interage com o meio ambiente.

O professor dividirá a sala em grupos, cada um com responsabilidades específicas. Depois, os dados que cada grupo coletou serão compartilhados e discutidos para a análise do impacto da escola.

Grupo 1: Dados gerais da escola

Esse grupo vai procurar dados gerais da escola, como o número de alunos, de funcionários, quantos alunos a escola pode atender por turno, como os funcionários estão divididos, se há uma estrutura responsável para trabalhar com água, lixo e luz. Esse grupo também deve fazer uma entrevista com o diretor, ou diretora, para saber como a escola se posiciona em relação aos impactos ambientais que ela gera. As questões devem ser desenvolvidas pelos alunos do grupo. Eles podem perguntar, por exemplo, se há planos de instalar uma cisterna para coletar água da chuva e diminuir o consumo de água tratada ou se existem campanhas para diminuir o consumo de energia elétrica.

Grupo 2: Consumo de água e tratamento de esgoto

Quanta água a escola consome por mês? E por ano? Quais são os períodos do ano em que o consumo é maior? De onde vem essa água? O colégio faz reúso? O esgoto é coletado e tratado de maneira correta? O grupo 2 deve procurar informações para responder a essas perguntas e outras que eles tiverem sobre o uso de água e o tratamento de esgoto do colégio.

Grupo 3: Utilização de energia elétrica

A utilização e o consumo de energia elétrica serão pesquisados por esse grupo. Ele deve obter dados sobre o consumo mensal e anual de energia elétrica pela escola, quais aparelhos consomem mais energia elétrica e se os aparelhos eletrônicos e as lâmpadas são eficientes energeticamente, ou seja, se o consumo de energia deles é baixo, dentro do consumo esperado para esse tipo de aparelhos.

Grupo 4: Transporte

Esse grupo fará uma pesquisa com os estudantes da classe para saber como eles chegam à escola e qual é a distância do seu deslocamento. Assim, o grupo deve quantificar quantos alunos chegam à escola por transporte público, a pé e por transporte particular, além de informar o tipo de veículo utilizado.

Grupo 5: Manejo do lixo

A geração e o manejo do lixo sólido serão tratados por esse grupo. Ele deve estimar a produção mensal de lixo na escola, verificar se há separação de materiais recicláveis e qual é o destino do lixo recolhido na escola. Também deve atentar se há programas de redução, reúso e reciclagem de lixo.

Procedimento

Os grupos devem levantar os dados solicitados e outros que acharem interessantes com o auxílio de professores, diretores, alunos etc. Para isso, devem respeitar a orientação do professor sobre como proceder. Também podem realizar pesquisas antes de levantar os dados para saber quais outras informações podem ser úteis. Após descobrir os dados, cada grupo fará uma pequena apresentação na sala de aula, de no máximo dez minutos, expondo os dados obtidos. Depois de cada apresentação, os outros alunos da classe poderão tirar dúvidas e darão uma nota de 1 a 5 para cada aspecto pesquisado pelo grupo: 1 se ele causa pouco impacto ambiental e 5 se ele causa um impacto mais profundo. Depois de todas as apresentações e todas as notas, os grupos se reunirão e, com base na nota recebida, elaborarão um projeto para reduzir o impacto ambiental do aspecto estudado pelo grupo. Esse projeto será apresentado para a turma e deverá mostrar como é possível reduzir o impacto ambiental da escola, e pode utilizar dados e assuntos dos outros grupos.

Unidade 5   O ser humano e o ambiente

Explorando habilidades e competências

Leia o caso fictício a seguir, que relata a propaganda da construção de um empreendimento em uma área de reserva ecológica e a argumentação de um grupo contra essa construção.

Construção do ecoempreendimento Natureza é mais!

Esse maravilhoso eco-hotel ficará no meio de uma reserva ecológica, permitindo a você e sua família desfrutar de todos os benefícios que a natureza pode oferecer. Devido a sua localização especial, na Reserva Grande Natureza, você poderá observar florestas, mangues e o mar, conhecendo esses três ambientes e participando de atividades dentro de cada um deles. Com isso, você e sua família se sentirão parte da natureza.

Nossos funcionários, jovens da comunidade local que tinham poucas oportunidades de emprego, foram treinados e capacitados para acompanhá-lo e preservar o meio ambiente. Existem, inclusive, funcionários especializados para realizar atividades de educação ambiental com crianças.

Nós também nos preocupamos com a natureza. O lixo é reciclado, e os alimentos consumidos no hotel são de produtores locais cadastrados. Assim, além de ajudar a preservar a natureza, desenvolvemos a economia local. Venha conhecer nosso empreendimento!

Concepção artística do empreendimento.

Carta da Associação de moradores da reserva Grande Natureza

Nós, moradores da Reserva Grande Natureza, somos contra o empreendimento Natureza é mais! Temos receio dos impactos que ele pode causar.

A exploração do mangue, por exemplo, pode afetar a reprodução de peixes e outros animais, prejudicando os pescadores da região. Os esgotos do hotel podem prejudicar os corpos-d'água, afetando a pesca e a fonte de água de alguns moradores da reserva.

O fluxo de turistas irá trazer lixo, poluição e barulhos. E a construção do hotel irá afetar o *habitat* de vários animais, que podem invadir residências.

Essa construção pode ser o começo da destruição da nossa reserva, que preservamos e amamos. Do jeito que está, o projeto é prejudicial à natureza e aos moradores da região.

Nesta atividade, você vai escrever dois textos, de no máximo 15 linhas cada. Em um deles, você vai defender a construção do hotel, rebatendo as acusações da Associação de moradores da Reserva Grande Natureza e defendendo a construção do hotel. No outro, você escreverá um complemento à carta da associação, defendendo a não construção do hotel devido aos problemas que ela pode causar.

Após escrever os dois textos, entregue-os a um colega da classe. Ele deverá ler os dois e dizer qual é o mais convincente, e se ele autorizaria ou não a construção do hotel.

Para rever e estudar

Questões do Enem

1. (Enem – 2015) Parte do gás carbônico da atmosfera é absorvida pela água do mar. O esquema representa reações que ocorrem naturalmente, em equilíbrio, no sistema ambiental marinho. O excesso de dióxido de carbono na atmosfera pode afetar os recifes de corais.

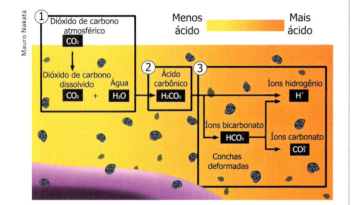

O resultado desse processo nos corais é o(a).

a) seu branqueamento, levando à sua morte e extinção.

b) excesso de fixação de cálcio, provocando calcificação indesejável.

c) menor incorporação de carbono, afetando seu metabolismo energético.

d) estímulo da atividade enzimática, evitando a descalcificação dos esqueletos.

e) dano à estrutura dos esqueletos calcários, diminuindo o tamanho das populações.

2. (Enem – 2013) Química Verde pode ser definida como a criação, o desenvolvimento e a aplicação de produtos e processos químicos para reduzir ou eliminar o uso e a geração de substâncias nocivas à saúde humana e ao ambiente. Sabe-se que algumas fontes energéticas desenvolvidas pelo homem exercem, ou têm potencial para exercer, em algum nível, impactos ambientais negativos.

CORRÊA, A. G.; ZUIN, V. G. (Orgs.). *Química Verde: fundamentos e aplicações.* São Carlos: EdUFSCar, 2009.

À luz da Química Verde, métodos devem ser desenvolvidos para eliminar ou reduzir a poluição do ar causada especialmente pelas:

a) hidrelétricas.
b) termelétricas.
c) usinas geotérmicas.
d) fontes de energia solar.
e) fontes de energia eólica.

3. (Enem – 2014) O potencial brasileiro para transformar lixo em energia permanece subutilizado — apenas pequena parte dos resíduos brasileiros é utilizada para gerar energia. Contudo, bons exemplos são os aterros sanitários, que utilizam a principal fonte de energia ali produzida. Alguns aterros vendem créditos de carbono com base no Mecanismo de Desenvolvimento Limpo (MDL), do Protocolo de Kyoto.

Essa fonte de energia subutilizada, citada no texto, é o:

a) etanol, obtido a partir da decomposição da matéria orgânica por bactérias.

b) gás natural, formado pela ação de fungos decompositores da matéria orgânica.

c) óleo de xisto, obtido pela decomposição da matéria orgânica pelas bactérias anaeróbias.

d) gás metano, obtido pela atividade de bactérias anaeróbias na decomposição da matéria orgânica.

e) gás liquefeito de petróleo, obtido pela decomposição de vegetais presentes nos restos de comida.

4. (Enem – 2014) Uma região de Cerrado possui lençol freático profundo, estação seca bem marcada, grande insolação e recorrência de incêndios naturais. Cinco espécies de árvores nativas, com as características apresentadas no quadro, foram avaliadas quanto ao seu potencial para uso em projetos de reflorestamento nessa região.

Característica	Árvore 1	Árvore 2	Árvore 3	Árvore 4	Árvore 5
Superfície foliar	Coberta por tricomas	Coberta por cera	Coberta por cera	Coberta por espinhos	Coberta por espinhos
Profundidade das raízes	Baixa	Alta	Baixa	Baixa	Alta

Qual é a árvore adequada para o reflorestamento dessa região?

a) 1
b) 2
c) 3
d) 4
e) 5

5. (Enem – 2013) Sabe-se que o aumento da concentração de gases como CO_2, CH_4 e N_2O na atmosfera é um dos fatores responsáveis pelo agravamento do efeito estufa. A agricultura é uma das atividades humanas que pode contribuir tanto para a emissão quanto para o sequestro desses gases, dependendo do manejo da matéria orgânica do solo.

ROSA, A. H.; COELHO, J. C. R. *Cadernos Temáticos de Química Nova na Escola*. São Paulo, n. 5, nov. 2003 (adaptado).

De que maneira as práticas agrícolas podem ajudar a minimizar o agravamento do efeito estufa?

a) Evitando a rotação de culturas.
b) Liberando o CO_2 presente no solo.
c) Aumentando a quantidade de matéria orgânica do solo.
d) Queimando a matéria orgânica que se deposita no solo.
e) Atenuando a concentração de resíduos vegetais do solo.

6. (Enem – 2012) Pesticidas são contaminantes ambientais altamente tóxicos aos seres vivos e, geralmente, com grande persistência ambiental. A busca por novas formas de eliminação dos pesticidas tem aumentado nos últimos anos, uma vez que as técnicas atuais são economicamente dispendiosas e paliativas. A biorremediação de pesticidas utilizando micro-organismos tem se mostrado uma técnica muito promissora para essa finalidade, por apresentar vantagens econômicas e ambientais.

Para ser utilizado nesta técnica promissora, um micro-organismo deve ser capaz de:

a) transferir o contaminante do solo para a água.
b) absorver o contaminante sem alterá-lo quimicamente.
c) apresentar alta taxa de mutação ao longo das gerações.
d) estimular o sistema imunológico do homem contra o contaminante.
e) metabolizar o contaminante, liberando subprodutos menos tóxicos ou atóxicos.

Questões de vestibulares

1. (Uema – 2015) O clima extremo com anomalias de calor tem tornado o mundo cada vez mais quente desde os anos 1980. Parece pouco, mas o aumento de 0,4 °C pode afetar safras, abastecimento de água e provocar ondas de calor, invernos rigorosos, enchentes e furacões. Uma breve retrospectiva da história do planeta nos últimos anos mostra que esses episódios estão se tornando cada vez mais comuns. Onde isso vai parar?

Fonte: REVISTA SUPERINTERESSANTE. São Paulo: Abril, n. 330, mar. 2014. (adaptado).

O aumento da frequência desses eventos extremos resulta de processos provocados por vários fatores entre os quais destaca-se o(a):

a) erosão.
b) eutrofização.
c) radioatividade.
d) maré vermelha.
e) aquecimento global.

2. (UPE – 2015) Leia o texto a seguir:

O químico norte-americano Charles David Keeling (1928-2005) dedicou sua vida profissional à medição dos níveis de gás carbônico no ambiente, iniciada em 1954, ajudando a implantar, anos depois, um sistema de monitoramento da concentração desse gás em todo o planeta. A representação gráfica desses resultados é conhecida como curva de Keeling, em homenagem ao trabalho perseverante do cientista.

Fonte: LOPES, Sônia; ROSSO, Sérgio. Conecte Bio 1. Editora Saraiva. Adaptado

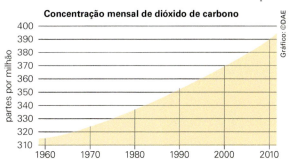

Disponível em: <http://blogs.estadao.com.br/herton-escobar/dioxido-de-carbono-atinge-marca-perigos-na-atmosfera>. Adaptado.

Para rever e estudar

Sabe-se hoje que o CO_2 é um dos principais gases do Efeito Estufa e um dos responsáveis pelas Mudanças Climáticas.

Considerando essa premissa e com base no texto e no gráfico, é correto afirmar que o aumento detectado pelo cientista é oriundo, principalmente, de:

a) queima dos combustíveis fósseis.
b) flatulências de bovinos e ovinos.
c) respiração/fotossíntese da floresta amazônica.
d) erupções vulcânicas.
e) aumento do consumo de fertilizantes.

3. (UFPR – 2015) Uma boa notícia para o meio ambiente. Um relatório da ONU divulgado nesta semana mostrou que a camada de ozônio está dando os primeiros sinais de recuperação após anos de destruição.

Disponível em: <http://oglobo.globo.com/sociedade/ciencia/camada-de-ozonio-da-sinais-de-recuperacao-segundo-documento-da-onu-13900960>.
Acesso em: 12 set. 2014.

a) Cite duas consequências da destruição da camada de ozônio para o meio ambiente e/ou para a saúde humana.
b) A que intervenção humana pode ser atribuída essa boa notícia?

4. (UEG-GO – 2015) Há aproximadamente dois anos, a Lagoa Rodrigo de Freitas, na Zona Sul do Rio de Janeiro, amanheceu coberta por mais de 12 toneladas de peixes mortos. A Secretaria Municipal de Meio Ambiente explicou que uma importante causa das mortes dos peixes foi a sequência de fortes chuvas que atingiu a cidade em dias consecutivos. A relação entre a morte dos peixes e as fortes chuvas deve-se ao fato de:

a) a quantidade de oxigênio dissolvido na água, que foi consumido durante a decomposição da matéria orgânica levada pela enxurrada, provocar a falta de oxigênio para os organismos aeróbicos.
b) os peixes não serem os únicos organismos afetados pelas chuvas, mas também as algas e zooplâncton que deixam de se proliferar e se acumulam na superfície da água ao morrer.
c) o volume de água da lagoa elevar-se de forma súbita, o que reduziu a taxa de nutrientes para manutenção dos peixes, em um mecanismo oposto ao observado na eutrofização e na lixiviação.
d) as chuvas interferirem de forma significativa na morte exclusiva dos peixes, visto que são organismos produtores da cadeia, gerando inclusive o combate da pesca no lago.

5. (UCS-RS – 2015) O jovem Boyan Slat de 19 anos foi inovador e recebeu a atenção do mundo ao desenvolver um projeto de limpeza dos oceanos. No mundo cada vez mais descartável, a produção diversificada de resíduos cria problemas devastadores para os oceanos e ambiente costeiros.

The Ocean Cleanup Foundation

Assinale a alternativa correta.

a) Muitos animais confundem os resíduos como alimento e, isso, pode causar aumento da capacidade nutricional.
b) Devido à baixa densidade e persistência de alguns resíduos, eles podem levar até 300 anos para se decomporem no estômago dos animais.
c) Pesquisas indicam que microesferas de polietileno estão sendo ingeridas por invertebrados aquáticos, interferindo na cadeia trófica.
d) Os microlixos são mais perceptíveis, gerando uma comoção na população, aumentado os programas de educação ambiental em escala exponencial.
e) Essa estratégia tem um valor econômico incontestável, pois o lixo plástico recolhido pode ser utilizado como adubo.

6. (UFSC – 2015) Terminou, no dia 2 de agosto de 2014, o prazo de quatro anos concedido pela Lei n. 12.305, de 2010 – a lei da **Política Nacional de Resíduos Sólidos (PNRS)** – para os municípios brasileiros apresentarem seus planos diretores de gerenciamento de resíduos e instalarem aterros sanitários adequados. Segundo a Confederação Nacional dos Municípios (CNM), existem hoje 1.360 aterros nos mais de 5 mil municípios do País; o restante, fica implícito, vai para lixões a céu aberto. De acordo com a Associação Brasileira de Empresas de Limpeza Pública e Resíduos Especiais (Abrelpe), 40% do lixo coletado tem "destinação irregular". Mas, sem planos adequados, as prefeituras não poderiam receber recursos federais. E, diz a CNM, 61,7% dos municípios não se adequaram às exigências da PNRS.

NOVAES, Washington. O prazo chega ao fim. Que se fará com o lixo? *O Estado de São Paulo*, ago. 2014. [Adaptado]

Sobre o assunto, é correto afirmar que:

01) nos lixões, os gases resultantes da decomposição da matéria orgânica podem causar explosões, ocasionando risco de acidente aos catadores de materiais recicláveis e reutilizáveis.

02) nos aterros sanitários, deve haver um revestimento com material impermeável, evitando a infiltração do chorume no solo e a contaminação dos lençóis freáticos. Além disso, o chorume deve ser coletado e encaminhado à Estação de Tratamento de Líquidos.

04) a compostagem, além de reciclar a matéria orgânica, proporciona ao solo melhores características estruturais, como a redução de erosões e a retenção da umidade e dos nutrientes.

08) os lixões representam um sério problema de saúde pública, pois atraem animais transmissores de doenças.

16) resíduos biológicos provenientes dos serviços de saúde podem ser descartados junto com o lixo comum, desde que devidamente embalados.

32) aparelhos celulares e baterias podem ser descartados no lixo comum, pois os metais que os constituem já foram consumidos gradativamente durante o uso dos aparelhos.

64) as lâmpadas fluorescentes devem ser encaminhadas aos postos de coleta específicos, pois contêm mercúrio, substância nociva ao ser humano e ao meio ambiente.

7. (UFRGS-RS – 2015) Observe a figura abaixo:

Em relação à figura apresentada, assinale a alternativa que preenche corretamente as lacunas do enunciado abaixo, na ordem em que aparecem.

O uso de lixões a céu aberto nas cidades causa problemas ao ambiente e à saúde pública. Alternativas a essa prática, para resíduos especiais como os hospitalares, como ▨▨▨▨ e ▨▨▨▨ podem reduzir o impacto ambiental.

a) coleta seletiva – deposição em tonéis
b) impermeabilização do solo – introdução de bactérias decompositoras
c) coleta seletiva – compostagem
d) aterros sanitários – incineração
e) recolhimento do chorume – compostagem

8. (Uema) Os cientistas avaliaram as mudanças climáticas em todo o mundo. No Brasil, o Painel Brasileiro de Mudanças Climáticas produziu o primeiro grande relatório dedicado exclusivamente a nossa realidade. Muitos impactos já são observados e poderão ficar mais intensos nos próximos 50 anos, a exemplo da redução da capacidade hídrica da Amazônia em até 40%, aumento de temperatura em até 6 °C, terras agricultáveis reduzidas e grandes enchentes.

Fonte: SPITZCOVSKY, Débora. *O que diz o primeiro relatório sobre mudanças climáticas no Brasil*. Disponível em: <www.viajeaqui.abril.com.br>. Acesso em: 20 nov. 2014.

Conhecendo que o solo interage com a atmosfera, com o clima, com as águas superficiais e subterrâneas,

a) indique um impacto humano sobre o solo.
b) explique como minimizar as consequências do referido impacto.

SIGLAS

SIGLAS DE INSTITUIÇÕES DE ENSINO, EXAMES E VESTIBULARES

Enem – Exame Nacional do Ensino Médio

Enem PPL – Exame Nacional do Ensino Médio para Pessoas Privadas de Liberdade

Fatec-SP – Faculdade de Tecnologia (São Paulo)

FGV-SP – Fundação Getúlio Vargas (São Paulo)

Fuvest-SP – Fundação Universitária para o Vestibular (São Paulo)

IFSC – Instituto Federal de Educação, Ciência e Tecnologia de Santa Catarina

Ifsul-RS – Instituto Federal de Educação, Ciência e Tecnologia Sul-Rio-Grandense (Rio Grande do Sul)

PUC-MG – Pontifícia Universidade Católica de Minas Gerais

PUC-PR – Pontifícia Universidade Católica do Paraná

PUC-RJ – Pontifícia Universidade Católica do Rio de Janeiro

PUC-RS – Pontifícia Universidade Católica do Rio Grande do Sul

PUC-SP – Pontifícia Universidade Católica de São Paulo

UCS-RS – Universidade de Caxias do Sul (Rio Grande do Sul)

Udesc – Universidade do Estado de Santa Catarina

Uece – Universidade Estadual do Ceará

UEL-PR – Universidade Estadual de Londrina (Paraná)

UEM-PR – Universidade Estadual de Maringá (Paraná)

Uema – Universidade Estadual do Maranhão

Uepa – Universidade do Estado do Pará

UEPG-PR – Universidade Estadual de Ponta Grossa (Paraná)

Uerj – Universidade do Estado do Rio de Janeiro

Uern – Universidade do Estado do Rio Grande do Norte

UFF-RJ – Universidade Federal Fluminense (Rio de Janeiro)

UFG-GO – Universidade Federal de Goiás

UFMA – Universidade Federal do Maranhão

UFPB – Universidade Federal da Paraíba

UFRGS-RS – Universidade Federal do Rio Grande do Sul

UFSC – Universidade Federal de Santa Catarina

UFSM-RS – Universidade Federal de Santa Maria (Rio Grande do Sul)

UFTM-MG – Universidade Federal do Triângulo Mineiro (Minas Gerais)

UFU-MG – Universidade Federal de Uberlândia (Minas Gerais)

Unesp-SP – Universidade Estadual Paulista "Júlio de Mesquita Filho" (São Paulo)

Unicamp-SP – Universidade Estadual de Campinas (São Paulo)

UPE – Universidade de Pernambuco

UPF-RS – Universidade de Passo Fundo (Rio Grande do Sul)

UPM-SP – Universidade Presbiteriana Mackenzie (São Paulo)

BIBLIOGRAFIA

ARAGÃO, F. J. L. *Organismos transgênicos*: explicando e discutindo a tecnologia. Barueri: Manole, 2003.

AMORIN, D. S. *Elementos básicos de sistemática filogenética*. 3. ed. Ribeirão Preto: Holos, 2002.

CURTIS, H. *Biologia geral*. Rio de Janeiro: Guanabara Koogan, 1997.

DARWIN, C.. *Origem das espécies*. Belo Horizonte: Vila Rica, 1994.

DIEGUES, A. C. S. *O mito moderno da natureza intocada*. São Paulo: Hucitec-Núcleo de Apoio à Pesquisa sobre Populações Humanas e Áreas Úmidas Brasileiras-USP, 2000.

FRANCIS, R. C. *Epigenética*: como a ciência está revolucionando o que sabemos sobre hereditariedade. Rio de Janeiro: Zahar, 2015.

FUTUYMA, D. J. *Biologia evolutiva*. 3. ed. Ribeirão Preto: Funpec, 2009.

GOULD, S. J. *A falsa medida do homem*. São Paulo: Martins Fontes, 1991.

GRIFFITHS, A. J. F. et al. *Introdução à Genética*. 9. ed. Rio de Janeiro: Guanabara Koogan, 2008.

HICKMAN Jr., C.; ROBERTS, L. S.; LARSON, A. *Princípios integrados de Zoologia*. 11. ed. Rio de Janeiro: Guanabara Koogan, 2004.

MAYR, E. *Isto é Biologia*: a ciência do mundo vivo. São Paulo: Companhia das Letras, 2005.

_____. *O desenvolvimento do pensamento biológico*. Brasília: Ed. UnB, 1998.

_____. *Uma ampla discussão:* Charles Darwin e a gênese do pensamento evolutivo moderno. Ribeirão Preto: Funpec, 2006.

MEYER, D.; EL-HANI, C. N. *Evolução*: o sentido da Biologia. São Paulo: Unesp, 2005.

ODUM, E. *Ecologia*. Rio de Janeiro: Guanabara Koogan, 2012.

POUGH, F. H.; HEISER, J. B.; JANIS, C. M. *A vida dos vertebrados*. São Paulo: Atheneu, 2003.

RAVEN, P. H.; EVERT, R. F.; EICHHORN, S. E. *Biologia vegetal*. 6. ed. Rio de Janeiro: Guanabara Koogan, 2001.

REECE, J. B. et al. *Biologia de Campbell*. 10. ed. Porto Alegre: Artmed, 2015.

REHEN, S.; PAULSEN, B. *Células-tronco:* O que são? Para que servem? Rio de Janeiro: Vieira e Lent, 2005.

RICKLEFS, R. E. *A economia da natureza*. 3. ed. Rio de Janeiro: Guanabara Koogan, 1996.

SANTOS, B. S. *Um discurso sobre as ciências*. 5. ed. São Paulo: Cortez, 2008.

SCHMIDT-NIELSEN, K. *Fisiologia animal*: adaptação e meio ambiente. 5. ed. São Paulo: Santos, 1999.

SOCIEDADE BRASILEIRA DE ANATOMIA. *Terminologia anatômica*. Barueri: Manole, 2001.

STORER, T. I.; STEBBINS, R. C. *Zoologia geral*. São Paulo: Editora Nacional, 2000.

THOMAS, K. *O homem e o mundo natural*: mudanças de atitude em relação às plantas e aos animais (1500-1800). São Paulo: Companhia das Letras, 2010.

WATSON, J. D. *DNA*: o segredo da vida. São Paulo: Companhia das Letras, 2005.

WILSON, E. O. (Org.) *Biodiversidade*. Rio de Janeiro: Nova Fronteira, 1997.

ZATZ, M. *Genética*: escolhas que nossos avós não faziam. São Paulo: Globo, 2011.

SITES

Academia de Ciência (Instituto Fernand Braudel de Economia Mundial)
Disponível em: <www.academiadeciencia.org.br/site/>.
Acesso em: 17 mar. 2016.

Associação Brasileira de Transplante de Órgãos – ABTO
Disponível em: <www.abto.org.br>.
Acesso em: 17 mar. 2016.

Biblioteca Digital de Ciências (Laboratório de Tecnologia Educacional do Departamento de Bioquímica, Instituto de Biologia, Universidade Estadual de Campinas – Unicamp-SP)
Disponível em: <www.bdc.ib.unicamp.br/bdc/index.php>.
Acesso em: 17 mar. 2016.

Biblioteca Virtual em Saúde (Ministério da Saúde)
Disponível em: <http://bvsms.saude.gov.br/>.
Acesso em: 17 mar. 2016.

Centro de Pesquisa sobre o Genoma Humano e Células-Tronco (Instituto de Biociências da Universidade de São Paulo)
Disponível em: <http://genoma.ib.usp.br>.
Acesso em: 17 mar. 2016.

Dr. Drauzio
Disponível em: <http://drauziovarella.com.br/>.
Acesso em: 17 mar. 2016.

Eco-animateca
Disponível em: <www.ecoanimateca.com.br/>.
Acesso em: 17 mar. 2016.

Embrapa (Empresa Brasileira de Pesquisa Agropecuária, Ministério da Agricultura, Pecuária e Abastecimento)
Disponível em: <www.embrapa.br/>.
Acesso em: 17 mar. 2016.

Entendendo a evolução (Evosite) – Instituto de Biociências da Universidade de São Paulo, IB-USP
Disponível em: <www.ib.usp.br/evosite/>.
Acesso em: 17 mar. 2016.

Espaço Interativo de Ciências (Instituto Nacional de Biotecnologia Estrutural e Química Medicinal em Doenças Infecciosas [INBEQMeDI/CNPq/MCT/MS] e Centro de Biologia Molecular Estrutural [CBME/Cepid/Fapesp])
Disponível em: <http://cbme.usp.br/>.
Acesso em: 17 mar. 2016.

Fapesp (Fundação de Amparo à Pesquisa do Estado de São Paulo)
Disponível em: <http://fapesp.br/>.
Acesso em: 17 mar. 2016.

Fiojovem (Fundação Oswaldo Cruz)
Disponível em: <www.fiojovem.fiocruz.br/>.
Acesso em: 17 mar. 2016.

Instrumentação para o Ensino de Ciências – IEC (Instituto de Biociências da Universidade de São Paulo, IB-USP
Disponível em: <www.ib.usp.br/iec/>.
Acesso em: 17 mar. 2016.

Instituto Ciência Hoje
Disponível em: <http://cienciahoje.uol.com.br/>.
Acesso em: 17 mar. 2016.

Ministério do Meio Ambiente
Disponível em: <www.mma.gov.br/>.
Acesso em: 17 mar. 2016.

Museu Escola (Instituto de Biociências da Universidade Estadual Paulista "Júlio de Mesquita Filho", IB-Unesp)
Disponível em: <www.museuescola.ibb.unesp.br/index.php>.
Acesso em: 17 mar. 2016.

Museu Goeldi (Museu Paraense Emílio Goeldi)
Disponível em: <www.museu-goeldi.br/portal/>.
Acesso em: 17 mar. 2016.

Portal da Casa das Ciências: recursos digitais para professores
Disponível em: <www.casadasciencias.org/cc/>.
Acesso em: 17 mar. 2016.

Portal da Fiocruz (Fundação Oswaldo Cruz)
Disponível em: <http://portal.fiocruz.br/pt-br>.
Acesso em: 17 mar. 2016.

Portal da Saúde (Ministério da Saúde)
Disponível em: <http://portalsaude.saude.gov.br/>.
Acesso em: 17 mar. 2016.

Portal do Instituto Brasileiro de Museus (Ibram) – Guia dos Museus Brasileiros
Disponível em: <www.museus.gov.br/guia-dos-museus-brasileiros/>.
Acesso em: 17 mar. 2016.

Revista Ciência e Cultura (Sociedade Brasileira para o Progresso da Ciência – SBPC)
Disponível em: <www.sbpcnet.org.br/site/publicacoes/ciencia-e-cultura.php>.
Acesso em: 17 mar. 2016.

Revista Ciência Hoje (Instituto Ciência Hoje)
Disponível em: <http://cienciahoje.uol.com.br/revista-ch>.
 Acesso em: 17 mar. 2016.

Revista Pesquisa Fapesp (Fundação de Amparo à Pesquisa do Estado de São Paulo)
Disponível em: <http://revistapesquisa.fapesp.br/>.
Acesso em: 17 mar. 2016.

SciELO – Scientific Electronic Library Online (Fapesp, CNPq, Bireme/Opas/OMS, FapUnifesp)
Disponível em: <www.scielo.org/php/index.php>.
Acesso em: 17 mar. 2016.

Sociedade Brasileira para o Progresso da Ciência (SBPC)
Disponível em: <www.sbpcnet.org.br/site/>.
Acesso em: 17 mar. 2016.

UFRGS Ciência – Secretaria de Comunicação Social da Universidade Federal do Rio Grande do Sul (Secom/UFRGS)
Disponível em: <www.ufrgs.br/secom/ciencia/>.
Acesso em: 17 mar. 2016.